职业教育系列教材·铁道运输类
高速铁路客运乘务专业 精品教材

高速铁路信号基础

主 编 龙 讯 冯晓芳 蔡 娟

中国建材工业出版社
北　京

图书在版编目（CIP）数据

高速铁路信号基础/龙讯，冯晓芳，蔡娟主编．--北京：中国建材工业出版社，2024.3

职业教育系列教材．铁道运输类

ISBN 978-7-5160-4001-0

Ⅰ.①高… Ⅱ.①龙… ②冯… ③蔡… Ⅲ.①高速铁路－铁路信号－高等职业教育－教材 Ⅳ.①U284

中国国家版本馆 CIP 数据核字（2023）第 241184 号

高速铁路信号基础
GAOSU TIELU XINHAO JICHU
主　编　龙　讯　冯晓芳　蔡　娟

出版发行：中国建材工业出版社
地　　址：北京市海淀区三里河路 11 号
邮　　编：100831
经　　销：全国各地新华书店
印　　刷：北京印刷集团有限责任公司
开　　本：787mm×1092mm　1/16
印　　张：12.5
字　　数：300 千字
版　　次：2024 年 3 月第 1 版
印　　次：2024 年 3 月第 1 次
定　　价：48.00 元

本社网址：www.jccbs.com，微信公众号：zgjcgycbs
请选用正版图书，采购、销售盗版图书属违法行为
版权专有，盗版必究。本社法律顾问：北京天驰君泰律师事务所，张杰律师
举报信箱：zhangjie@tiantailaw.com　举报电话：(010)57811389
本书如有印装质量问题，由我社事业发展中心负责调换，联系电话：(010)57811387

编委会

主　编：龙　讯　冯晓芳　蔡　娟
副主编：王凤姣　胡　靖　吴矿宁　邵正萍
主　审：胡发龙

前　言

随着我国高速铁路运营里程不断增加，铁路行业对铁路信号、铁路运营人才的需求也在不断增大，目前国内开设铁道信号自动控制、铁道交通运营管理相关专业的高等职业院校增多，相关企业需要具有专业职业素养，掌握相关岗位所需理论知识与操作技能的高素质技能型人才。本教材是依据项目引领、任务驱动的职业教育理念，按照任务目标→任务描述→任务知识→任务实施→任务评价的思路，基于铁路信号工、铁路助理值班员等岗位的职业能力分析，结合企业实际生产项目和典型需求编写而成的。

本教材以项目任务形式进行编写，以铁路信号工、铁路助理值班员等岗位所需的理论知识和操作技能为主，对高速铁路信号基础知识进行了阐述，主要分高速铁路信号概述、信号基础设备、联锁设备、闭塞设备、列车运行自动控制系统、铁路信号联锁试验等六个项目进行编写，每个教学任务均包含任务实施及任务评价，教材内容理论联系实际，让学生真正掌握相关知识内容。

本教材由重庆公共运输职业学院龙讯、河北轨道运输职业技术学院冯晓芳、重庆公共运输职业学院蔡娟担任主编；重庆公共运输职业学院王凤姣、胡靖、吴矿宁，重庆科技职业学院邵正萍担任副主编；重庆公共运输职业学院生庆月、王芳梅、徐敏、王玲玲，中铁八局集团电务工程有限公司苏鹏，重庆工程职业技术学院刘杰，重庆交通职业学院何帆，重庆科技职业学院辛芙蓉、黄沐同，重庆交通技师学院汪亮，重庆工贸技师学院黄艳清参编；中国铁路成都局集团有限公司胡发龙担任主审，对全书进行审阅。

本教材在编写过程中，参考引用了部分铁路企业的技术资料及相关文献，在此表示衷心的感谢。鉴于编者水平及实践经验的局限性，对各种问题的分析和处理难免有偏颇不足之处，敬请读者批评指正。

编　者

目　录

项目一　高速铁路信号概述 ·· 1
　　任务一　世界高速铁路发展 ·· 1
　　任务二　铁路信号系统组成 ·· 7

项目二　信号基础设备 ·· 14
　　任务一　继电器认知与维护 ·· 14
　　任务二　信号机认知与维护 ·· 20
　　任务三　轨道电路认知与维护 ····································· 31
　　任务四　转辙设备认知与维护 ····································· 41
　　任务五　计轴设备及应答器 ·· 56

项目三　联锁设备 ·· 65
　　任务一　信号联锁概述 ·· 65
　　任务二　车站信号控制系统认知 ·································· 75
　　任务三　联锁表认知 ··· 93

项目四　闭塞设备 ·· 106
　　任务一　区间闭塞基础认知 ·· 106
　　任务二　ZPW-2000 型自动闭塞系统维护 ······················ 119

项目五　列控系统 ·· 133
　　任务一　列控系统概述 ·· 133
　　任务二　CTCS-2 级列控系统认知 ································ 143
　　任务三　CTCS-3 级列控系统认知 ································ 153

项目六　铁路信号联锁试验 ·· 161
　　任务一　联锁试验基础认知 ·· 161
　　任务二　铁路信号联锁试验 ·· 169

项目一　高速铁路信号概述

【项目描述】

本项目主要对世界与中国高速铁路及高速铁路信号系统发展过程做简要阐述，以帮助学生了解世界高速铁路与中国高速铁路发展历史，以及信号系统发展历程，帮助学生了解信号系统的各类组成设备（信号基础设备、联锁设备、闭塞设备、列控系统、信号联锁试验），帮助学生了解各设备之间的相互关系，提升学生学习兴趣。

任务一　世界高速铁路发展

【任务目标】

◎技能目标
1. 能够了解各国高速铁路发展的历程。
2. 能够叙述高速铁路的定义，并指出高速铁路与普通铁路的区别。

◎知识目标
1. 掌握高速铁路的概念和特征，并能有效区分。
2. 了解中国高速铁路发展经历的阶段。

【任务描述】

通过对世界各国高速铁路的发展过程的学习，了解高速铁路发展历程，清晰掌握中国高速铁路发展历程，随着近几年中国高速铁路的快速发展，高速铁路已经成为中国的一张名片。

【任务知识】

从 1825 年斯蒂芬森在英国修建的第一条铁路通车，到现在铁路已经出现 100 多年，随着各项技术的快速发展，列车运行速度逐步提升，截至 2023 年，全球高铁运营总里程达到 80000km，其中中国有 42000km，占世界总里程的 52.5%。高速铁路是指新建设计开行 250km/h（含预留）及以上动车组列车，初期运营速度不小于 200km/h 的客运专线铁路。高速铁路列车追踪间隔时间最小按 3min 设计，轴重不大于 17t，编组不大于 16 辆。高速铁路常被简称为"高铁"。

一、世界高速铁路发展阶段

从 1825 年铁路出现，一直到 20 世纪前期，世界各国铁路运行最大时速超过 200km 的寥寥无几。1964 年日本新干线开通，成为第一个实现运营速率高于 200km/h 的高速铁路系统。自此，高速铁路开始快速发展，世界高速铁路的发展，大致经历了如下几个阶段：

1. 第一次浪潮（1964—1990 年）

1959 年 4 月 5 日，世界上第一条真正意义上的高速铁路东海道新干线在日本破土动工，经过 5 年建设，于 1964 年 3 月全线完成铺轨，同年 7 月竣工，1964 年 10 月 1 日正式通车。

东海道新干线从东京起始，途经名古屋、京都等地终至（新）大阪，全长 515.4km，运营速度高达 210km/h，它的建成通车标志着世界高速铁路新纪元的到来。随后法国、意大利、德国纷纷修建高速铁路。1972 年继东海道新干线之后，日本又修建了山阳、东北和上越新干线；法国修建了东南 TGV（法国高速铁路系统）线、大西洋 TGV 线；意大利修建了罗马—佛罗伦萨高速铁路。以日本新干线为首的第一代高速铁路的建成，大力推动了各国、各地区经济的均衡发展，促进了房地产、工业机械、钢铁等相关产业的发展，降低了交通运输对环境的影响，铁路市场份额大幅度回升，企业经济效益明显好转。

2. 第二次浪潮（1990 年至 20 世纪 90 年代中期）

法国、德国、意大利、西班牙、比利时、荷兰、瑞典、英国等欧洲大部分发达国家，大规模修建国内或跨国界高速铁路，逐步形成了欧洲高速铁路网络。这一高速铁路的建设高潮，不仅仅是铁路系统提高内部企业效益的需要，还是国家能源、环境、交通政策的需要。

3. 第三次浪潮（20 世纪 90 年代中期至今）

在亚洲（韩国、中国）、北美洲（美国）、澳洲（澳大利亚）掀起了建设高速铁路的热潮。主要体现在：一是修建高速铁路得到了各国政府的大力支持，一般都有全国性的整体修建规划，并按照规划逐步实施；二是修建高速铁路的经济效益和社会效益，得到了更广泛层面的共识，特别是在节约能源、减少土地使用面积、减少环境污染、促进交通安全等方面的社会效益显著，并且能够促进沿线地区经济发展、加快产业结构的调整等。

二、国外高速铁路发展

1. 日本新干线

诞生于 20 世纪的日本新干线，是世界高速铁路的先驱，其首条线路于 1964 年开通运行，不仅是当今世界上先进的高速铁路系统，还是世界上最早进行旅客运输的高速铁路系统，如图 1-1-1 所示。当时和法国 TGV、德国 ICE（城际特快列车）一起，并列为世界高铁"三巨头"。

日本新干线以"子弹列车"闻名，轨距属于标准轨（1435mm）。除了"迷你新干线"路段外，列车载客运行车速可达到 250～350km/h，空车试验速度已高达 603km/h。新干线的稳定运行全靠日本成熟的高速铁路调度控制技术，列车发车间隔可以缩短至 5min，是世界上屈指可数的几种适合大量运输的高速铁路系统之一。除此之外，由于全部列车都采用动力分散式设计，日本新干线也是世界上行驶较为平稳的列车之一。日本新干线的成功，给欧洲国家以巨大的冲击，促进了高速铁路在欧洲的发展。日本开发新干线时，正是欧美国家着力发展高速公路和航空运输业的时候，铁路运输在这些国家被视为典型的"夕阳产业"而受到冷落。但是，随着石油危机和大气污染问题的加剧，最节省能源的铁路运输再次受到关注，各国纷纷调整以汽车为中心的交通运输政策，大力发展高速铁路。截至2022年，日本已投入运营的新干线高速铁路里程为3051km。

图 1-1-1　日本新干线

2. 法国 TGV

TGV 计划启动于 1960 年，法国国营铁路公司认识到要与数量日益增长的私家车和快捷的空中交通竞争，他们只能提供快捷的速度。首条运营的 TGV 线路开通于 1981 年，在巴黎和里昂之间运行。TGV 列车是全球最快的高速列车之一，其商业营运的最高速度为 320km/h（TGV-R、TGV-D 与 TGV-POS），最高试验速度则可达到 574km/h，TGV 的"V150"列车，在 2007 年 4 月 3 日的试验中更是达到 574.8km/h 的纪录。试验中的 TGV 列车如图 1-1-2 所示。

图 1-1-2　试验中的 TGV 列车

如今，TGV 技术已经成为法国对外出口的一项技术。在西班牙有引进 TGV 技术的 AVE（西班牙高速铁路），在韩国有从 TGV 变化而来的 KTX（韩国高速铁路）。截至 2020 年，法国已投入运营的 TGV 高速铁路里程为 2800km。

3. 德国 ICE

最开始德国政府一直比较重视相对先进的磁悬浮技术，但由于磁悬浮铁路造价昂贵，且与现有铁路无法接轨，德国政府一直没把依靠磁悬浮技术的高速铁路投入商业运营。使用传统轮轨技术的 ICE-V 列车也一直处于试验阶段，直到 1981 年法国的 TGV 列车用事实证明了高速火车在商业上的成功，德国才开始准备把这种列车投入高速列车的研究和运营中。

1991 年，首辆 ICE 列车正式运营。此后，德国高速铁路迅速发展，虽然德国在全面掌握高速铁路技术方面比日本、法国要晚，但是其独特的技术已经能与日本、法国相媲美。德国 ICE 高速铁路如图 1-1-3 所示。

图 1-1-3　德国 ICE 高速铁路

三、中国高速铁路发展

铁路是国家重要的基础设施、国民经济的大动脉和大众化的交通工具，是综合交通运输体系的骨干，在推动我国经济社会又好又快发展中发挥着重要作用。中国铁路发展相对于欧洲各国来说，起步较晚，第一条铁路唐胥铁路于 1881 年建成完工，长度仅 9.7km，1909 年，中国人自行建设的第一条铁路京张铁路建成通车，宝成铁路宝鸡—凤州段是中国第一条电气化铁路，于 1961 年全线交付运行。

1993 年以前，中国国内火车平均时速仅为 48km，在公路和航空产业的竞争压力下，铁路公司开始推行一系列的"提速"运动，并在 20 世纪 90 年代末将平均时速成功提高至 161km。而中国第一条真正意义上的高速铁路，是在 2003 年建成运营的秦沈客运专线，全线设计时速达到 200~250km，同年"中华之星"电力动车组在秦沈客运专线创造了当时"中国铁路第一速"321.5km/h，轰动一时。而现在秦沈客运专线已经合并成京哈线的区间段。经过 10 多年的高速铁路建设和对既有铁路的高速化改造，中国目前已经拥有全世界规模最大以及运营速度最高的高速铁路网。

中国首条具有完全自主知识产权、世界一流水平的京津城际高速铁路于 2008 年 8 月通车运营，这是世界上第一条按照时速 350km 运营的高速铁路。2011 年 6 月 30 日，世界上一次建成里程最长的京沪高速铁路建成通车，全长 1318km，设计时速 350km。2012 年，我国东北地区第一条高速铁路客运专线、世界上第一条穿越高寒地区的高速铁路——哈大高速铁路开通运营。2014 年，横贯东西的现代"钢铁丝绸之路"兰新高速铁路全线开通运营，全长 1777km。截至 2020 年底，我国高速铁路总里程已达到 38000km，超额完成了 2016 年国家发布的《中长期铁路网规划》中 2020 年的目标，到 2023 年我国高速铁路总里程已达 42000km。

2018 年初，石家庄至济南高速铁路建成通车，标志着我国"四纵四横"高速铁路网中的"四横"完美收官，中国高速铁路网进一步发达完善。《"十四五"铁路安全发展规划》预计到 2025 年底全国铁路营业里程将达 165000km 左右，其中高速铁路（含部分城际铁路）50000km 左右，覆盖 95% 以上的 50 万人口以上城市，基本形成"全国 123 高速铁路出行圈"。重点包含以下几个方面：

（1）加强战略骨干通道。构建多向入藏通道，完善新疆对外通道，加快边境地区铁路建设。

（2）优化普速铁路网。拓展路网覆盖，提升中欧班列运输能力，加强通道建设，补齐关键短板。

（3）完善高速铁路网。加快形成"八纵八横"主通道（表 1-1-1），有序拓展区域连接线。

（4）建设城市群、都市圈多层次轨道交通网。整体推进重点城市群轨道建设，加快构建多网融合体系，统筹既有线利用和新线建设。

表 1-1-1 "八纵八横"高速铁路通道

名称	线路
渝厦通道	长沙至赣州高速铁路
沿江通道	合肥至武汉、宜昌至重庆高速铁路、武汉枢纽直通线
沿海通道	宁波至台州至温州、温州至福州、漳州至汕头、合浦至湛江高速铁路
京沪二通道	潍坊至宿迁高速铁路及青岛连接线
包银海通道	延安至榆林至鄂尔多斯至包头、湛江至海口高速铁路
呼南通道	焦作至洛阳至平顶山、邵阳至永州、宜昌至常德、益阳至娄底高速铁路
京港台通道	阜阳至黄冈高速铁路
青银通道	太原至绥德高速铁路
绥满通道	齐齐哈尔至海拉尔高速铁路
京哈—京港澳通道	贯通哈长、辽中南、京津冀、中原、长江中游、珠三角等城市群
京昆通道	贯通京津冀、太原、关中平原、成渝、滇中等城市群
兰（西）广通道	贯通兰西、成渝、黔中、珠三角等城市群
京兰通道	贯通京津冀、呼包鄂、宁夏沿黄、兰西等城市群
陆桥通道	连云港—徐州—郑州—西安—兰州—西宁—乌鲁木齐高速铁路，连接华东、华中、西北地区
沪昆通道	上海—杭州—南昌—长沙—贵阳—昆明高速铁路，连接华东、华中、西南地区
广昆通道	连接广州市与昆明市的高速铁路

四、高速铁路的特点

高速铁路作为现代社会的一种新的运输方式，具有极为显著的特点及优势。一个长编组的列车可以运送1000多人，每隔3min就可以开出一列列车，运力强大；采取"公交化"模式开行列车，大大方便了旅客出行；符合节能减排的要求，是绿色的交通工具。正因如此，高速铁路正在为经济社会又好又快地发展提供重要的支撑和保障。

1. 运行速度快

速度快是高速铁路技术水平的最主要标志，各国都在不断提高列车的运行速度。高速列车的最高运行速度可达250～350km/h。中途旅行，高速铁路比航空有优势；短途旅行，高速铁路比高速公路有优势。

2. 输送能力强

输送能力强是高速铁路的主要技术优势之一。目前各国高速铁路几乎都能满足最小行车间隔3～4min的要求。干线高速铁路年均输送旅客可达1亿人次以上。

3. 安全性高

高速铁路在全封闭环境中运行，并且具有一系列完善的安全保障系统，高速铁路的安全性优于其他现代交通运输方式。

4. 正点率高

高速铁路采用多种自动控制技术，能够适应自然环境，受气候变化影响小。通过提高高速铁路系统的可靠性和运输组织水平，可以使旅客列车具有较高的正点率。

5. 舒适方便

高速铁路采取"公交化"的模式，旅客基本上可以做到随到随走，节省时间。高速铁路列车车内设施齐全，坐席宽敞舒适，运行平稳，车内安静。

6. 能源消耗低

如果以"人/km"作为单位能耗，与公路、航空比，高速铁路能源消耗低。高速列车利用电力牵引，不直接消耗宝贵的石油等液体燃料。

7. 对环境影响小

高速铁路是绿色交通工具，符合减排低碳的要求，明显优于汽车和飞机。

8. 用地省

一条高速铁路与一条16车道的公路运能相当，而占地仅为公路的1/4。

9. 经济效益好

高速铁路投入运行以来，备受旅客青睐，其经济效益十分可观。

【任务实施】

阐述中国高速铁路发展的脉络与阶段

我国第三条智能高铁：福州—厦门—漳州高速铁路，于2023年9月28日开通运营。这是继京张高铁、京雄城际后，我国建成投用的又一智能高铁，标志着中国高铁在智能化领域的探索又向前迈进了一步。中国高铁已经成为中国一张亮丽的名片，它不仅改变了人民的出行方式，还推动了中国经济的快速发展，为中国的城市化进程提供了有力的支持。请通过各类方式查询收集中国高速铁路建设的最新信息、最新技术。

智能高铁与普通高铁的区别在于：智能高铁采用更先进的自动化技术，包括自动驾驶系统和智能控制系统，减少了人为操作的需求，提高了运行的安全性和准确性；智能高铁配备了高级的监控和通信系统，可以实时监测列车状态、轨道条件和乘客信息，并与控制中心保持紧密联系；智能高铁通常具有更高的最大速度，以及更短的停车时间和加速时间；智能高铁通常设计更为节能和环保，采用先进的动力系统和材料，以降低能源消耗和排放；智能高铁通常提供更高品质的乘客服务，包括更加舒适的座椅、无线互联网、餐饮和娱乐选项，使乘客的旅行体验更愉快。

请同学们结合实际情况，阐述中国高速铁路发展的脉络与阶段。

【任务评价】

任务评价表如表1-1-2所示

表1-1-2 任务评价表

任务名称		阐述中国高速铁路发展的脉络与阶段	学习小组、人数		第 组 人	
任务要求		各小组通过查阅资料，完成PPT进行汇报	专业、班级			
评价类别	评价内容	评价项目	分值	自评	互评	教师评价
专业能力	资讯	搜集最新信息，需为当年最新资讯	30			
	PPT	内容紧扣主题，主题清晰，显示清楚	20			
	语言表达	能够脱稿演讲，语言规范， 口齿清晰，表达流畅	20			
	仪态表情	仪表大方，举止得体	20			
团队能力	团队分工	团队分工明确，小组成员相互配合完成	10			

【案例分析】

2023年10月2日，印度尼西亚总统在首都雅加达哈利姆高速铁路站宣布雅万高速铁路正式启用，雅万高铁是中国共建"一带一路"倡议和印度尼西亚"全球海洋支点"构想对接、中印尼两个务实合作的标志性项目。这条全长142.3km的高铁连接印度尼西亚首都雅加达和旅游名城万隆，最高运营时速350km，是印度尼西亚乃至东南亚的第一条高速铁路，也是中国高速铁路全系统、全要素、全产业链走出国门的"第一单"，由中国和印度尼西亚合资设立的中印尼高速铁路公司负责投资、建设、运营。

任务二 铁路信号系统组成

【任务目标】

◎技能目标
1. 能够了解信号系统组成。
2. 能够了解信号系统整体框架。

◎知识目标
了解信号系统基本结构和组成。

【任务描述】

通过对信号系统组成的学习，了解信号系统基本组成设备，认识到信号系统是保证列车安全运行的一套系统，需要具备很高的安全性与可靠性。

【任务知识】

铁路信号系统是保证行车安全，提升区间和车站通过能力以及编组站编组能力的自动控制及远程控制技术的总称，是保证行车安全、提高运输效率、改善劳动条件和提升运营管理水平的关键技术装备，也是实现集中统一指挥的重要手段。

铁路信号系统是为了保证铁路运输安全而诞生和发展的，它的第一使命是保证行车安全，没有铁路信号，就没有铁路运输的安全，随着列车运行速度的提高，完全靠人工瞭望、人工驾驶列车已经不能保证行车安全了，当列车提速到 200km/h 时，紧急制动距离将达到 2km（常用制动距离超过 3km）。因此，国际上普遍认为当列车速度大于 160km/h，必须装备列车运行控制系统（以下简称列控系统），以实现对列车间隔和速度的自动控制，提高运输效率，保证行车安全。

高速铁路信号与控制系统是集计算机技术、通信技术和控制技术为一体的行车指挥、列车运行控制和管理的自动化系统。信号和通信已经由过去的轨道交通运输的"眼睛"和"耳朵"变成铁路的"中枢神经"，发挥着越来越重要的作用。作为保证列车运行安全的一套系统，信号系统必须满足"故障-安全"原理。

高速铁路信号系统由调度集中（Centralized Traffic Control，CTC）系统、计算机联锁系统、列控系统、专用信号设备和专用通信设备等组成。其中，列控系统又由地面设备和车载设备两大部分构成，主要包括无线闭塞中心、临时限速服务器、列车控制中心（以下简称列控中心）、ZPW-2000 轨道电路、应答器及地面电子单元、GSM-R 无线通信系统、车载列车自动保护（Automatic Train Control，ATP）设备等。如图 1-2-1 所示，高速铁路信号系统可分为指挥层、控制层、执行层与辅助层四层。

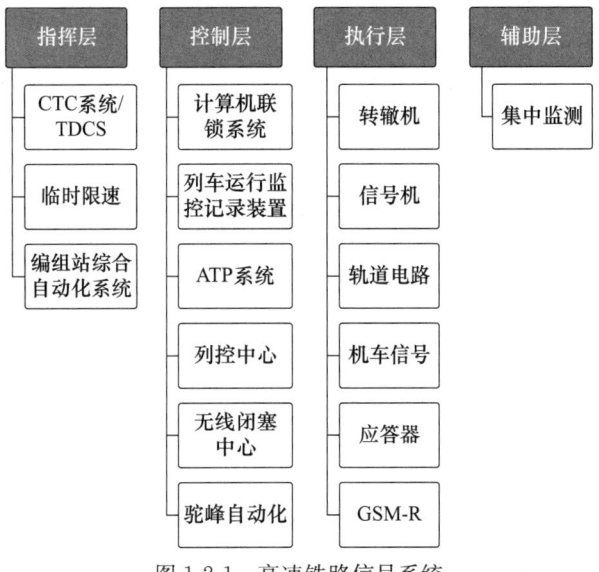

图 1-2-1　高速铁路信号系统

一、列车运行控制系统

2003年,铁道部参照欧洲列车运行控制系统(ETCS)相关技术标准,结合中国高速铁路实际情况,制定了中国列车运行控制系统(CTCS),CTCS依次分为CTCS-0~CTCS-4 5个等级,以满足不同线路速度需求,同条线路上可以实现多种应用级别,向下兼容,以满足不同线路速度要求。CTCS等级如表1-2-1所示。

表1-2-1 CTCS等级

等级	使用情况	组成简介
CTCS-0	既有线现状	通用机车信号+列车运行监控记录装置
CTCS-1	160km/h以下区段	主体机车信号+安全型列车运行监控记录装置
CTCS-2	干线提速区段、200~250km/h高速铁路	基于轨道传输信息并采用车-地一体化系统设计的列控系统
CTCS-3	300~350km/h及以上客运专线和高速铁路	基于无线传输信息并采用轨道电路等方式检查列车占用的列控系统
CTCS-4	未来的列控系统	完全基于无线传输信息的列控系统

二、计算机联锁系统

采用计算机技术来排列列车进路,实现进路锁闭、进路解锁、信号机控制、道岔控制等逻辑功能的系统称为计算机联锁系统。计算机联锁系统用于控制进路,不管列车运行,只从线路(车站和区间)上保证安全。

高速铁路计算机联锁系统在保证普速线常规联锁逻辑关系、操控功能的基础上,其系统能力、结构等具有以下特点:

1. 信号机控制

全部开行动车组线路的车站进、出站信号机常态为灭灯,当列控车载设备故障或开行未安装列控车载设备的列车时,信号机转为点灯状态,并按站间闭塞运行。计算机联锁系统能对开关灯不同状态进行操作和控制,并检查不同的闭塞条件。

2. 发车引导

全部开行动车组线路的车站出站信号机采用红、绿、白三灯位矮型信号机,可开放引导发车进路。发车引导进路的办理、联锁检查逻辑、信号开放与关闭、进路解锁比照原接车引导进路方法。

3. 接近锁闭区段长度和延时解锁时间

计算机联锁系统在设置进路的接近锁闭区段长度和延时解锁时间时,需综合考虑列车接收制动命令的信息传输时间及设备动作时间,其中CTCS-3级列控系统信息传输时间包含最大允许通信中断时间。接近锁闭区段个数根据列车最高运行速度确定,CTCS-3级列控系统还要根据无线最大允许通信中断时间的计算确定,不再是以往固定的接近某进路的一个或两个区段。CTCS-3级列控系统下,接车进路和有通过的正线发车进路的人工解锁时间在考虑无线最大允许通信中断时间的20s后修改为4min;其他发车进路及调车进路延时60s解锁。

4. CTCS-3级列控系统下计算机联锁系统的接车限制功能

CTCS-3级列控系统下计算机联锁系统具备接车限制功能,即办理了CTCS-3级线路的接车进路（含引导进路），列车完全进入股道后 40s 内，计算机联锁系统保证不向该股道再次排列进路。

5. 计算机联锁系统接入信号安全数据网，与相关列控系统进行信息交互

CTCS-2/3 级列控系统设置有独立光纤架构成的信号安全数据网，站间安全信息、列控信息交互都在信号安全数据网上进行。计算机联锁系统通过该网络与车站列控中心连接，CTCS-3 级列控系统下计算机联锁系统还通过该网络与无线闭塞中心系统连接。计算机联锁系统与列控中心设备交互区间方向信息、区间轨道电路状态、进路信息、灾害信息、无配线车站信号机驱采信息等；计算机联锁系统与无线闭塞中心设备交互区间方向信息、闭塞分区状态、站内轨道电路状态、进路信息、灾害信息等。

6. 无配线车站进出站信号机控制

城际铁路中多设置有无配线车站，该类车站通常不设置联锁设备，其进出站信号机的联锁逻辑控制交由邻近有配线车站的计算机联锁系统完成。有配线车站计算机联锁系统需具备对相邻无配线车站的接车进路、发车进路、通过进路和引导接发车进路的控制功能。若该无配线车站兼作区间中继站使用，则计算机联锁系统还应通过信号安全数据网将有关信号机点灯控制和状态的驱采信息交互给该站的列控中心设备，由列控中心实现具体的继电器接口。

三、CTC 系统

CTC 系统是在车站联锁及区间自动闭塞基础上为进一步保证列车运行安全并提高运输效率的一组比较先进而有效的技术装备组成的，综合了计算机技术、通信网络技术和现代控制技术，采用智能化分散自律设计原则的高度自动化的系统。CTC 系统总体结构如图 1-2-2 所示。

列车调度指挥系统（Train Dispatching Command System，TDCS）按照列车运行图计划发车列车运行指令，列车通过地面设备或无线通信网络获得车站联锁和列控中心的行车信息和命令，由车载设备控制列车运行。

（1）以 CTC 系统为核心，构建调度指挥中心平台。
（2）以车站列控中心、计算机联锁系统和区间信号设备为核心，构建区域控制中心平台。
（3）以列车速度防护与控制为核心，构建车载列车防护与控制平台。
（4）以车-地通信系统为传输平台。

在配置高速铁路列控系统后，高速铁路 CTC 系统在其功能方面表现出如下特点：

①列车无线信息交互。根据 CTCS-3 级列控系统的总体技术方案，CTC 系统将和无线闭塞中心进行以下信息交互，从而获得列控等级、控制模式等状态信息。

a. 列车注册和启动或与无线闭塞中心重新建立连接。

CTCS-3 级列车上电后，列控车载设备自检后处于 CTCS-3 级待机模式；呼叫无线闭塞中心成功后；无线闭塞中心将注册的列控车载设备有效身份传递给 CTC 系统，CTC 系统在注册列表中显示该列车；无线闭塞中心进一步判断列车位置，如果这时列车位置不在无线闭塞中心管辖范围内，则无线闭塞中心通知 CTC 系统注销列车的注册信息；如果无线闭塞中心判断列车位置成功，则向 CTC 系统发送列车位置及列车处于

CTCS-3 级的待机模式；待了解列车参数、车次号等信息后，无线闭塞中心将这些相关数据发送给 CTC 系统。

b. 列车注销。

列车停车后司机关闭驾驶台，列控车载设备进入待机模式，如果列控车载设备工作在 CTCS-3 级，则无线闭塞中心将通知 CTC 系统列车进入待机模式。

c. 调车模式的确认。

列车转入调车模式时，如果无线闭塞中心检测到列车位置不在调车区，则拒绝转入调车模式的请求并通知 CTC 系统。如果列车位置在允许的调车区内，无线闭塞中心则撤销列车等级并通知 CTC 系统。在调车折返开启另一端驾驶台时，同样存在注册启动过程中的无线闭塞中心与 CTC 系统的信息交互。

②限速命令设定：CTCS-3 级列控系统设置专门的临时限速服务器，对临时限速命令进行处理与管理，但临时限速的设定与操作、下达与撤销仍由 CTC 系统维修调度员工作台完成。因此，CTC 系统将与临时限速服务器进行信息交互，以实现临时限速命令的顺利下达。

③区间闭塞分区的显示：全部开行动车组的高速铁路区间地面不设置通过信号机，不能像普速铁路那样显示每个闭塞分区防护信号机的信号显示状况，因而高速铁路 CTC 系统显示界面通过增加闭塞分区低频信息码和列车运行方向，使调度人员掌握区间列车运行和信号设备状况。

④进出站信号机开关灯控制：高速铁路站内列车信号机（如进、出站信号机）有点灯/灭灯状态之分。正常情况下，列车以列控车载设备完全监控模式控车，站内信号机均处于灭灯状态。但在列控车载设备故障或列车未装配列控车载设备的情况下，通过人工特殊操作，站内信号机可转换为点灯状态。因此，CTC 系统需能显示进、出站信号机的点灯和灭灯状态，并且根据联锁的约定，在 CTC 系统操作界面能进行人工操作，对站内进、出站信号机进行开关灯控制。

在 CTC 系统界面上有明确的点灯和灭灯显示。站场图中当进、出站信号机处于室外灭灯状态时，在其信号机图形上增加"X"显示；当进、出站信号机处于室外点灯的状态时，信号机灯位显示与普速线路一致。

当鼠标移到需要开关灯的信号机上，信号机名称呈高亮状且周围出现虚框，点击鼠标右键可进行开关灯的操作。其中灭灯操作需要正确输入操作密码后才能下达命令。

⑤同步信息下达：无线闭塞中心、临时限速服务器根据 CTC 系统时钟进行时钟同步，以确保系统计时标准的统一。

⑥设置和撤销紧急停车命令：CTC 系统可通过无线闭塞中心向列控车载设备下发无条件紧急停车命令，也能撤销下发的紧急停车命令，无线闭塞中心对此无条件执行。

⑦掌握无线闭塞中心工作状态和报警信息：无线闭塞中心周期性地向 CTC 系统发送其工作状态信息，包括 VIA-RBC 连接状态、RBC 设备在线信息和 VIA 设备在线信息。当 RBC 因故停止工作时，CTC 系统检测到与无线闭塞中心信息中断或故障报警信息后，向调度员提供指示报警信息，同时删除所有从 RBC 传来的列车状态显示信息。当激活的无线闭塞中心通道数量接近系统最大值时，RBC 也向 CTC 系统报警提示。

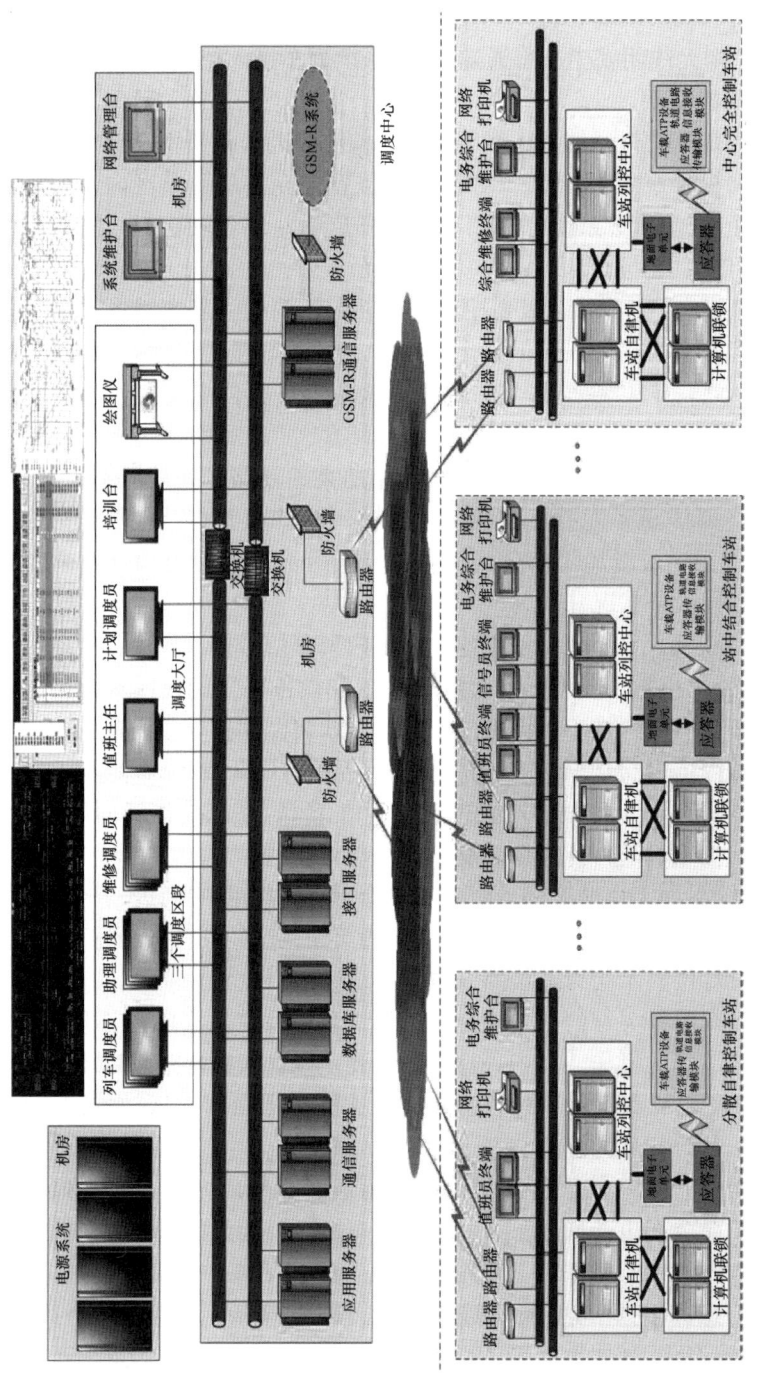

图 1-2-2 CTC 系统总体结构

【任务实施】

计算机联锁系统功能

1. 实训工具

计算机联锁系统一套。

2. 实训内容

计算机联锁系统各功能按钮的作用。

写出"总定""总反""单锁""岔封""扭封""总取消""总人解"等功能按钮的作用。

【任务评价】

"总定"按钮：单操道岔从反位转换至定位。

"总反"按钮：单操道岔从定位转换至反位。

"单锁"按钮：单独锁闭某一组道岔，将单独一组道岔锁闭在现有位置，道岔不能转换，但能办理经过道岔现有位置的进路。

"岔封"按钮：将某一组道岔封闭，道岔可以转换，但不能办理经过道岔现有位置的进路。

"钮封"按钮：将按钮封闭，无法操作该按钮。

"总取消"按钮：人工取消进路或取消误操作时使用。

"总人解"按钮：人工解锁进路时使用。

【案例分析】

"12·10"安阳站铁路交通事故

1. 事故概况

2016年12月10日上午，郑州铁路局新乡电务段安阳信号车间安阳北检修工区在京广线安阳站组织加装道岔融雪装置作业，现场共10名作业人员。其中，安阳北检修工区人员3人，卫辉市之月建筑工程修建处7人。9：41，X103次行包列车运行至安阳站166号道岔区域处，撞轧现场作业人员6人，造成6人死亡。

2. 事故分析

事故发生时X103次列车比图定运行时间早点16min通过安阳站，负责现场防护工作的安阳北检修工区吴某某没有在规定位置按标准进行安全防护，没有保持与驻站联络员的信息联控；负责驻站联络的值班工区曹某，没有在X103次列车早点通过上一车站时向现场进行第一次预告，在第二次、第三次预告没有得到现场防护员回复的情况下，未及时采取有效措施防护。作业现场安全防护失效是导致事故发生的直接原因。

项目二　信号基础设备

【项目描述】

本项目对高速铁路信号系统中涉及的继电器、信号机、轨道电路、转辙设备、计轴器、应答器等信号基础设备的作用、组成、原理、类型等进行描述，并通过各信号基础设备典型任务实施和任务评价，结合典型案例进行分析，帮助学生理解铁路信号系统的整体组成及信号基础设备之间的相互关系。

任务一　继电器认知与维护

【任务目标】

◎技能目标
1. 能够看懂继电器状态及继电器故障现象。
2. 能够掌握简单的继电器故障排除方法。
◎知识目标
1. 掌握继电器的基本原理和作用。
2. 掌握继电器的结构及分类。

【任务描述】

通过对继电器的结构、动作原理以及目前在铁路现场常用到的继电器类型进行分析，并结合典型故障案例分析，以案例的方式引导学生思考继电器故障对现场信号基础设备的影响，使学生清楚地认识到信号继电器在铁路中的应用及其重要性。

【任务知识】

信号技术中广泛采用的继电器，称为信号继电器，是铁路信号系统中的重要部件。它无论作为继电式信号系统的核心部件，还是作为电子式或计算机式信号系统的接口部件，都发挥着重要作用。继电器动作的可靠性直接影响信号系统的可靠性和安全性。

一、继电器原理及作用

1. 继电器作用

继电器具有继电特性，能以极小的电信号来控制执行电路中相当大功率的对象，能控制数个对象和数个回路，能控制远距离的对象。继电器的这种性能，给自动控制和远程控制创造了便利的条件，所以，它广泛应用于国民经济各部门的生产过程控制和国防系统的自动化和远动化中，也广泛应用于铁路交通信号的各个方面。

随着电子技术的迅速发展，电子器件尤其是微型计算机以其速度快、体积小、容量大、功能强等技术优势，在相当大程度上逐渐取代继电器，构成自动控制和远程控制系统，使技术水平大大提高。但是，继电器与电子器件相比，仍具有一定的优势，如开关性能好（闭合时阻抗小、断开时阻抗大），有故障导向安全性能，能控制多个回路，抗雷击性能强，无噪声，不受周围温度影响等。因此，它仍然具有广阔的应用空间，仍将长期存在。

2. 继电器要求

信号继电器作为铁路信号系统中的主要器件，在运用中的安全、可靠是保证各种信号设备正常使用的必要条件。为此，铁路对信号继电器提出了极其严格的要求，具体如下：

(1) 动作必须可靠、准确。
(2) 使用寿命长。
(3) 有足够的闭合和断开电路的能力。
(4) 有稳定的电气特性和时间特性。
(5) 在周围介质温度和湿度变化很大的情况下，均能保持很高的电气绝缘强度。

按照工作的可靠程度，信号继电器可分为三级。

一级继电器：绝对不允许发生前接点与动接点之间的熔接；衔铁落下与前接点的断开由衔铁及可动部分的质量来保证；当任意一组前接点闭合时，所有后接点必须全部断开，反之亦然；衔铁处于落下位置时，应该稳定地工作，后接点压力主要由重力作用产生；有较高的返还系数，轨道继电器不小于50%，一般继电器不小于30%。

二级继电器：衔铁依靠本身质量或接点弹片反作用力返还；返还系数不小于20%；当任意一组前接点闭合时，所有后接点必须全部断开，反之亦然。

三级继电器（电码型和电话型）：衔铁返还与后接点的压力均由动接点弹片的反作用力产生；前后接点均有熔接的可能。

在信号设备的执行电路中，如果继电器由于工作不正常而不能断开前接点，将严重威胁行车的安全，故设计时均采用一级继电器，又由于一级继电器的高度可靠性，在电路中就不再考虑用电路的方法来检查继电器衔铁的落下状态。因此，在检修一级继电器时，要求特别注意其可靠性，并严格保证其技术条件。

3. 继电器动作原理

继电器是一种电磁开关。继电器类型很多，性能各不相同，结构型式各种各样，但都由电磁系统和接点系统两大主要部分组成。其中电磁系统由线圈、固定的铁芯和扼铁以及可动的衔铁构成，接点系统由动接点和静接点构成。当线圈中通入一定数值的电流后，由于电磁作用或感应方法产生电磁吸引力，吸引衔铁，由衔铁带动接点系统，改变其状态，从而反映输入电流的状况。

最简单的电磁继电器的基本原理如图 2-1-1 所示。它就是一个带接点的电磁铁，其动作原理也与电磁铁相似。当给线圈中通以一定数值的电流后，在衔铁和铁芯之间就产生一定数量的磁通，该磁通经铁芯、衔铁、扼铁和气隙形成一个闭合磁路，铁芯对衔铁就产生了吸引力。吸引力的大小取决于所通电流的大小。当电流增大到一定值，吸引力增大到能克服衔铁向铁芯运动的阻力（主要是衔铁自重）时，衔铁就被吸向铁芯。由衔铁带动的动接点（随衔铁一起动作的接点）也随之动作，与前接点接通。此状态称为继电器励磁吸起。吸引力随电流的减小而减小，当吸引力减小到不足以克服衔铁重力时衔铁靠自重落下（称为释放），衔铁带动动接点与前接点断开，与后接点接通。此状态称为继电器失磁落下。

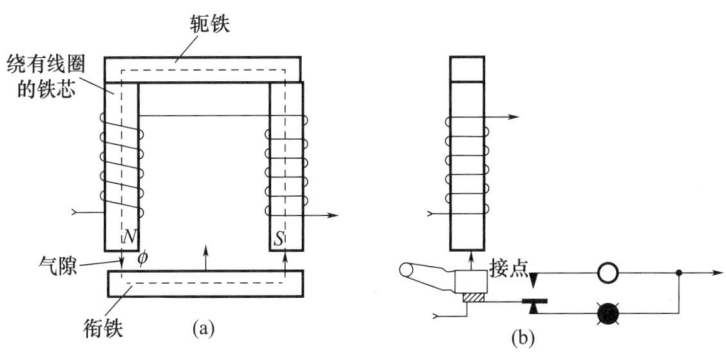

图 2-1-1　最简单的电磁继电器的基本原理

二、继电器分类

安全型继电器是直流 24V 系列的重弹力式直流电磁继电器，其典型结构为无极继电器，其他各型继电器由无极继电器派生。因此，绝大部分零件都能通用。

安全型继电器分为插入式和非插入式。插入式多单独使用，非插入式常用于有防尘外壳的组匣中。两者的区别仅在于，插入式继电器带有透明性能很好的外罩，用以密封防尘，同时为了与插座配合使用，插入式继电器安装在酚醛塑料制成的胶木底座上。插入式无极继电器如图 2-1-2 所示。

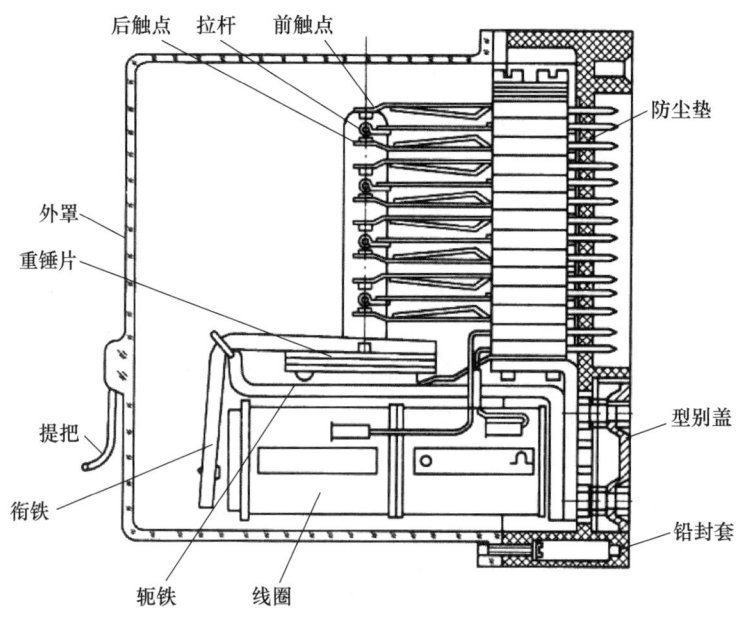

图 2-1-2　插入式无级继电器

插入式继电器的外形尺寸为 163mm×48.5mm×160mm，质量 1.2~1.8kg。非插入式继电器的外形尺寸为（131~149）mm×35mm×（105~140）mm（视不同品种略有不同），质量 1.0~1.6kg。在实际使用中，为便于维修，多采用插入式继电器。

安全型继电器型号用汉字拼音字母和数字表示，字母表示继电器种类，数字表示线圈的电阻值，继电器型号如图 2-1-3 所示。

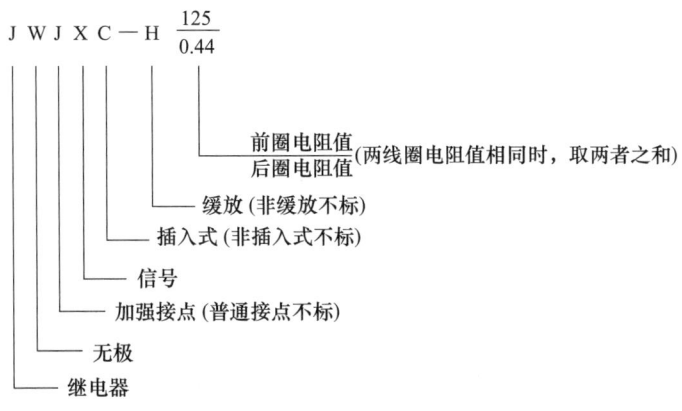

图 2-1-3　继电器型号

1. 无极继电器

无极继电器有 JWXC-2000、JWXC-1700、JWXC-1000、JWXC-7、JWXC-2.3、JWXC-370/480 型及缓放的 JWXC-H600、JWXC-H340、JWXC-500/H300 型等品种。

JWXC 型直流无极继电器的电磁系统如图 2-1-4 所示。无极继电器由电磁系统和接点系统两大部分组成。电磁系统包括线圈、铁芯、扼铁和衔铁。其具有结构紧凑、加工方便等特点。

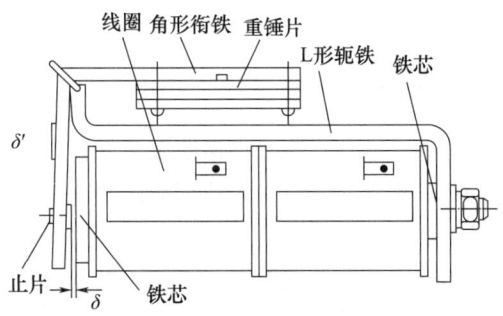

图 2-1-4　JWXC 型直流无级继电器的电磁系统

2. 无极加强接点继电器

加强接点继电器是为通断功率较大的信号电路而设计的。无极加强接点继电器有 JWJXC-480 型、缓放的 JWJXC-H125/0.44 和 JWJXC-H125/0.13 型等品种。

JWJXC-480 型继电的磁系统具有加大尺寸的无极磁路，接点系统由两组普通接点和两组加强接点组成，表示为 2QH 和 2QHJ。普通接点与无极继电器相同，加强接点则具有特殊设计的大功率接点和磁吹弧器。

JWJXC-H125/0.44 和 JWJXC-H125/0.13 型无极加强接点缓放继电器的电磁系统

和无极缓放继电器（JWXC-H340）相同。接点系统由两组带磁吹弧器的加强前接点、两组不带磁吹弧器的加强后接点和两组普通接点组成，即2QJ、2H、2QH。前线圈为主线圈，后线圈为电流保持线圈。JWJXC-H125/80型继电器则是专为交流转辙机设计的缓放继电器，其后线圈为电压保持线圈。

3. 整流式继电器

整流式继电器用于交流电路中。它通过内部的半波或全波整流电路将交流电变为直流电而动作。之所以如此，是为了避免在AX系列继电器中采用结构型式完全不同的交流继电器，以提高产品的系列化、通用化程度。

整流式继电器的电磁系统与无极继电器相同。只是磁路结构参数有所不同。更主要的是，在接点组上方安装由二极管组成的半波或全波整流电路。整流式继电器有JZXC-480、JZXC-0.14、JZXC-156、JZXC-H18型及派生的JZXC-H18F型等品种。

4. 有极继电器

有极继电器根据线圈中电流极性不同而具有定位和反位两种稳定状态，这两种稳定状态在线圈中电流消失后，仍能继续保持，故又称极性保持继电器。它的特点是磁系统中增加了永久磁钢。在线圈中通以规定极性的电流时，继电器吸起，断电后仍保持在吸起位置；通以反方向电流时，继电器打落，断电后保持在打落位置。

有极继电器有JYXC-660、JYXC-270型和加强接点的JYJXC-J3000和JYJXC-135/220型等品种。

5. 偏极继电器

JPXC-1000型和JPXC-400型偏极继电器是为了满足信号电路中鉴别电流极性的需要而设计的。偏极继电器与无极继电器不同，衔铁的吸起与线圈中电流的极性有关，只有通过规定方向的电流时，衔铁才吸起，而电流方向相反时，衔铁不动作。但偏极继电器又不同于有极继电器只有一种稳态，即衔铁靠电磁力吸起后，断电就落下，落下是稳定状态。

三、继电器故障分析与排除方法

在生产现场，信号继电器故障会影响线路运营效率和行车安全，因此当继电器及继电电路出现故障时，根据故障现象，以最快的速度对故障进行处理便显得尤为重要。

1. 继电器接点无输出

继电器接点无输出的分析与排除方法如下：

（1）确定继电器与插座可靠插接。

（2）检查继电器是否有机械卡阻，如果继电器内的异物卡阻衔铁，衔铁就不能可靠工作（正向转极）或释放（反向转极），接点则不能可靠接触。

（3）检查接点间是否有异物，若接点间有异物，则接点不能可靠接触。

（4）检查继电器接点接触电阻是否过大。

2. 继电器不工作或有极继电器不能正向转极

继电器不工作或有极继电器不能正向转极的分析与排除方法如下：

（1）确定继电器与插座可靠插接。

（2）检查继电器线圈输入电压或电流是否为额定值或系统电路调整值，方法为用万用表检查插座上电压继电器线圈输入端子电压是否符合电源屏供给继电器的输出电压；用万用表检查插座上电流继电器线圈输入端子电压降是否符合系统电路中继电器可靠工作的电压降要求；否则为系统故障。

(3) 如果上述两项均正常，可确认为继电器故障，应更换该继电器。

(4) 继电器线圈短路或断线，继电器不能可靠工作或有极继电器不能正向转极。

(5) 整流继电器二极管冲击或断路，整流继电器不能可靠工作。

(6) 检查继电器不应有机械卡阻，如果继电器内的异物卡阻衔铁，继电器不能可靠工作或正向转极。

3. 继电器不释放或有极继电器不能反向转极

继电器不释放或有极继电器不能反向转极的分析与排除方法如下：

(1) 确定继电器与插座可靠插接。

(2) 检查继电器线圈输入电压或电流是否符合系统电路对继电器可靠释放的要求，方法为用万用表检查插座上电压继电器线圈输入端子电压是否小于继电器的释放电压；用万用表检查插座上电流继电器线圈输入端子电压降是否符合系统电路中对继电器可靠释放的要求；否则为系统故障。

(3) 如果上述两项均正常，则可确认为继电器故障，应更换该继电器。

(4) 检查继电器是否有机械卡阻，如果继电器内的异物卡阻衔铁，继电器就不能可靠释放或反向转极。

【任务实施】

道岔控制电路继电器动作认知

1. 实训工具

S700K 型转辙机一台，转辙机继电器内部组合。

2. 实训内容

(1) 将 S700K 型转辙机从定位操作至反位，在操作过程中观察 1DQJ、2DQJ、1DQJF、DBJ 以及 FBJ 等型继电器相关状态。

(2) 将 S700K 型转辙机从反位操作至定位，在操作过程中观察 1DQJ、2DQJ、1DQJF、DBJ 以及 FBJ 等型继电器相关状态。

【任务评价】

当转辙机从定位转换至反位时，学生能够清楚观察到继电器状态：1DQJ 型吸起、2DQJ 型落下、1DQJF 型吸起、DBJ 型落下、FBJ 型吸起；当转辙机从反位转换至定位时，学生能够清楚观察到继电器状态：1DQJ 型吸起、2DQJ 型吸起、1DQJF 型吸起、DBJ 型吸起、FBJ 型落下。

【案例分析】

典型故障现象：某进站信号机在开放状态，突然进路内某道岔区段亮红光带，但进站信号并没有关闭。

典型故障原因：信号人员检查发现此区段的 DGJ 型继电器在吸起状态，而 DGJF 型继电器却在落下状态，更换 DGJF 型继电器后，故障消失。事后分析原因发现是由于 DGJF 型继电器的线圈断线所致，它落下使道岔区段亮红光带，但不会使信号关闭，因 XJJ 型继电器用的是 DGJ 型继电器的吸起条件。

任务二　信号机认知与维护

【任务目标】

◎技能目标

1. 能够识别各种类型及用途的信号机。
2. 能够查找信号机故障。

◎知识目标

1. 掌握各种信号机的显示及意义。
2. 掌握信号机点灯电路。

【任务描述】

通过对信号机种类及结构的认知，掌握常见信号机的分类，同时清楚各种信号机内部的主要部件。认知信号机显示的意义，掌握信号机点灯电路，明确信号机显示过程，以及信号机如何遵循故障-安全原则。

【任务知识】

信号机是用于指挥列车运行的信号设备，它直接向列车司机发出行车指令，是列车运行的重要凭证。信号机显示为开放信号时允许列车通过进路，信号机显示为关闭信号时禁止列车进入进路。

一、信号机的分类

1. 按用途分类

按照不同的用途设置有进站信号机、出站信号机、进路信号机、预告信号机、调车信号机、通过信号机、驼峰信号机等。

2. 按光源分类

信号机可以分为白炽灯透镜式色灯信号机、组合式色灯信号机和发光二极管（Light Emitting Diode，LED）色灯信号机三种。

（1）透镜式色灯信号机。

透镜式色灯信号机采用透镜组将光源发出的光束聚成平行光束，故称为透镜式。这种信号机结构简单，安装方便，控制电路所用电缆芯线少，所以得到广泛应用。

透镜式色灯信号机的每个灯位组成为：灯泡（采用直丝双丝铁路信号灯泡）、灯座（定焦盘式灯座，调好焦后换灯无须再调）、透镜组、遮檐（防止阳光等光线直射时产生错误的幻影显示）、背板（黑色，背景暗，衬托信号灯光亮度，改善瞭望条件）等（图 2-2-1）。

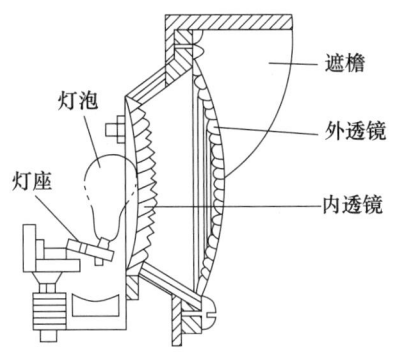

图 2-2-1　透镜式色灯信号机

透镜组：组装在镜架框上，由两块带棱凸透镜组成，其中内透镜为有色带棱外凸透镜，外透镜为无色带棱内凸透镜。使用带棱透镜的原因是它比不带棱透镜轻且较薄，光线通过时损失少；使用两块透镜可以缩短焦距，提高光源利用率，增加射出平行光的强度。信号机显示颜色取决于有色透镜，可根据需要选用。透镜组如图 2-2-2 所示。

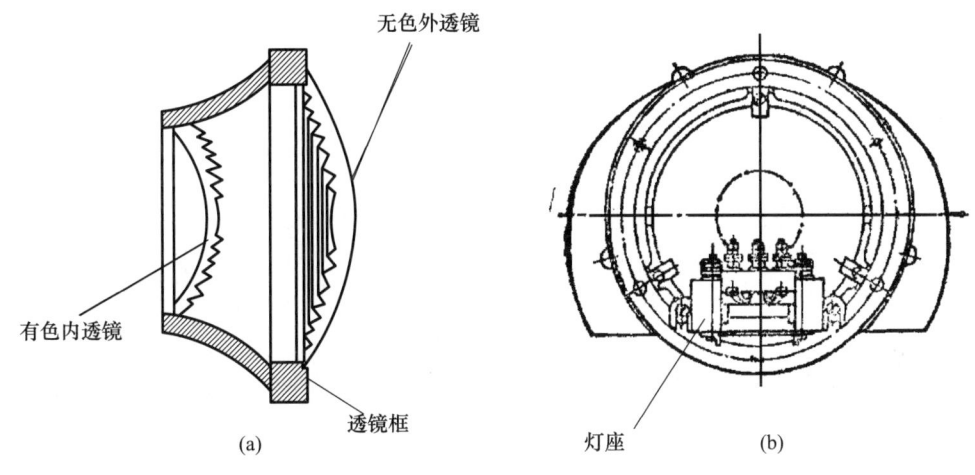

图 2-2-2　透镜组

灯泡：灯泡是色灯信号机的光源。目前信号机采用 12V/25W 直丝灯泡。根据需要可以使用双灯丝灯泡，当平时点亮的主灯丝断丝时，能通过外接的自动转换设备自动点亮副灯丝，保证信号不间断显示。灯泡形状如下图所示：

灯座：用于安放灯泡。现采用定焦盘式灯座，调整好透镜组焦点后固定灯座，更换灯泡时无须再调整。

透镜式色灯信号机有高柱和矮型两种类型。高柱信号机的机构安装在钢筋混凝土信号机柱上（图 2-2-3），由机柱、信号机构、托架、梯子等组成。机柱用于安装机构和梯子，机构的每个等位配备相应的透镜组和灯泡，并给出信号显示。托架用来将机构固定在机柱上，每一机构需上、下托架各一个。梯子用于信号维修人员攀登及作业。矮型信号机的机构安装在信号机水泥基础上（图 2-2-4），没有托架，也不需要梯子。透镜式色灯信号机的型号如图 2-2-5 所示。

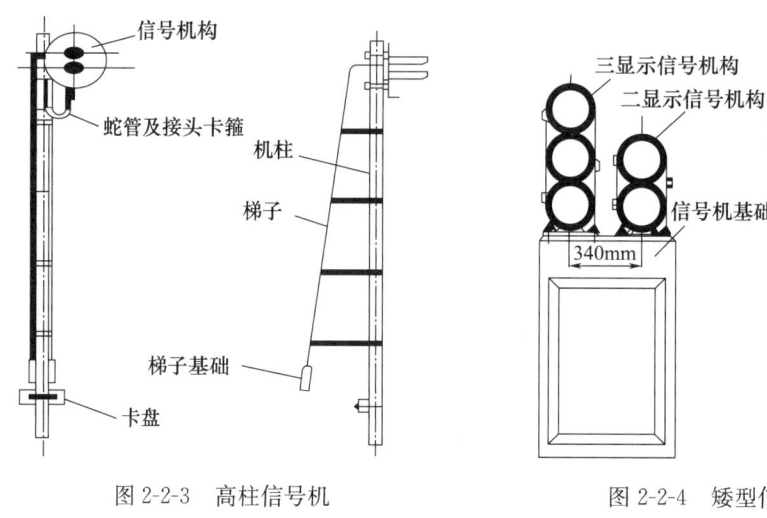

图 2-2-3 高柱信号机　　　　　图 2-2-4 矮型信号机

图 2-2-5 透镜式色灯信号机的型号

A—矮型；G—高柱；F—复示、发车；U—黄色；B—月白色；A—蓝色；H—红色；L—绿色。

(2) 组合式色灯信号机。

组合式色灯信号机使用时根据信号显示要求可以分别组装成单显示、二显示及三显示机构，故称为组合式，灯室间无窜光的可能。三显示机构有三个灯室，每个灯室有一组透镜、一副灯座、一个灯泡和遮檐。灯座间用隔板隔开，以防止相互串光，保证信号显示的正确。背板是一个机构共用的。各种信号机根据信号显示的需要选用机构。

组合式色灯信号机机构由光系统、机构壳体、遮檐、瞄准镜、插孔五部分组成，如图 2-2-5 所示。

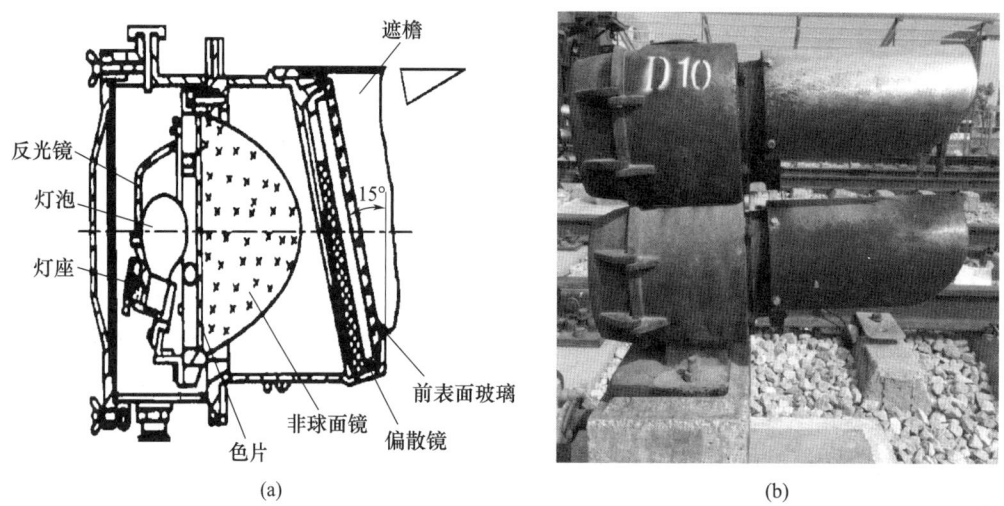

图 2-2-6 组合式色灯信号机

组合式色灯信号机按非球面透镜的直径分为 XSZ-135 型、XSZ-150 型和 XSZ-200 型，其中应用最早、最多的是 XSZ-135 型。使用不同的偏散镜，分为 1 型、2 型、3 型、4 型四种类型。

（3）LED 色灯信号机。

LED 色灯信号机是一种免维护、少维修的信号器材，是运用近代光电子学器材和电子稳压新技术在信号领域的一次探索。LED 色灯信号机主要由铝合金机构、发光盘、点灯装置、报警单元组成。LED 色灯信号机机构规格，与透镜式色灯信号机基本相同。该信号机具有发光强度高、显示距离长、节能、寿命长、消除灯丝突然断丝、消除冲击电流等优点，具有小型化、轻量化、色泽一致、光束集中、应变速度快等特点。因此，在高速铁路交通中，基本上都采用 LED 色灯信号机。

LED 发光盘是采用 LED 制成的信号灯光源，如图 2-2-6 所示。发光盘分为高柱发光盘、矮型发光盘、表示器发光盘三种，分别适用于高柱机构、矮型机构、复示机构、引导机构、表示器机构等。

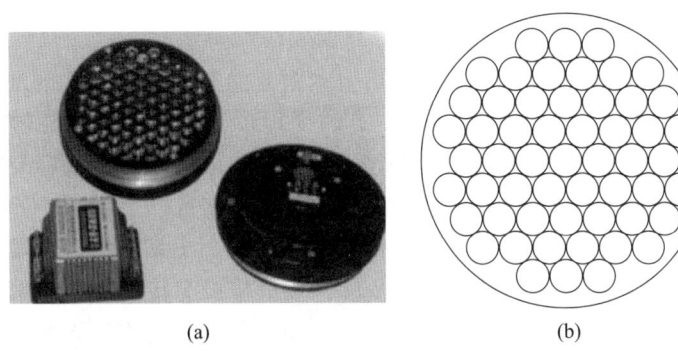

图 2-2-7　LED 发光盘

LED 色灯信号机与透镜式色灯信号机相比较，具有以下几个显著的特点：

①可靠性高。发光盘由上百只 LED 和数十条支路组成，个别 LED 或支路故障不会影响信号正常显示。

②寿命长。LED 寿命可达 100000h，是信号灯泡的 100 倍，有利于实现免维修。

③节省能源。信号灯泡的功率为 25W，发光盘功率不足信号灯泡的 1/2，铁路信号机数量庞大，点亮时间长，LED 节能效果显著。

④聚焦稳定。发光盘焦距在设计和生产中已经确定，并能够始终保持良好的聚焦状态，不需现场调整。

⑤无冲击电流。LED 色灯信号机没有点灯过程中冷丝状态的冲击电流，有利于延长供电装置使用寿命。

⑥灯光颜色纯正。不用滤色镜，光色由管芯材料决定，色泽纯正。

⑦耐振性强，不易损坏。

二、信号机的设置

车站设进站、出站信号机。根据需要，作业量较大的车站可设进路信号机、调车信号机和复示信号机。作业较为单一的中间站、越行站列车进路上可不设调车信号机。

进站信号机采用五灯位高柱信号机,从上到下依次是黄、绿、红、黄、白。桥、隧地段信号机以及高柱信号机构外缘与接触网带电部分不符合安全距离要求时可采用七灯位矮型信号机。当矮型进站信号机设于线路右侧时,定型配置的三、四灯位机构换位,使红灯位于线路侧,如图 2-2-8 所示。

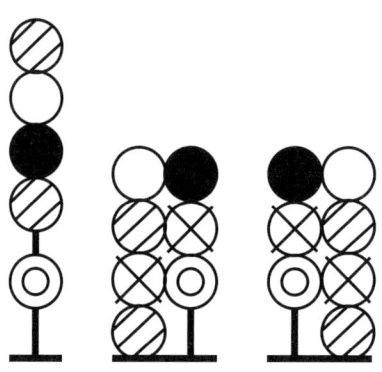

图 2-2-8 进站信号机

出站信号机应设在距警冲标不小于 55m(含过走防护距离 50m)的地点,或距最近的对向道岔尖轨尖端不小于 50m 的地点。有时受地形地貌、施工条件等限制,遇个别车站股道有效长不足以及站台严重偏置等情况时,可采取按客货共线标准将出站信号机设在距警冲标 5m 的地点、优化出站信号机外方应答器布置以及在相应股道中部增加校核列车位置的无源应答器组等措施,经报部批准后实施。出站信号机及发车进路信号机采用红、绿、白三灯位矮型信号机(图 2-2-9)。该信号机与传统的出站信号机不同,增加了引导信号,可以在发车进路轨道电路故障或出站信号机允许灯光断丝情况下,以引导方式将列车发至区间。出站信号机必须在要求地面信号机点灯的情况下才能开放引导信号,点亮红色灯光和月白色灯光。

根据需要设置调车信号机(图 2-2-10),常态为一个蓝色灯光。正线上无特殊需求不设调车信号机。动车组运行径路上的调车信号机应设在距警冲标不小于 5m 处。其他径路上的调车信号机应设在距警冲标不小于 3.5m 处。设有调车危险应答器的调车信号机应尽量远离警冲标或防护道岔。调车信号机应采用现行规定的矮型调车信号机。在尽头到发线上阻挡列车运行的调车信号机应采用出站信号机构并封闭绿色灯光。

在进站信号机外方 900m、1000m、1100m 处应设置预告标。

图 2-2-9 出站信号机　　图 2-2-10 调车信号机

三、信号机的显示

列车信号机常态为灭灯状态，一般情况下不使用，只有当无车载 ATP 设备或车载 ATP 设备故障的列车才使用。列车信号机的灯丝条件不纳入联锁检查。

当车载 ATP 设备正常工作时，司机以车载信号行车，地面信号机开放已无意义。所以车站及线路所有列车信号机应常态灭灯不显示，仅起停车位置作用。对以隔离模式运行的动车组列车和施工路用列车，信号机点亮，灭灯视为红灯。这些信号机平时可以不亮灯，一方面节能，另一方面也可避免因地面信号与车载信号不一致时（如灯丝断丝）导致的混乱。仅运行动车组的高速铁路，遇列车未装设列控设备（可能包括维修车、轨道车等）或列控设备停用时，相应的列车信号机应经人工确认后转为点灯状态。

常态灭灯的车站（含无配线车站）出站信号机开放允许信号时应检查站间空闲条件。

调车信号机应常态点灯。

地面信号机的信号显示仅表示允许列车越过该信号机或在该信号机前停车，不区分进路方向，无速度含义。地面信号机的接近区段长度应保证该信号机的信号关闭后最高运行速度的列车不会在此距离外的区段上产生 ATP 限制信息。

进站信号机显示含义：一个黄色闪光和一个黄色灯光表示准许列车按限速要求越过该信号机，经道岔侧向位置进入站内准备停车；一个红色灯光和一个月白色灯光表示准许列车在该信号机前方不停车，以不超过 40km/h 的速度进站或通过接车进路，并须准备随时停车；其他信号显示符合《铁路技术管理规程》的规定。

出站信号机显示含义：一个绿色灯光表示准许列车由车站以站间闭塞方式出发，前方站间空闲；一个红色灯光和一个月白色灯光表示准许列车由车站以站间闭塞方式出发，发车进路列车速度不超过 40km/h，并须准备随时停车；其他信号显示符合《铁路技术管理规程》的规定。

同一方向相邻列车信号机之间的距离应符合不同性能的列车按规定速度安全停车制动距离的要求。站内列车信号机的显示关系还应符合下列规定：

（1）办理了接车进路，接车进路终端的出站或进路信号机应点亮红色灯光，若该信号机红灯不能点亮，则防护接车进路的信号机应点亮红色灯光。

（2）办理了通过进路，进路上的出站或进路信号机应点亮相应允许灯光，若允许灯光灯丝断丝，则其前方信号机显示应相应降级。

四、信号机点灯电路

控制信号机灯光显示的电路称为信号机点灯电路。信号机点灯电路是安全电路，所以对信号机点灯电路的要求比较高。设计电路时既要考虑断线保护，又要考虑混线防护。信号机点灯电路断线，信号机就要灭灯。允许灯光灭灯时，要使信号显示降级，禁止灯光灭灯时，不允许信号机再开放。信号机具有灯丝报警电路，当主灯丝断丝时，能够产生报警信息。

下面以进站信号机为例进行说明，图 2-2-11 所示为进站信号机点灯电路。

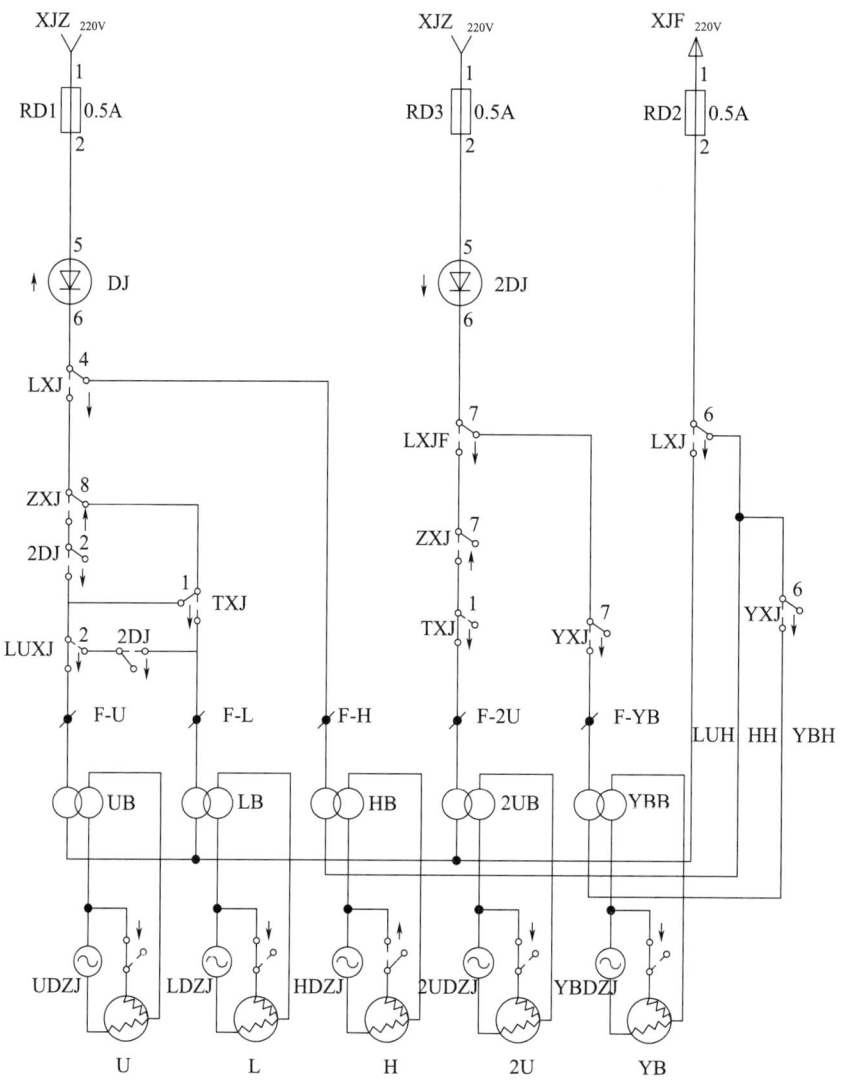

图 2-2-11 进站信号机点灯电路

平时进站信号机点红灯，其电路为 $XJZ_{220}—RD_1—DJ_{5-6}—LXJ_{41-43}—F—H—HB_{11-12}—HH—LXJ_{63-61}—RD_2—XJZ_{220}$。

正线通过时进站信号机点绿灯，其电路为 $XJZ_{220}—RD_1—DJ_{5-6}—LXJ_{41-43}—ZXJ_{81-82}—TXJ_{21-22}—F—L—LB_{11-12}—LUH—LXJ_{62-61}—RD_2—XJZ_{220}$。

正线接车时进站信号机点一个黄灯，其电路为 $XJZ_{220}—RD_1—DJ_{5-6}—LXJ_{41-43}—ZXJ_{81-82}—TXJ_{21-23}—F—U—UB_{11-12}—LUH—LXJ_{62-61}—RD_2—XJZ_{220}$。

侧线接车时，进站信号机点两个黄灯，第一黄灯点灯电路为 $XJZ_{220}—RD_1—DJ_{5-6}—LXJ_{41-43}—ZXJ_{81-82}—TXJ_{21-23}—F—U—UB_{11-12}—LUH—LXJ_{62-61}—RD_2—XJZ_{220}$；第二黄灯点灯电路为 $XJZ_{220}—RD_3—2DJ_{5-6}—LXJF_{71-72}—ZXJ_{71-73}—TXJ_{11-13}—F—2U—2UB_{11-12}—LUH—LXJ_{62-61}—RD_2—XJZ_{220}$。

进站信号机因故不能开放允许信号时，需要开放引导信号，即点亮红灯的同时再点亮月白灯，红灯电路与平时一样，月白灯电路为 XJZ_{220}—RD_3—$2DJ_{5-6}$—$LXJF_{71-72}$—YXJ_{71-72}—F—YB—YB_{11-12}—YBH—YXJ_{62-61}—LXJ_{62-61}—RD_2—XJZ_{220}。

五、信号机的维护保养

信号机维护与保养是保障信号机正常工作的必要条件，也是保证高速铁路运输正常安全运营的必备流程。信号机的维护与保养能保证信号机的正常使用，同时保证列车的行车安全，故检查信号机的功能及完好性，可以预防故障的发生，提升设备运行品质。

目前高速铁路信号机中主要采用 LED 色灯信号机，故障率低，一般维护周期为 1 次/季度或 1 次/半年，基本每维护 1 处所需时间大概为 30min，维护时段为非运营时段。

信号机维护与保养表如表 2-2-1 所示，维修人员在进行维护与保养过程中需填写相关设备检修记录表及信号机检查测试记录表，避免疏忽出现漏查现象。

表 2-2-1　信号机维护与保养表

设备	修程	工作内容	周期	工具
LED 色灯信号机	巡检	1. 安装螺丝、基础外观检查； 2. 信号机构、机柱无损伤，透镜、遮檐无损坏、螺丝齐全良好； 3. 目测 LED 光点有无断点； 4. 外部（含透镜玻璃）清扫	每季度 1 次	手电筒或头灯、对讲机、安全防护用品、梯子、小工具一套、棉布、机油、黄油等
	测试	1. 每个灯位进行电压测试、变压器测试，比较有无变化； 2. 每个灯位进行电流测试，比较有无变化； 3. 测试灯丝报警仪能在限定值外报警	每年 1 次	手电筒或头灯、对讲机、安全防护用品、梯子、小工具一套、万用表、棉布、机油、黄油等
	检修	1. 同巡检内容； 2. 检查机柱、机构强度是否良好，有无裂纹及损伤、螺栓是否紧固，加锁装置是否良好； 3. 变压器、整流板、LED 矩阵、光学透镜、钢化玻璃前置镜片外观是否完整、无损坏、无焦状、无异味，各部件安装是否牢固； 4. 线缆头插接紧固、无露铜，线缆无破皮、损伤，线缆去向铭牌完整清晰； 5. 机构内部螺栓紧固、电气螺栓良好，防尘、防水设施整治； 6. 箱盒内部螺栓紧固、电气螺栓是否良好，防尘、防水设施整治； 7. 内部、外部（含透镜玻璃）清扫； 8. 更换不良器材； 9. 测量建筑限界（每 2 年 1 次）； 10. 机构、机柱外部油饰（每 2 年 1 次）	每年 1 次	手电筒或头灯、对讲机、安全防护用品、梯子、小工具一套、万用表、手电钻、棉布、机油、黄油等

六、信号机的常见故障处理

信号机常见故障处理是信号维修人员的必备条件，进行信号机故障处理之前必须熟悉掌握信号机维修保养工作内容，熟悉信号机一次测、二次测电压调整表，同时非常熟悉信号机点灯电路图。信号机是高速铁路运行中保证行车安全的重要设备，因此必须保证信号机的高可靠性,如果发生了故障,首先应区分室内外故障,再根据 LOW 机显示状态进行故障分析,由此确定故障点的位置,进一步分析解决问题。无论采用何种信号机,其故障处理流程都大同小异,LED 色灯信号机故障处理流程及案例分析为例,信号机故障处理流程如图 2-2-12 所示。

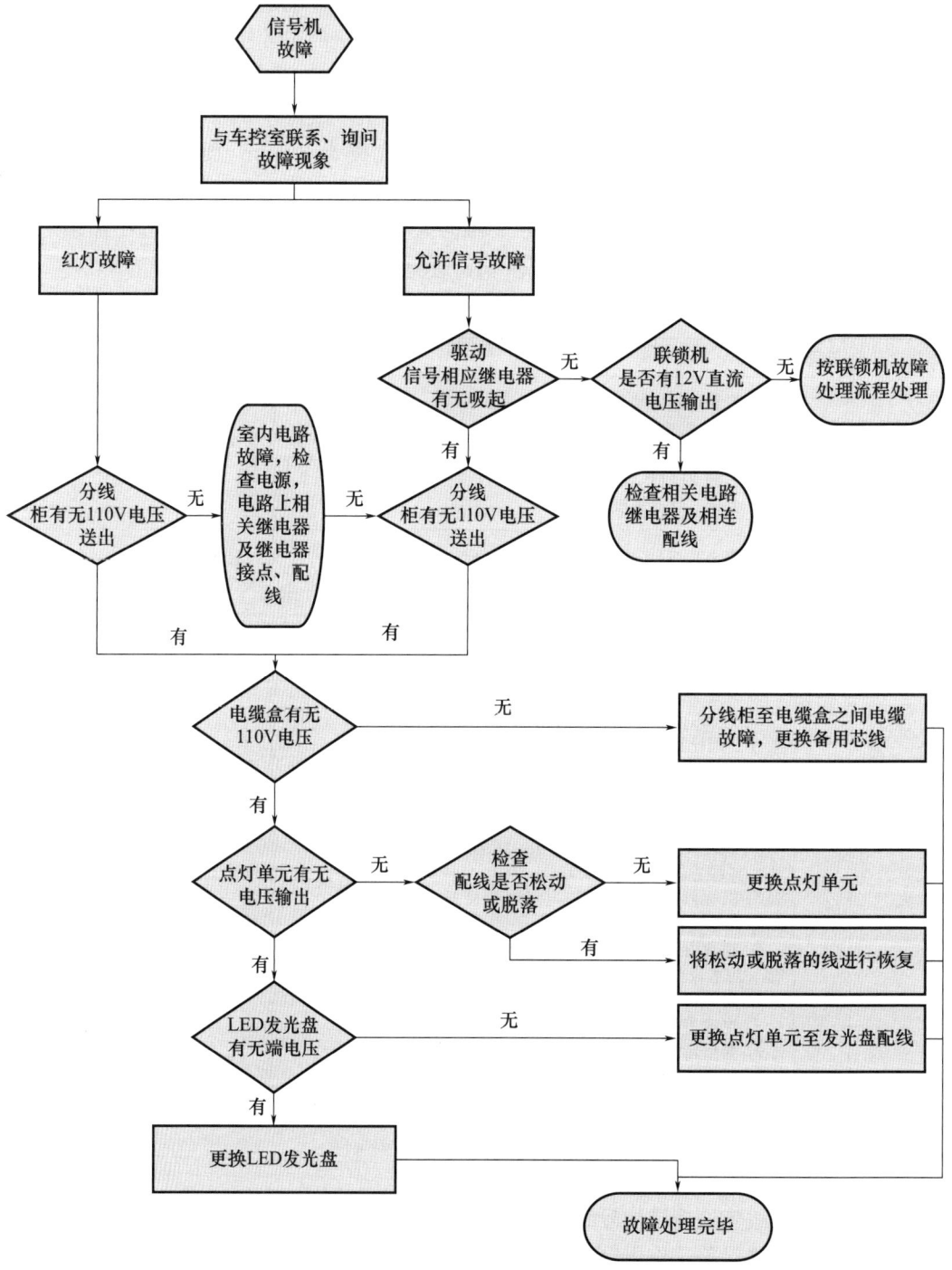

图 2-2-12 LED 色灯信号机故障处理流程

【任务实施】

查找信号机故障范围

1. 实训目的

掌握信号机故障查询方法,能够利用万用表等工具判断信号机的故障范围。

2. 实训设备

万用表、信号机、电缆终端盒、扳手等。

3. 实训内容

(1) 与车控室联系并询问故障现象。

(2) 根据故障现象判断行车影响范围。

(3) 填写故障处理登记表。

(4) 故障处理。

a. 判断到底是室内故障还是室外故障,缩小故障范围。

b. 室内故障:根据信号机点灯电路图查找故障;室外故障:根据室外配线图查找故障。

c. 故障排除。

(5) 故障处理完成进行销记。

(6) 根据故障现象及故障处理经过,进行故障原因分析。

(7) 根据故障原因,作出故障总结,避免下次同类故障发生。

4. 实训方法

当信号机未开放,控制台信号复示器闪光且发生灯丝断丝报警,说明禁止信号点灯电路故障。信号机点灯电路涉及室内外,因此首先要区分故障点在室内还是在室外。

在分线盘上测量故障信号机外线,以调车信号机蓝灯为例,需测量 A 和 BAH 线,如果有交流 220V 电压,则说明室外发生断线故障;如果没有交流 220V 电压,则可初步确定为室内故障。再观察组合侧面的相应熔断器是否熔断,若熔断器完好,则可判断分线盘至组合内部断路;若熔断器熔断且更换以后立即熔断,说明是短路故障;短路故障需再次判断是在室外还是在室内,在分线盘上拆下一根故障回线,再加熔断器,若没有熔断,则分线盘至信号机短路,若再次熔断,则分线盘至组合内部短路。判断故障的范围和性质任务实施表如表 2-2-2 所示。

表 2-2-2 判断故障的范围和性质任务实施表

任务名称	判断故障的范围和性质	学习小组、人数	第 组 人
任务要求	会正确使用万用表测量电压	专业、班级	
实施方式	团结协作、共同实施		
任务序号	实施步骤		使用资源
1	分线盘上测量、判断		
2	终端电缆盒上测量、判断		
3	数据记录及分析		
实施说明			

【任务评价】

本任务以小组形式展开，每组3~5人。对学生评价主要由两部分组成：专业能力和社会能力，即总成绩＝专业能力（70%）＋社会能力（30%）。其中专业能力方面包括对信息的搜寻（10%），对任务的计划、分配（10%），任务实施过程中思路清晰、查找正确（40%），工具使用规范（10%）；社会能力包括团队协作能力（10%），安全意识（10%），敬业精神（10%）。任务评价表如表2-2-3所示。

表2-2-3　任务评价表

任务名称		查找信号机故障范围	学习小组、人数		第　组　人
任务要求		会正确使用万用表	专业、班级		
评价类别	评价内容	评价项目	分值	自评	互评	教师评价
专业能力	资讯	搜集信息	10			
	计划	计划可实行度	5			
		计划正确度	5			
	实施	思路清晰、查找正确	40			
	工具	使用规范	10			
社会能力	团队协作		10			
	敬业精神		10			
	安全意识		10			

【案例分析】

1. 信号机点灯电路配线松动故障分析

（1）故障现象。

调度室单元控制台D102信号机闪烁。

（2）影响范围。

使D102防护区段无法进行调车作业。

（3）故障处理经过。

①17：01，车场信号维修人员接到车场调度人员报该车场单元控制台D102信号机闪烁。

②17：05，信号维修人员赶到信号楼询问车场调度人员故障现象并进行登记，登记后到信号设备室测试D102信号机室内分线柜电压为110V，电流为0。

③17：20，信号维修人员请示上级领导，经同意在室内分线盘处连接应急灯盘，临时排除故障。

④17：30，信号维修人员在故障排除后进行销记。

⑤次日凌晨1：45，车场调度人员下达检修调度命令，信号维修人员前往D102信号机处进行检修，首先测试一次侧电压为110V，二次侧电压为0，经检查为变压器二次侧线缆松动，造成接触不良，无法供应LED发光盘电压，恢复松动电缆后，设备恢复正常。同时室内测试分线盘电压为110V，电流为121mA，电压及电流都处于稳定状态，故障排除。

⑥2：30，信号维修人员恢复现场完毕，向车辆调度人员汇报并进行销记作业。
（4）故障原因。
日常检修不彻底，未及时拧紧将发生松动的电缆。
（5）故障总结。
①组织车场信号维修人员对信号机检修流程及检修作业内容进行全面学习。
②组织车场信号维修人员对信号机进行全面检修。
③组织车场信号维修人员对信号机应急处理预案进行学习。
④组织车场信号维修人员模拟信号机故障演练培训，提升故障处理能力。

2. 出站信号机红灯闪烁故障分析
（1）故障现象。
行调控制中心显示屏上显示某站上行出站信号机 S0502 出现红灯闪烁。
（2）影响范围。
影响此站上行发车及后续进路排列。
（3）故障处理经过。
①10：56，信号维修人员接到行车调度人员报该站出站信号机 S0502 闪烁。
②11：01，信号维修人员联系行车调度人员及车站值班员询问故障现象并进行登记，登记后到信号设备室将分线盘上 S0502 点连接端子断开，测试室内电源是否送出，通过测试确定是室内故障还是室外故障。
③11：14，经测试室内电源未送出，经查找故障点为地点器组合架 S0502 信号机断路器底座接触不良，信号维修人员将断路器插紧后，故障恢复。
④11：16，信号维修人员在故障排除后向行车调度中心汇报并进行销记。
（4）故障原因。
日常巡检过程中，未及时发现断路器底座有松动，未及时排除故障。
（5）故障总结。
①组织信号维修人员对信号机巡检流程及检修作业内容进行全面学习。
②巡检须做好故障信息记录，并以此作为分析资料，尽可能准确地判断故障原因。
③加强工班信号维修人员对设备回放记录的查看、操作培训。

任务三　轨道电路认知与维护

【任务目标】

◎技能目标
1. 会判断轨道电路故障范围。
2. 会正确处理简单的轨道电路故障。
◎知识目标
1. 掌握轨道电路的类型、结构及工作原理。
2. 掌握轨道电路故障处理的方法及注意事项。

【任务描述】

通过对各种类型轨道电路的学习，掌握轨道电路的基本工作原理，能够正确使用万用表查找轨道电路的故障范围并处理简单的断线故障。

【任务知识】

轨道电路是指利用一段铁路线路的两根钢轨作为导体，用引接线连接电源和接收设备所构成的电气回路，用于监督铁路线路是否空闲，也用于传输列车控制信息。轨道电路是铁路信号系统的重要基础设备，它的性能直接影响行车安全和运输效率。

高速铁路站内正线原则上采用与区间同制式的由计算机编码控制的 ZPW-2000A 型有绝缘轨道电路（又称一体化轨道电路）。中间站、越行站站内咽喉区比较简单，为减少站内轨道电路制式、简化工程设计，站内其他轨道区段也采用与正线同制式的 ZPW-2000A 型有绝缘轨道电路。大站的正线及到发线采用与区间同制式的有绝缘轨道电路。咽喉区轨道区段两端采用机械绝缘节，股道分割处宜采用机械绝缘节。只有大站的站内其他轨道电路区段才采用 97 型 25Hz 相敏轨道电路。

一、轨道电路的分类

1. 按供电电源分类

按供电电源分类，可分为交流轨道电路和直流轨道电路。

交流轨道电路采用交流电源供电，是常用的轨道电路。交流轨道电路的种类很多，现场应用的主要有一般交流轨道电路，25Hz 相敏轨道电路，ZPW-2000、UM-2000、UM-71 等型移频轨道电路，JWXC-2.3 型轨道电路，各种交流轨道电路最主要的区别是轨道电源的信号频率不同。

直流轨道电路采用直流电源供电，由于直流轨道电路存在传输衰耗较大等缺点，现已很少采用。

2. 按工作方式分类

按工作方式分类，可分为闭路式轨道电路和开路式轨道电路。

闭路式轨道电路是最常用的轨道电路，所谓闭路式指的是平时构成闭合回路。当轨道电路上没有列车占用时，轨道继电器吸起；当轨道电路上有列车占用时，轨道继电器落下；当发生断轨等故障时，轨道继电器也会落下。闭路式轨道电路的最大优点是能保证故障导向安全。由于平时无列车占用时，轨道继电器始终处于吸起状态，闭路式轨道电路的最大缺点是浪费能源。

开路式轨道电路上平时轨道继电器不吸起，当轨道电路有列车占用构成闭合回路时，轨道继电器吸起。它的优点是能够节约能源，但当轨道电路发生故障时，不能实现故障导向安全。

3. 按分割方式分类

按分割方式分类，轨道电路可分为有绝缘轨道电路和无绝缘轨道电路。

所谓有绝缘轨道电路，指的是该轨道电路有机械绝缘节，利用机械绝缘将相邻两轨道电路区段分开。车站范围内的轨道电路基本上都是有绝缘轨道电路。

所谓无绝缘轨道电路，并不代表该轨道电路没有绝缘，它只是没有机械绝缘节，但有电气绝缘节，即采用电气隔离方式使相邻两轨道电路区段分开。电气绝缘节的原理是利用谐振槽路，采用不同的信号频率，谐振回路对不同信号频率呈现不同阻抗，从而实现相邻轨道电路间的电气隔离。UM-71、UM-2000、ZPW-2000 型轨道电路都属于无绝缘轨道电路。

另外，无绝缘轨道电路有自然衰耗式。它的原理是利用轨道电路的自然衰耗和不同的信号特征，实现轨道电路的相互隔离。钢轨中的电流可沿正、反两个方向自由传输，基本上靠轨道的自然衰耗作用来衰减信号。道口信号所用的道口控制器就采用这种无绝缘轨道电路。

4. 按有无道岔分类

按有无道岔分类，轨道电路分为无岔区段轨道电路和道岔区段轨道电路。

所谓无岔区段轨道电路，指的是轨道电路区段内没有道岔的电路，一般应用于到发线等处。

所谓道岔区段轨道电路，指的是轨道电路区段内含有道岔的电路，一般应用于车站咽喉区内。

5. 按照传送的电流特性分类

按所传送的电流特性分类，轨道电路主要分为连续式轨道电路、移频式轨道电路以及数字编码式轨道电路。

所谓连续式轨道电路，指的是在钢轨中传送的是连续的交流电流或直流电流的电路。典型的连续式轨道电路有车站范围内使用的工频交流连续式轨道电路和 25 Hz 相敏轨道电路。

所谓移频式轨道电路，指的是在钢轨中传送的是移频电流的电路。典型的移频轨道电路有 ZPW-2000、UM-2000、UM-71 型轨道电路。

所谓数字编码式轨道电路，指的是根据速度码、线路坡度码、闭塞分区长度码、路网码、纠错码等编码调制载频，形成一个若干比特的一群调制频率的电路。

二、轨道电路基本工作原理

如图 2-3-1 所示，轨道电路是以铁路线路的两根基本钢轨为导体，两端装设钢轨绝缘（或电气绝缘），一端安装送电设备，另一端安装受电设备的电路。

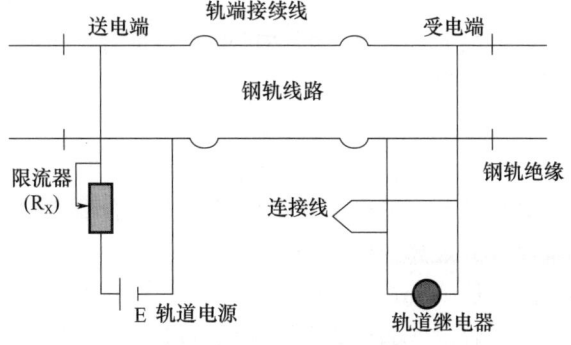

图 2-3-1　轨道电路原理图

轨道电路的送电设备由轨道电源和限流器组成。其中，轨道电源可以用直流电源、交流电源、脉冲电源。限流器是由可调整的电阻器或电抗器组成的，它的作用一是保护电源设备，二是保证列车占用轨道电路时，轨道继电器可靠落下，即提高轨道电路的分路灵敏度。

轨道电路的受电设备一般采用继电器，称为轨道继电器，用来接收轨道电路的信号电流，反映轨道电路的状态。

钢轨线路由轨条、轨端接续线和钢轨绝缘等组成。轨端接续线包括将送电设备和受电设备接向钢轨的引接线和连接钢轨的接续线。钢轨绝缘是钢轨线路两端的绝缘装置，在轨道的轨距杆、尖轨联结杆、转辙机安装装置等处都要安装绝缘装置。

当轨道电路内钢轨完整且没有列车占用时，轨道继电器吸起，表示轨道电路空闲。当轨道电路被列车占用时，轨道电路的钢轨被列车轮对分路，轮对电阻远小于轨道继电器线圈电阻，流经轨道继电器的电流大大减小，轨道继电器落下，表示轨道电路被占用。

三、轨道电路的作用

监督列车的占用，反映线路的空闲状况。利用轨道电路是监督列车在区间以及列车、调车车列在站内的占用情况的最常用方法。由轨道电路反映该段线路是否空闲，并与联锁、闭塞联系起来。

传递行车信息。轨道电路除了监督列车占用情况外，还可以传递与行车有关的各种信息。例如，在车站内利用轨道电路传递移频信息，实现站内电码化。又如，利用轨道电路向机车传递报文等信息，实现列车自动控制。

四、轨道电路的设置

1. 轨道电路的设计长度

ZPW-2000A 型轨道电路的设计长度应符合列控车载设备可靠接收及邻线干扰防护的要求，用于站内时还应符合车站计算机联锁系统可靠工作的要求。

站内无岔区段轨道电路需要提供列控信息时，其最小长度 L_{min} 应同时符合以下两公式的要求：

$$L_{min} = V_{max} \times 2.5s + L_{常}$$
$$L_{min} = L_{自}$$

式中 V_{max}——该区段的最高允许速度，当站场条件不符合要求时，可按 CTCS-2 级运用环境允许的最高速度（m/s）。

$$L_{min} = L_{自}$$
$$L_{min} = V_{max} \times T_{落} - L_{车}$$

式中 V_{max}——该区段的最高允许速度，当站场条件不符合要求时，可按 CTCS-2 级运用环境允许的最高速度（m/s）；

$L_{常}$——轨道电路余量 20m；

$T_{落}$——轨道电路接收设备的最大落下时间（s）；

$L_{车}$——车长（m）；

$L_自$——轨道电路设备自身允许的最小长度（m）。

道岔区段应根据其直向或侧向是否需要提供列控信息而分别按上述方法确定其最小长度。

在站内轨道电路最小长度计算公式中，一般照该区段的最高允许速度取值，但是实际站场有时不符合要求，此时可按 CTCS-2 级运用环境允许的最高速度。列车从 CTCS-3 级转换到 CTCS-2 级时速度必须降到 CTCS-2 级允许的速度值，如果轨道电路长度按照 CTCS-2 级允许的速度进行设计，则最多会延时 2.5s 接收地面码序，进而延时 2.5s 切换到 CTCS-2 级，但不影响列车运行安全。

站内轨道电路区段最短长度按以下条件考虑，并取其中的最大值作为最短长度：

（1）列车运行时车载设备需要可靠接收到轨道电路所传送的信息。

（2）列车以允许的最高速度通过站内轨道区段时，该轨道区段应能正常解锁。

（3）轨道电路设备自身允许的最小长度，ZPW-2000A 型为 60m。

当列车进路内各区段均发送机车信号信息时，列车运行于道岔区段任一个分支，都应确保车载设备可靠接收信息。

对于仅正线发码的车站，因其道岔区段的无受电分支（弯股）不需要发码，故列车进路经由道岔弯股时，该区段分支支路的长度仅需符合解锁要求。

2. 轨道电路频率设计

区间、车站轨道电路载频应统筹设计。闭塞分区分界点处绝缘两侧应采用不同载频，其中，上行正线、上行侧到发线采用 2000Hz、2600Hz；下行线正线、下行侧到发线采用 1700Hz、2300Hz。

ZPW-2000 型轨道电路发送器的低频、载频等信息编码接口宜采用计算机通信方式。

车站接、发车进路轨道电路低频信息应与其接近的信号机防护的进路条件相符。

目前，按照高速铁路 CTCS-2 级列控系统技术设备管理基本要求，当车站侧向接车进路有低于 80km/h 的临时限速时，进站或进路信号机不得显示"一个黄色闪光和一个黄色灯光"。当侧向发车进路上有低于 80km/h 的临时限速时，出站信号机的接近区段发送"UU 码"。

站内股道 ZPW-2000A 型轨道电路长度不应大于 650m（道床漏泄电阻不小于 $3.0\Omega \cdot km$、分路电阻不大于 0.25Ω 或道床漏泄电阻不小于 $2.0\Omega \cdot km$、分路电阻不大于 0.15Ω，且线间距不小于 5m）。最小长度应满足列车以最高运行速度通过该轨道区段时，车载设备能够正常接收轨道电路信息（暂按 2.5s 计算）的要求。

为避免邻线轨道电路的干扰，当站内横向相邻同方向载频的轨道电路长度超过 650m（线间距不小于 5m）时，应对轨道电路进行分割。

道岔区段 ZPW-2000 型机械绝缘轨道电路长度一般小于 400m，包含 1～2 个道岔分支。特殊情况不应超过 600m。每个道岔区段不宜超过 2 个道岔。当区段只有一个道岔时，无受电分支长度不应大于 120m。当区段有两个道岔时，两个无受电分支长度应分别不大于 60m 和 120m。

侧线股道可以采用道岔区段轨道电路配置，也可以采用区间轨道电路配置。

ZPW-2000 型轨道电路载频应统筹设计，防止出现迂回电路和列控信息的越区传输,闭塞分区分界点两侧的轨道电路采用不同的载频。

轨道电路采用追踪码序满足 CTCS-2 级列车安全运行的要求。

轨道电路连接线、道岔区段轨道电路并联线采用双线双塞方式。

站内道岔轨道区段不大于 300m 时,不配置补偿电容;大于 300m 时,需要根据道岔位置进行综合考虑。

在无轨道设备的机械绝缘节处有牵引回流通过时,应在该机械绝缘节处设置空扼流变压器。在钢轨线路需要接贯通综合地线或牵引回流线处,应设置空扼流变压器。

车站采用全进路有码时,当列车从上行线进入下行线或从下行线进入上行线时,在入口处轨道区段首先发送 2s 25.7Hz 低频信息,后转发正常信息。

车站仅正线与到发线区段有码时,当列车从上行线进入下行到发线或从下行线进入上行到发线时,到发线入口区段首先发送 2s 25.7Hz 低频信息,后转发正常信息;当列车从上行到发线发车进入下行线或从下行到发线发车进入上行线时,线路首段有码区段首先发送 2s 25.7Hz 低频信息,后转发正常信息。站内轨道电路设备构成如表 2-3-1 所示。

表 2-3-1　站内轨道电路设备构成

序号	名称	型号	设备数量	备注
1	发送器	ZPW·F-K	2	双机热备使用
2	接收器	ZPW·J-K	1	与另一台接收器构成双机
3	衰耗冗余控制器	ZPW·RS-K	1	用一台衰耗冗余控制器或一台双频衰耗冗余控制器
4	双频衰耗冗余控制器	ZPW·RSS-K	1	
5	防雷模拟网络盘	ZPW·ML-K	2	
6	调谐匹配单元	ZPW·PT	2	用于站内正线股道电气绝缘节
7	空心线圈	ZPW·XKD	1	用于站内正线股道电气绝缘节
8	机械绝缘节空心线圈	ZPW·XKJD	1	用于站内正线股道机械绝缘节
9	站内匹配变压器	ZPW·BPLN	2	用于站内道岔区段或侧线股道机械绝缘处
10	轨道电路防雷单元	ZPW·ULG	2	室外设备的纵向防雷,用于电化区段,AC 2×385V
		ZPW·ULG2	2	室外设备的横向防雷,AC 75V
11	补偿电容器		若干	道岔区段 25μF 股道:1700Hz、2000Hz,50μF;2300Hz、2600Hz,40μF

3. 道岔区段轨道电路

道岔区段轨道电路采用"分支并联"一送一受轨道电路结构,以实现道岔弯股的分路检查防护和车载信号信息的连续性传输。

高速铁路列控系统的车载设备,要求地面轨道电路系统提供车载信息,其传送的信息必须能够时实、连续、稳定地被车载设备接收,这就要求地面轨道电路系统提供给车载信号设备的信息,必须在时间和空间上是连续的。

对于时间上的连续,由于站内采用了与区间同制式的轨道电路,可以确保地面轨道电路系统提供给列车车载设备的信息在时间上的连续性。

空间上的连续，主要存在于机械绝缘节和弯股。

由于受到机械绝缘节结构的影响，轨道电路设备的安装必然要离开机械绝缘节一定的距离（距轨缝 0.6～0.8m）。因此，列车过机械绝缘节时，因受到轨道电路设备安装位置的限制和车载信号接收感应器的安装位置的限制（车载信号设备的接收线圈距第一轮对的距离最大可达 1.0m），车载信号接收感应器在轨道电路的机械绝缘节两边 1.6～1.8m 均存在一段车载信号接收"盲区"。为了消除车载信号设备的接收"盲区"，在道岔机械绝缘节处采用改变道岔跳线的走线方式（称为"跳线换位"），以及对轨道电路钢轨引接线的安装方式进行迂回走线处理，可以消除车载信号设备在机械绝缘节处的信息中断问题。

道岔区段的弯股分支长度远大于 30m，且弯股侧线在一定条件下需要车载信息连续。如果按照传统方式安装道岔跳线，则在弯股上车载信号设备的接收线圈下方，钢轨内的车载信号电流不足以驱动车载信号设备或无信号电流。为了使地面轨道电路系统提供给列车车载信号设备的信息在空间上连续，并且足以驱动车载信号设备，必须采取道岔跳线换位和增设道岔跳线的措施。这样做使运行于道岔区段内的列车，在弯股的无受电分支的任何地点均能连续、正确和稳定可靠地接收列车车载信号设备的控制信息。

在弯股每间隔一定的距离就增设一组道岔跳线，以强制车载信号设备的控制信息电流流经列车车载信号设备接收感应线圈下方的钢轨。"道岔跳线"从道岔弯股末端（道岔弯股的轨道绝缘节）起，向岔心方向（道岔绝缘节）依次间隔设置，间隔不大于 20m，岔心间隔不大于 30m，两端部必须设置"跳线"。"跳线"采用带绝缘护套的 70mm² 的铜导线相当的钢包铜线。

【任务实施】

判断轨道电路故障范围

1. 实训目的

掌握轨道电路的工作原理，会使用万用表判断轨道电路故障范围。

2. 实训设备

万用表、轨道电路、信号变压器箱、套筒板子等。

3. 实训内容与方法

以 JZXC-480 型轨道电路为例。

（1）了解情况。

当接到故障通知时，应遵守有关安全规定，登记停用设备，弄清故障现象。

（2）故障现象分析。

①几个区段同时出现红光带，应重点检查电源熔断器和电缆。

②两个区段同时出现红光带，一般是相邻处的轨端绝缘双破损。

③只有一个区段出现红光带，先在分线盘（或轨道测试盘）确定故障的范围，区分室内外。

（3）室内故障测试分析。

①测试盘测试交流电压大于调整状态电压，没有直流电压，为室内故障；重点是分

线盘或组合侧面至继电器配线间断线，继电器内部整流配线断线。

②测试盘测试交流电压基本正常，继电器不吸起，为室内故障，可能是继电器故障。

③测试盘测试交流电压为0，拔下继电器有交流电压，为继电器故障，重点是继电器二极管击穿造成混线。

当在分线盘处测到的电压等于或大于原电压值时，为室内断线故障；当测到1~6.5V交流电压时，为室外混线故障（或接触不良）。当测到交流电压为0时，必须摘下一根电缆（把室内甩开），测量所摘电缆与另一个端子之间的交流电压，若为0，则为室外断线（或室外实混）；若大于原电压值，则为室内混线。

【任务评价】

表 2-3-2 任务评价表

任务名称		判断轨道电路故障范围	学习小组、人数		第 组 人
任务要求		会正确使用万用表测量电压	专业、班级		
评价类别	评价内容	评价项目	分值	自评	互评	教师评价
专业能力	资讯	搜集信息	10			
	计划	计划可实行度	5			
		计划正确度	5			
	实施	思路清晰、查找正确	40			
	工具	使用规范	10			
社会能力	团队协作		10%			
	敬业精神		10%			
	安全意识		10%			

【任务拓展】

1. 处理故障的步骤和方法

（1）了解情况。当接到故障通知后，应立即带好工具，询问值班员，详细了解故障的现象，倾听值班员介绍情况，这对分析故障所在和及时排除故障是有益的。

（2）判断故障是在室内还是室外。在值班员处了解情况后，先到继电器室测试盘上测量发生故障的轨道电路区段轨道继电器的端电压，以判别故障点是在室内还是室外。若轨道继电器端电压交流值为10.5~16V，说明轨道电路工作正常；若交流值大于16V（一次调整除外），有可能是室内断线或送端送出的电压太高；若交流值低于10.5 V，则说明问题可能出在室外。

（3）判断故障是在送端还是在受端。来到室外轨道电路线路上后，应首先测量送端或受端的轨面电压值，与平时正常状态的轨面电压值比较。

（4）确定后恢复故障。

2. 常见故障分析

（1）如果整个咽喉区段都出现红光带，则应首先考虑室内电源的问题。

（2）如果几个区段同时出现红光带，则应首先考虑电源熔断器和电缆问题。

(3) 如果相邻两个区段同时出现红光带，则应首先考虑相邻处的轨端绝缘双破损问题。

(4) 如果由雷害引起设备故障出现红光带，则应首先考虑熔丝、器材（包括480型继电器、报警装置、送端BG-50变压器、受端BZ4变压器）。

(5) 施工期间站内几个区段出现红光带，则应首先考虑电缆推断、破损问题。

(6) 夏季站内没有作业，轨道电压突然降低出现红光带，应首先考虑电缆接地、半混线、线间绝缘问题。

(7) 夏季站内有工务施工出现红光带，应首先考虑人为造成混线、撬棍及工具混线问题。

(8) 大暴雨天气站内积水出现红光带，应首先考虑漏泄过大、箱盒进水问题。

【案例分析】

25Hz轨道电路的防雷补偿器不良故障分析

1. 故障现象

3DG红光带故障（25Hz轨道电路），故障现象为3DG区段瞬间闪红光带2次，随后变为稳定光带。

2. 影响范围

影响三趟高速铁路列车。

3. 故障原因

1/3号道岔渡线左侧胶结绝缘不良，致使相邻线1-5DG有动车经过时产生不平衡牵引电流，进而导致3DG室内受电端防雷补偿器（硒堆）击穿短路产生红光带。

4. 故障分析

(1) 故障发生前3DG电压曲线正常，12：25瞬间闪红光带后曲线波动，12：50 3DG再次瞬间闪红光带，对应3DG端电压波动期间，1-5DG端电压也相应波动，初步判断两个相邻区段处的渡线绝缘不良（图2-3-2）。

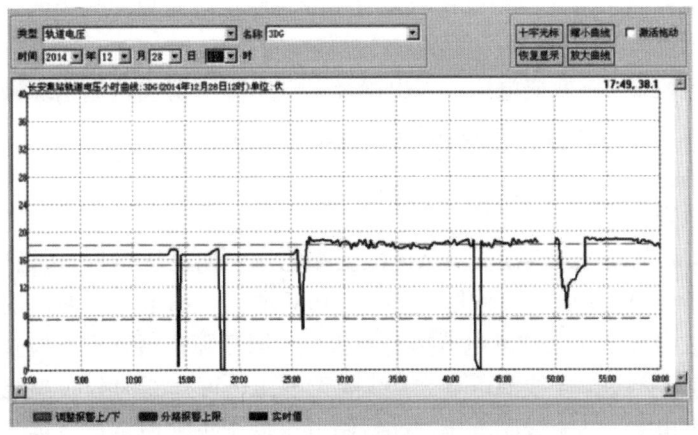

图2-3-2 故障时3DG轨道电路区段检测曲线

(2) 现场测试发现 1/3 号道岔渡线左侧胶结绝缘不良（使用轨道电路绝缘测试仪测量绝缘电阻为 0），随即对不良绝缘进行处理，但 3DG 红光带仍未恢复。

(3) 通过进一步判断发现，原因为 3DG 室内组合防雷补偿器（硒堆）短路，甩掉该硒堆后故障恢复。

(4) 联系工务对不良绝缘进行更换后，绝缘测试 86.5Ω，更换防雷补偿器后恢复正常。3DG 恢复后检测曲线如图 2-3-3 所示。

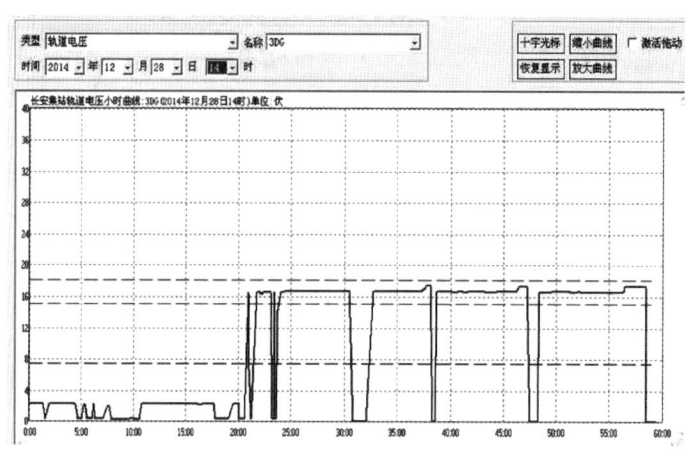

图 2-3-3　3DG 恢复后检测曲线

5. 故障处理方法

(1) 当两个相邻区段同时出现红光带或电压波动时，应优先检查相邻的轨端绝缘是否良好，可使用专用的轨道电路绝缘测试仪或轨道电路短路测试仪进行判断，如使用绝缘测试仪测量的绝缘电阻明显较低，或者使用轨道电路短路测试仪测出轨端处有感应电流通过时，即可判断该处绝缘不良。

(2) 判断室内受电端短路故障时，如甩开分线盘受电端端子后电压明显高于正常值（空载时电压升高），则判断为室内短路，也可使用钳形表判断短路范围及短路点。使用钳形表判断时可以与正常区段进行比对，分析变化趋势，避免因较小的干扰电流造成误判断。

(3) 电化区段 25 Hz 轨道电路，当出现牵引电路不平衡或轨端绝缘破损恢复后，应对相关区段接收端并联的防雷补偿器进行复查测试，防止出现不良。

6. 故障总结

(1) 断路故障。

用 CD96-3 系列表在分线盘测试该区段受端电压，如电压接近日常测试值，判断故障在室内。测量继电器局部 1-2 线圈是否有 110 V 电压，如电压正常，说明轨道继电器局部线圈开路故障或二元二位继电器本身有机械卡阻故障；否则重点检查配线。如电压接近日常测试值，测量 3-4 线圈，如 3-4 线圈无电压，可判断为分线盘至继电器线圈软线断线。测量继电器的 3-4 线圈电压，如线圈电压低于正常值将近一半，一般为防护盒开路故障；如线圈电压接近于正常值的三分之一，一般为硒堆半击穿故障（该故障一般发生于雷雨天气或牵引电流回流不畅时）。

(2) 短路故障。

用 CD96-3 系列表在分线盘测试该区段受端电压，如电压低于日常测试值或为零，甩开分线盘该区段一个端子软线（必须确认该区段无电力机车通过），测试电缆侧电压比日常测试值高，判断室外设备正常，属室内短路故障。采用断线法处理：恢复分线盘软线，进一步到该区段组合架侧面端子（含测试盘配线）甩线测试，如电压低于日常测试值或为零，判断分线盘到该区段组合侧面配线短路。如电压比日常测试值高，判断测试盘配线短路。否则甩开防护盒 1、3 端子上的两根配线（防雷补偿器配线压在防护盒 1、3 端子上），甩开哪个器件线圈电压值升高，即判断哪个器件故障。这样一来就能分清是硒堆防护盒还是继电器线圈或配线短路。

任务四 转辙设备认知与维护

【任务目标】

◎技能目标
1. 掌握人工进路时手摇道岔的步骤及注意事项。
2. 掌握简单的转辙机故障处理流程和方法。
◎知识目标
1. 掌握道岔的各部分组成和基本作用。
2. 掌握转辙机的分类及其内部结构。
3. 了解电动转辙机维修规程。

【任务描述】

通过对道岔和转辙机的认知，掌握常见道岔的分类和结构，同时了解转辙机内部各主要部件是如何配合动作的，了解电动转辙机的维修规程和检修周期、技术标准等。以学习的知识点为基础，对手摇道岔作业进行练习，对转辙机典型故障案例进行分析。

【任务知识】

转辙机属于信号室外三大设备之一，其主要用于道岔的转换和锁闭，以保障行车的稳定性与安全性，同时转辙机也是信号检修岗位室外维护工作量最大的设备。

一、道岔识别

道岔是一种用于改变列车运行方向的线路设备，不同类型的道岔所对应的列车限制运行速度是不同的。目前在各类铁路线路中均大量采用道岔，如常采用的 12 号道岔，其道岔侧向限制行车速度为 50km/h，高速铁路中 18 号道岔的侧向限制行车速度为 80km/h。

1. 道岔结构

常见的单开道岔主要由转辙部分、连接部分、辙叉部分组成，道岔的位置转换主要由转辙部分完成，如图 2-4-1 所示。

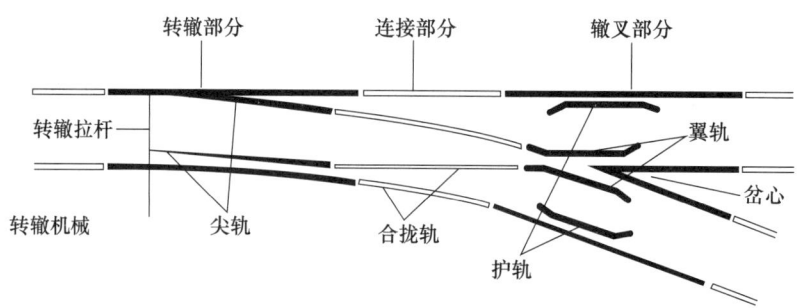

图 2-4-1　单开道岔结构

（1）转辙部分：由最外侧两根基本轨，中间两根尖轨以及转辙机、连接杆、动作杆、表示杆、连接零件等部件组成。连接杆用于连接中间的两根尖轨，使得在转换道岔时尖轨能同时动作，道岔位置的转换由转辙机带动尖轨位置的变换决定，图 2-4-1 中道岔开通的位置为道岔的曲线方向。

（2）连接部分：由与尖轨和基本轨相连接的四根合拢轨组成，其中两根合拢轨是直的，两根合拢轨是弯的，与两根内侧合拢轨相连的是翼轨。

（3）辙叉部分：由翼轨、护轨、辙叉心、有害空间等部分组成。有害空间处于翼轨与岔心之间的空闲部分，无论道岔开通直线还是曲线位置，列车车轮都会经过有害空间，为了防止列车经过有害空间时出现脱轨的现象而增加了道岔护轨。目前在提速道岔上为了避免有害空间的影响还设置了可动心轨。

2. 道岔分类

目前在现场用到的道岔主要有单开道岔、三开道岔、交叉渡线、复式交分道岔等，以实现上下行线路连接或者列车转线。

（1）单开道岔：分为道岔定位和道岔反位，通常认为道岔经常开通的方向为定位，相对利用率较少的方向为反位。注意不要出现道岔开通直线一定为定位的主观错误，定位及反位主要以方向利用率确定。单开道岔如图 2-4-2 所示。

图 2-4-2　单开道岔

（2）三开道岔：三开道岔可开通三个方向，中间为主线，两侧为两条侧线，如图 2-4-3 所示。三开道岔由两台转辙机同时牵引，转辙部分由两条基本轨及中间四条尖轨构成，每台转辙机牵引两条尖轨，可存在两台转辙机同时拉回、同时推出或者一台拉回一台推出等三种情况，从而改变列车运行方向。

图 2-4-3　三开道岔

（3）交叉渡线：交叉渡线由四组单开道岔和一组菱形交叉构成，其主要作用是连接上下行线路，方便列车在正线进行折返作业。需要注意的是，在信号联锁关系中，交叉渡线所涉及的四组道岔不允许同时处于反位位置。交叉渡线如图 2-4-4 所示。

图 2-4-4　交叉渡线

（4）复式交分道岔：复式交分道岔是缩短车站咽喉长度、减少车场用地、提高调车作业效率的良好设备。其长度略长于单开道岔，相当于两组对向单开道岔，因此可以缩短站场长度，在复线及多线区间的到达场、编组场和出发场等衔接的咽喉区，采用复式交分道岔配合交叉渡线，更为明显。

复式交分道岔与交叉渡线不同，交叉渡线由四组单开道岔和一组菱形交叉构成，如果将复式交分道岔的 X 形的上面两点和下面两点分别连接起来，就是交叉渡线。复式交分道岔不仅能开通较多的方向，而且占地不多，所以经常在现场采用，如图 2-4-5 所示。

图 2-4-5　复式交分道岔

3. 单动道岔及联动道岔

对于一组单独的道岔来说，如果按压道岔操纵按钮只能使该组道岔本身动作，称之为单动道岔；对于相邻的两组道岔来讲，只要按压其中一组道岔的操纵按钮即可以使两组道岔同时或顺序动作，则称之为双动道岔，即联动道岔。需要注意的是，联动道岔所涉及的两组道岔的位置必须相同，也就是说要么都在定位，要么都在反位，不允许出现位置不同的情况。联动道岔主要是用来连接两条相邻的线路。

二、转辙机识别

转辙机是道岔线路转换设备，通过其动作杆及表示杆等杆件的动作，将道岔转换到某一位置，加上转辙机的内锁闭或者外锁闭装置，将道岔锁定，保证道岔不会错误动作或因为外力的作用错误解锁，同时给出正确的道岔位置显示，确保室内外道岔显示一致，从而保证行车安全。因此可以认为转辙机的作用是"转换道岔、锁闭道岔、表示道岔位置"。

1. 转辙机的分类

目前在现场应用较多的转辙机有 ZD6 型转辙机、S700K 型转辙机、ZDJ9 型转辙机、ZYJ7 型转辙机等，不同类型的转辙机由于锁闭道岔方式、锁闭力度不同所对应的使用地点也会有所区别。转辙机可分为如下几类：

（1）按照动作能源和传动方式分为电动转辙机和电动液压转辙机（电液转辙机）。ZD6 型、S700K 型、ZDJ9 型转辙机均属于电动转辙机，采用机械传动的方式；ZYJ4 型、ZYJ7 型转辙机属于电动液压转辙机，在其主机和副机之间存在油管，采用液压传动的方式。

（2）按照供电电源分为直流转辙机和交流转辙机。ZD6 型转辙机属于直流转辙机，其供电电压为直流 220V；S700K 型、ZDJ9 型、ZYJ7 型转辙机均属于交流转辙机，其供电电压为交流 380V。交流转辙机相对于直流转辙机来说有比较明显的优点：直流转辙机存在电刷和换向器，故障率较高，而交流转辙机不存在电刷和换向器，因此在一定程度上降低了故障率。

（3）按照锁闭方式分为内锁闭转辙机和外锁闭转辙机。内锁闭转辙机是在转辙机内部利用齿轮或者锁舌等将转辙机锁闭，其可靠性较差，如果列车通过道岔时的速度较快则不适用，因此内锁闭转辙机主要用于车站侧线道岔，如 ZD6 型转辙机；外锁闭转辙机是在转辙机的外部（尖轨和基本轨之间）采用外部锁闭系统对道岔进行锁闭，锁闭力度相对于内锁闭转辙机更大，因此能够适应的车速更快，外锁闭转辙机常见于车站正线道岔及提速道岔，如 ZYJ7 型转辙机。

由于外锁闭转辙机在尖轨和基本轨之间不存在连接杆，当道岔转换时，中间两根尖轨是分开一前一后动作的，所以也可以称之为分动外锁闭转辙机。可以通过观察是否存在连接杆或者外锁闭系统等判断是内锁闭转辙机还是外锁闭转辙机。内锁闭转辙机和外锁闭转辙机分别如图 2-4-6、图 2-4-7 所示。

（4）按照转辙机是否可挤分为可挤型转辙机和不可挤型转辙机。可挤型转辙机相对于不可挤型转辙机来说增加了挤岔保护装置，如 S700K 型、ZDJ9 型转辙机中的保持连接器、挤脱装置。当道岔发生挤岔时，如果动作杆自动解锁与转辙机整机脱离，起到保护其他部件的作用,则为可挤型转辙机;如果动作杆不能解锁而是依然与其他部件连接在一起,导致整机破坏更换,则为不可挤型转辙机。

图 2-4-6　内锁闭转辙机

图 2-4-7　外锁闭转辙机

2. 相关概念

(1) 密贴:密贴指的是无论道岔在定位还是反位,都要求尖轨与基本轨之间的间隙不大于 4mm。密贴是道岔进入锁闭状态的前提,如果尖轨和基本轨之间间隙大于 4mm,则道岔无法进入锁闭状态,此时在室内道岔显示应该出现"闪红",并在控制台上给出相应报警,导致无法正常形成列车进路,影响行车作业。

(2) 四开:四开指的是道岔的定位位置以及道岔的反位位置均不在密贴状态,此时室内道岔显示出现"闪红",并在控制台上给出相应报警。在现场道岔出现四开位置通常都是由于尖轨和基本轨之间出现异物,在转辙机动作的过程中,尖轨无法和基本轨密贴。在这种情况下,要求当尖轨受阻不能转换到底时,应能够随时通过操纵使尖轨恢复到原位。

(3) 挤岔:对于一组道岔来讲,当列车顺着岔尖运行时,如果道岔位置不正确,车轮缘可以从尖轨和基本轨之间挤进去,并推动另一根尖轨强行靠近基本轨,这种情况叫作挤岔。挤岔会导致道岔以及转辙机损伤,当现场发生挤岔时,室内道岔显示"闪红",并给出相应的"挤岔报警"。挤岔现象常发生于调车过程中,排列长调车进路时,没有按照由远及近的原则排列,容易出现此类事故。

3. S700K 型转辙机

S700K 型转辙机采用的是德国西门子技术,由于内部结构简单,其保养维修工作量很少,大多数保养工作在短时间内即可完成,而且工作可靠,S700K 型转辙机已在国内提速道岔上广泛使用。

(1) S700K 型转辙机结构。

S700K 型转辙机采用分动外锁闭系统,分动外锁闭系统能可靠地锁闭道岔尖轨和基本轨,确保 4mm 不锁闭功能。在锁闭状态下能牢牢地把尖轨与基本轨锁闭在一起,即使连杆折断,外锁闭也能起锁闭作用。同时,外锁闭能隔离列车通过时对转换设备的振动和冲击,从而提高转换设备的使用寿命和可靠性。

S700K 型转辙机主要由外壳部分、动力传动机构、检测和锁闭机构、安全装置和配线接口五大部分组成。其中,外壳部分主要由铸铁底壳、动作杆套筒、导向套筒、导向法兰等组成;动力传动机构主要由三相电动机、摇把齿轮、摩擦连接器、滚珠丝杠、保持连接器、动作杆等组成;检测和锁闭机构主要由检测杆、叉形接头铁、速动开关组、锁闭块、锁舌、指示标等组成;安全装置由开关锁、遮断开关、连杆、摇把孔挡板等组成;配线接口由电缆密封装置、插接件插座组成。具体如图2-4-8和2-4-9所示。

图 2-4-8　S700K 型转辙机

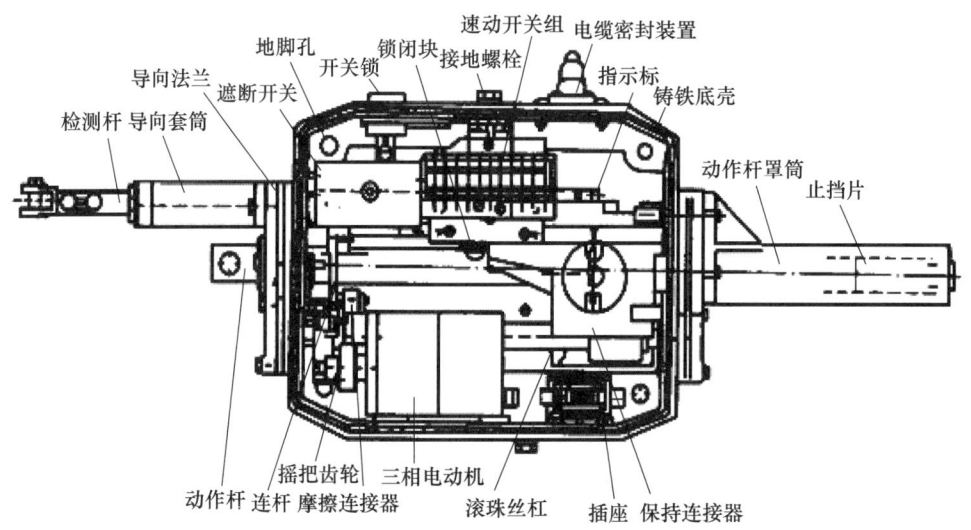

图 2-4-9　S700K 型转辙机示意图

①三相电动机:三相电动机的三个绕组成星形接法,每相引出线均为单根多股软线。

②齿轮组:齿轮组由电动机齿轮、中间齿轮及摩擦连接器齿轮组成。它的作用是将电机旋转的驱动力传递到摩擦连接器上,同时将电动机的高速旋转降速,使旋转驱动力增大;改变减速比,以适应不同动程转辙机的不同转换时间,保持道岔各牵引点的同步动作,完成转辙机的一级降速。

③摩擦连接器:摩擦连接器内装有三对主、备金属摩擦片,分别固定在铸铁外壳和滚珠丝杠上,金属摩擦片的端面有一压力弹簧,通过调整弹簧的压力,可以使主、备金属摩擦片之间的摩擦力大小发生变化,是一种软连接结构。摩擦连接器的作用主要是将变速齿轮组变速后的旋转力,传递给滚珠丝杠。当用作于滚珠丝杠上的转换阻力大于摩

擦力时，主、备金属摩擦片之间相对打滑空转，起到保护三相电动机的作用。摩擦连接器的摩擦力大小虽然可以进行调整，但必须注意，在转辙机出厂时已进行过摩擦力测试调整，其最大转换力为 6000N，所以现场维修人员不得随意调整摩擦力。摩擦连接器如图 2-4-10 所示。

图 2-4-10　摩擦连接器

④滚珠丝杠：滚珠丝杠的结构类似螺栓和螺母。其动作原理为，当滚珠丝杠旋转一圈时，螺母变化一牙的距离。它可以将电机的旋转运动变为直线运动，并起到减速作用，其减速比取决于丝杠的牙距。滚珠丝杠没有自锁作用，遇故障不能到位时，能自动退回，同时其制造精度较高，在日常使用及维修中，一定要注意做好丝杠的清洁、润滑工作。

⑤保持连接器：保持连接器分可挤型和不可挤型两种。其作用是利用弹簧的压力，将滚珠丝杠与动作杆连接在一起。可挤型保持连接器的原理是当道岔的挤岔力超过弹簧压力时，动作杆滑脱，起到保护整机不被损坏的作用，根据需要，挤切阻力可设定为 9kN、16kN、24kN 及 30kN 等；不可挤型保持连接器内的弹簧被取消，改为硬性连接结构，挤切锁定力设为 90kN。保持连接器的顶盖是加铅封的，维修人员不得随意打开。

⑥速动开关组及检测杆：速动开关组主要通过其接点动作，改变转辙机动作和表示电路，同时监督道岔工作状态，给出道岔定位和反位表示。速动开关组有两组动接点、四组静接点，静接点 1、3 闭合表示道岔在定位；静接点 2、4 闭合表示道岔在反位。当转辙机动作杆及检测杆动程不符合要求时，将不能接通表示接点。检测杆的动程可由缺口指示标检测。

⑦遮断开关：遮断开关的作用是在需要进行内部检修或摇动道岔时，人工切断动作电源，断开安全接点，防止室外误操作而驱动电机，保证作业人员安全。

(2) S700K 型转辙机动作过程。

S700K 型转辙机动作过程可以分为三个步骤：一是解锁及断开表示，二是转换，三是锁闭及接通表示。以 220mm 动程转辙机为例，其动作过程如下：

①解锁及断开表示：当室内操纵道岔，需使用转辙机动作杆由缩进变为伸出位置时，三相电动机得到均衡的交流 380V 电源，使电动机向顺时针方向旋转，经变速齿轮组及摩擦连接器使滚珠丝杠向顺时针方向旋转，从而使丝杠上的螺母向左侧运动。在运动过程中，由操纵板将锁闭块顶进，使表示接点断开，同时带动左锁舌向缩进方向运动，直至左锁舌完全缩进，完成转辙机的解锁。

②转换：当转辙机解锁后，由于三相电动机在继续转动，滚珠丝杠上的螺母继续向左运动，将带动保持连接器向左运动，由于保持连接器与动作杆是固为一体的，动作杆

向左侧（伸出方向）运动，使外部道岔尖轨或心轨进行转换，当动作杆运动到220mm行程时，即完成转换过程。

③锁闭及接通表示：当动作杆向左侧运动了220mm后，如检测杆在尖轨带动下运动了160mm，这时锁闭块将弹出，接通表示接点，同时右锁舌也将弹出，锁住保持连接器，使动作杆锁闭。

4. ZDJ9型转辙机

ZD（J）9型系列转辙机是一种能适应交、直流电源的新型转辙机。它有着安全可靠的机内锁闭功能，因此既可适用于联动内锁道岔，又可适用于分动外锁道岔，既适用于单点牵引，又适用于多点牵引，安装时，既能采用角钢安装，又能采用托板安装。其型号和符号含义如图2-4-11所示。

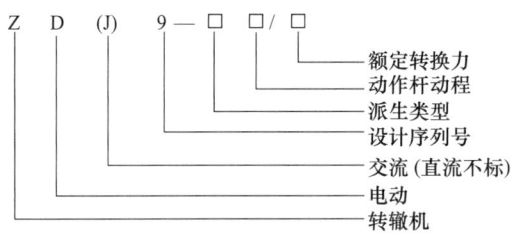

图2-4-11　ZD（J）9型转辙机型号和符号含义

（1）ZDJ9型转辙机结构。

ZDJ9型转辙机主要由电动机、减速器、摩擦连接器、滚珠丝杠、推板套、动作板、锁块、锁闭铁、接点座、动作杆、锁闭（表示）杆等零部件组成，结构采用模块化设计，便于维护和维修（图2-4-12）。

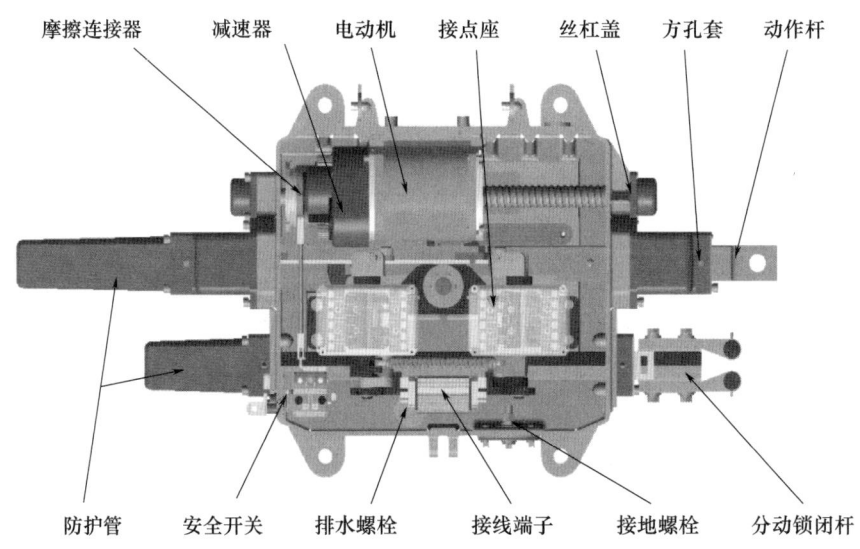

图2-4-12　ZDJ9型转辙机结构

在以上主要零部件中，电动机可根据需要直接更换成交流或者直流电动机，更换方便；主要传动部件滚珠丝杠寿命长、传动效率高；摩擦连接器采用片式粉末冶金摩擦方式，在正常的维护下可以保证转换力的稳定；接点座和锁闭铁根据转辙机安装的牵引点位置不同分可挤型和不可挤型，静接点片采用铍青铜片，动接点环为铜钨合金，耐磨损、使用寿命长。接线端子电气性能稳定可靠。机盖采用热镀锌，防锈能力强。

（2）ZDJ9型转辙机传动原理。

①电动机接通电源后，电动机上的小齿轮通过齿轮箱中的传动齿轮进行两级减速把动力传递到摩擦连接器的齿轮上。

②通过摩擦连接器中的内外摩擦片的摩擦作用，齿轮的旋转运动传递到滚珠丝杠上。滚珠丝杠把传动齿轮的旋转运动转换为与丝杠连接的推板套的水平运动。

③推板套水平运动，推动安装在动作杆上的锁块，在锁闭铁的辅助下使动作杆水平运动，完成道岔的锁闭功能。

（3）ZDJ9型转辙机表示原理。

ZDJ9型系列转辙机表示功能是由动作板、接点座、表示杆共同完成的。

①在推板套动作的同时，安装在推板套上的动作板随着推板套一起运动。

②动作板开始运动后，动作板滑动面一端的斜面推动与起动片连接的滚轮，切断表示，同时接通下一转换方向的动作接点；当动作到位时，滚轮从动作板滑动面落下，动作接点断开，同时表示接点接通，给出道岔表示。在这一过程中，滚轮通过左右支架的作用，使锁闭柱（检查柱）抬起或落入锁闭杆（表示杆）槽内，达到检测道岔状态的作用。

一般来讲，ZDJ9型系列转辙机的A、C型为锁闭杆，而B、D型为表示杆，170型也为表示杆。如ZDJ9-A220/2.5K、ZDJ9-C220/2.5K型转辙机采用锁闭杆，用于双机牵引第一牵引点，属于不可挤型；而ZDJ9-B150/4.5K型转辙机采用表示杆，用于双机牵引第二牵引点，属于可挤型。

（4）ZDJ9型转辙机挤岔表示。

ZDJ9型转辙机有可挤和不可挤型，对应的接点座分为可挤型和不可挤型。不可挤型接点座无挤脱器。不可挤型ZDJ9型转辙机一般用于多机多点牵引的尖轨和可动心轨辙叉的第一牵引点，这种情况下若发生挤岔，则由多机多点牵引的其他牵引点给出挤岔表示。比如：ZDJ9-A和ZDJ9-C型为两点牵引道岔第一牵引点用的不可挤型转辙机，故没有挤脱器，道岔的挤岔表示由ZDJ9-B、ZDJ9-D型转辙机给出；ZDJ9-B、ZDJ9-D型为两点牵引道岔第二牵引点用的转辙机，表示杆有检查尖轨密贴和挤岔时断开表示的功能；ZDJ9-170/4K型转辙机主要用于单机牵引道岔，为可挤型。

ZDJ9型系列转辙机不可挤型的锁闭杆与尖轨相连，当一根锁闭杆通过锁闭柱将尖轨锁在机内时，在斥离尖轨上固定的另一根锁闭杆则成为挤岔表示杆。当挤岔时，通过斥离尖轨动作作为挤岔表示杆的锁闭杆上有斜面的缺口，推动检查柱断开表示接点，给出挤岔表示。而在锁闭位置的锁闭柱不动作，同时由于两根尖轨用拉杆连接在一起而同时转换，动作杆在超过挤脱力后就解锁，而处于锁闭位置的锁闭杆，由于安装装置的连接杆，当挤岔时就因变形而损坏。一根锁闭杆上锁闭用的直缺口和挤岔表示用的斜缺口的距离与尖轨动程有关，只能适用于相应的尖轨动程，当超过此动程范围时，需另配适于该动程范围的锁闭杆。对于可挤型来讲，表示杆装有检查块，挤岔原理与不可挤型相同。

挤岔时,当挤脱器中的锁闭铁在动作杆上的锁块作用下,脱开挤脱柱,在锁闭铁上的凹槽推动水平顶杆,水平顶杆推动竖顶杆,竖顶杆推动动接点支架,从而切断表示,非经人工恢复锁闭铁,不可能再接通表示。

三、转辙机维护与保养

信号设备维护工作由维修、中修、大修三部分组成。转辙机设备的巡视检查和测试工作是日常维护工作的重要内容之一。任何维护工作都必须严格执行作业程序,实行岗位责任制和质量验收制,贯彻质量为主和"安全第一"的原则。

1. 转辙机维修规程

(1) 信号设备中修是为了保证设备电气特性和机械强度符合规定标准,安全可靠地使用到下一轮中修或大修,信号设备中修周期通常为 8 年。

(2) 一般信号设备大修周期为 15 年,凡信号设备机械配件磨耗超限、强度不足、电气性能不符合标准、电气特性不符合标准、配线老化总计不合格和接近不合格的设备超过 30% 时,列入大修范畴;也可针对各项设备不同使用寿命进行单项设备大修。

(3) 维规中规定日均转换道岔 200 次以上为一类道岔,除一类道岔外均为二类道岔。转辙机接点组一类道岔更换周期为 3 年,二类道岔更换周期为 6 年。

(4) 检修作业人员应在停运前到达作业现场,做好作业准备工作,原则上执行"双人双岗"(同一地点检修必须有两人,同一检修项目必须有两人)安全、质量监控作业方式。

(5) 转辙机设备检修时车站值班员应配合信号人员操作确认道岔。

(6) 转辙机设备检修工作人员在轨行区进行施工、检修作业时,应设安全防护员,实行专人防护。作业人员必须认真执行"三不动""三不离""三预想""四不放过""三级施工安全措施"等基本安全制度。

"三不动"包括:未登记联系好不动;对设备性能、状态不清楚不动;正在使用中(指已办理好进路)的设备不动。

"三不离"包括:工作完毕,不彻底检查、试验良好不离;影响正常使用的设备缺点修好前不离;发现设备有异状时,未查清原因不离。

"三预想"包括:工作前预想联系、登记、检修准备、防护措施是否妥当;工作中预想有无漏检、漏修和只检不修及造成妨害的可能;工作后预想检和修是否都彻底,复查试验、加封加锁、销记手续是否完备。

"四不放过"包括:事故原因未查清不放过;事故责任者未得到处理不放过;职工未得到教育不放过;未采取有效的防范措施不放过。

"三级施工安全措施"包括:施工前的准备措施;施工中的单项作业措施;施工后的检查试验措施,预防人为故障措施以及发生故障时的应变措施等。

2. 转辙机检修周期

转辙机检修周期表如表 2-4-1 所示。

表 2-4-1 转辙机检修周期表

设备	修程	工作内容	周期
电动转辙机	巡检	1. 道岔外观检查。 2. 转辙机外观检查。 3. 道岔及安装装置检查。 4. 各种杆类检查。 5. 基础及箱盒体检查。 6. 开盖检查及扳动检查。 7. 自动开闭器检查。 8. 扳动试验。 9. 转辙机内部清扫及活动部件润滑检查。 10. 转辙机外部清扫注油。 11. 复查试验销记	一类每月 2 次，二类每月 1 次
	测试	1. 动作电压测试（标准：AC380V±10%） 2. 动作电流测试（标准：小于 2A） 3. 线间电阻测试 4. 摩擦力测试（标准：一动 3.8kN±10%；二动 6.8kN±10%）	半年 1 次 半年 1 次 每季度 1 次 每年 1 次
	检修	1. 道岔外观检查。 2. 转辙机外观检查。 3. 道岔及安装装置检查。 4. 各种杆类检查。 5. 基础及箱盒体检查。 6. 开盖检查及扳动检查。 7. 接线端子及配线检查。 8. 安全开关及摇把孔功能检查。 9. 电动机检查。 10. 减速器及摩擦连接器检查。 11. 推板套检查。 12. 滚珠丝杠、滚珠螺母、轴承检查。 13. 动作板检查。 14. 动作杆、锁块、锁闭铁检修。 15. 锁闭杆（表示杆）检修。 16. 挤脱座检查。 17. 自动开闭器检查。 18. 转辙机电缆盒检修。 19. 扳动试验。 20. 转辙机内部清扫及活动部件润滑检查。 21. 转辙机外部清扫注油。 22. 复查试验销记	每季一次

转辙机主要电气参数如表 2-4-2 所示。

表 2-4-2 转辙机主要电气参数

型号	ZDJ9-170/4K/152FS	ZDJ9-C220/2.5K/160LS	ZDJ9-D150/4.5K/85LS
电源电压 AC 三相（V）	380	380	380
额定转换力（kN）	4	2.5	4.5
动作杆动程（mm）	170	220	150
锁闭杆动程（mm）	152	160	75
最大工作电流（A）	1.5	1.5	1.5
最长动作时间（s）	5.8	5.8	5.8

续表

型号	ZDJ9-170/4K/152FS	ZDJ9-C220/2.5K/160LS	ZDJ9-D150/4.5K/85LS
最大单线电阻（Ω）	54	54	54
挤脱力（kN）	28±2	—	28±2
摩擦力（kN）	6	3.8	6.8
使用寿命（万次）	100	100	100
质量（kg）	180	182	177
适用范围	尖轨动程152mm以下的道岔，双杆内锁	双机牵引第一牵引点，不可挤，双杆内锁	双机牵引第二牵引点，可挤，单杆内锁

3. 转辙机主要技术标准

（1）能监督道岔状态，随时反映出道岔位置定/反位（或左/右位）和四开的三种位置和状态。

（2）道岔转换不到底不应锁闭，一旦锁闭，应能防止外力对道岔的解锁。

（3）联锁道岔转换设备的安装应与道岔成方正。道岔长角钢应垂直于直股基本轨，短角钢应垂直于基础角钢；各类转辙机与基本轨相平行，机体纵侧面两端与基本轨或中分垂直距离的偏差小于10mm。

（4）各种类型的道岔杆件与直股基本轨垂直偏差：普通道岔的密贴调整杆、表示杆、尖端杆小于20mm；分动外锁闭道岔中的牵引弯头连接杆、外锁闭装置的锁闭杆应小于10mm。

（5）密贴调整杆、各种动作拉杆及表示连接杆的螺纹牙形均应符合标准，且具有足够的强度。

（6）能可靠地转换道岔。在尖轨与基本轨密贴后，将道岔锁闭在规定位置，并给出道岔位置的表示。

（7）正常转换道岔时，防挤岔装置应保证不起效。当道岔被挤时，该道岔的表示电路必须断开，室内有相应的挤岔报警。

（8）安全接点应接触良好，在插入手摇把时，安全接点应可靠断开，非经人工恢复不得接通电路。

（9）齿轮装置的各齿轮啮合良好，传动不磨卡，无过大噪声和异响。

（10）整机密封性能良好，能有效防水、防尘。手摇把孔和钥匙孔处不漏水，不进尘土，机内无积水、无粉尘及杂物。各种零部件无锈蚀。

（11）机内配线的接线片和接线端子的螺母无松脱、虚接和滑扣现象。配线的绝缘层无损伤。

（12）表示杆拉杆的销孔旷动量应小于0.5mm，其他叉形连接头销孔磨损旷量不大于1mm。

（13）各接点组、速动开关接触、断开良好。

（14）安装装置等非经常调整的螺丝要做松动标记，经常调整的螺丝应加防松装置。

（15）在动作拉杆中心处（第一牵引点处）的尖轨与基本轨直股间插入4mm厚20mm宽的试验块，转辙机不锁闭且不得接通机内表示接点，插入2mm厚20mm宽的试验块，转辙机必须锁闭且接通机内表示接点。第二牵引点需要检查顶铁是否大于 1mm 空隙，若未达到则需工建整治。

【任务实施】

人工进路时的手摇道岔作业

人工排列进路时，手摇道岔作业人员分为室内和室外两组，到达线路前室外人员携带工具有信号灯、红闪灯、手摇把、道岔钥匙、钩锁器、扳手、对讲机、手电筒等，并穿荧光衣、戴手套等；室内人员填写车站检修施工登记簿并登记，如表 2-4-3 所示。下线路前需要得到运转值班员允许，方能离开作业现场，作业完毕需返回运转室进行销记，整个施工作业才算完毕。

表 2-4-3　车站检修施工登记簿

月	日	施工负责人	联系电话（对口人员）	施工地点	施工内容及凭证	施工时间 起	施工时间 止	值班员签字	施工结果	销记时间	值班员签字

1. 确认道岔的状态

（1）人员进入现场后，首先通过现场道岔号码标志，找到正确的道岔，由现场组长通过对讲机与车控室值班员进行核对，确认找到正确的道岔。

（2）找到对应的道岔后，现场人员应重点检查道岔外观有无异状，如尖轨和杆件有无明显变形、滑床板有无异物卡阻、道岔是否密贴等，并及时报告车控室值班员。车控室值班员及时将异常情况报告行车调度中心，并根据行车调度中心指示进行处理。

2. 确认道岔开通方向，并根据值班员命令转换道岔

现场组长接到和复诵车控室值班员排列进路的命令后，借助现场线路方向标志，逐一确认进路上各道岔的开通方向及密贴情况。若道岔开通方向与车控室值班员下达的进路一致且道岔密贴，则该道岔无须转换；若不一致或道岔不密贴，则该道岔需转换。

车控室值班员布置进路用语为："××车站现场组，请准备××车站上行至××车站上行的列车进路。"现场组长复诵："排列××车站上行至××车站上行的列车进路，现场组明白。"转换道岔时，每副道岔由两人协调配合，同时进行。手摇转换道岔的步

骤为：

(1) 打开钩锁器锁，拆下钩锁器。

(2) 用钥匙打开转辙机遮断器钥匙孔，并向上拉开遮断器。

(3) 将专用手摇把插入摇把孔内，直至不能再往里推为止。

(4) 两人同时摇动手摇把（一般情况下，顺时针方向摇动时道岔尖轨向前移动，逆时针方向摇动时道岔尖轨向后移动，若发现道岔未动作，两人应反向摇动），直到听到"咔嚓"的落槽声后停止。

(5) 立即检查道岔尖轨与基本轨的密贴情况，目测确认密贴（指肉眼观察道岔尖轨与基本轨间无明显缝隙）后，现场人员必须及时取下手摇把。

3. 确认进路开通情况

待进路上所有道岔均转换到位、完成机械锁闭和道岔尖轨密贴后，现场组长带领人员共同确认进路开通情况，其方法是：面对尖轨，顺着未与尖轨密贴的基本轨的走向来判断进路方向，未与尖轨密贴的基本轨开通的方向即为进路开通方向。

4. 对进路上的道岔加锁

现场组长带领人员共同确认进路开通方向正确后，利用钩锁器将进路上的道岔加锁。利用钩锁器加锁的方法为：

(1) 加锁位置。在靠近尖轨的转辙机两个连接拉杆中间处，对尖轨和基本轨进行钩锁。

(2) 先用钩头钩住内侧尖轨，再用钩尾钩住外侧基本轨。

(3) 先用手转动钩锁器尾端两颗螺帽，再用扳手分别拧紧。

(4) 用脚蹬碰钩锁器，以检验钩锁器钩锁是否牢固。

5. 车控室向值班员汇报

进路上所有道岔钩锁完成，检查岔区无工具备品等遗留物品、进路上无障碍物后，现场组长利用对讲机向车控室值班员汇报进路准备情况。

现场组长汇报用语为："××车站车控室，××车站上行至××车站上行的列车进路准备完毕。"

6. 根据车控室值班员要求再次确认

车控室值班员听取现场汇报后，向现场组长下达再次确认进路的命令，其用语为："××车站上行至××车站上行的列车进路准备完毕，××车站车控室明白，请再次确认。"

现场组长带领人员再次确认进路开通方向、尖轨密贴情况、钩锁器钩锁情况和进路无障碍物后，向车控室值班员再次汇报。

现场组长汇报用语为："××车站车控室，经再次确认，××车站上行至××车站上行的列车进路准备完毕。"

车控室值班员回复："经再次确认，××车站上行至××车站上行的列车进路准备完毕，××车站车控室明白。"

【任务评价】

要点1：作业前是否登记，登记时的"施工时间""施工地点""施工内容""施工结果"等四个要素是否填写准确，施工完毕是否进行销记。

要点 2：手摇道岔前是否对异物进行检查排除，手摇道岔后是否检查道岔位置，是否观察道岔密贴情况及加钩锁器情况。

【案例分析】

××车站道岔挤岔报警故障案例分析

1. 故障现象

车控室报挤岔报警，道岔处于无表示状态。

2. 影响范围

××站道岔不能正常转换，无法办理进路。

3. 故障处理经过

（1）首先到达车控室，经了解得知：道岔在定位状态，且无人操作道岔时，操作台出现语音挤岔报警，站场图显示道岔处于无表示状态（由于道岔在无人操作时出现故障，初步判断可能为室内故障）。

（2）到达信号设备室，观察发现组合架，定表 NR 和反表 RR 继电器均处于落下状态（正常情况下有一个表示继电器会吸起）。可绕条件继电器 WGPRA、WGPRB 都处于落下状态（正常情况下都为吸起状态）。

（3）根据道岔控制电路图，在分线盘处测量表示继电器 NR/RR 励磁电路发现，表示电路的室外位置表示条件电源没有送回。

（4）由于室外位置表示条件电源是由信号室提供的，在分线盘进一步测量发现，由室内提供给室外的 LZ/LF（DC24-60V）电源没有送出。

（5）在分线盘、组合架分别测量 WGPRA、WGPRB 励磁电路，均发现 LZ/LF 电源无电。

（6）根据（4）（5）测量的结果，可以判断为室内 LZ/LF 电源故障。

（7）通过组合内部配线表、组合侧面端子配线表以及组合柜零层端子配线图，找到 LZ/LF 电源的具体来源走向：电源屏→组合架零层 D3→零层 D8→零层 D13→组合架侧面端子（图 2-4-13）。

图 2-4-13　组合架零层正面视图

(8）根据 LZ/LF 电源走向进行测量，发现 D3 处有电、D8 处没电，判断为 D8 处空开故障；D8 接线端子电源连接顺序为 LZ→D8-1→RD→D8-2；LF→D8-3→RD→D8-4。

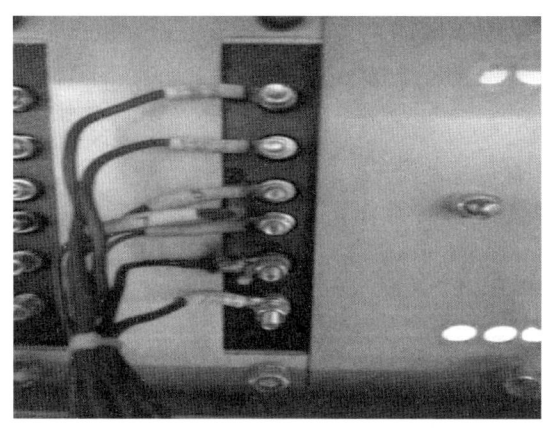

图 2-4-14　D8 背面接线端子

（9）仔细观察 D8 背面接线端子发现，D8-3 处接线端子有异常（图 2-4-14），同时测量发现 D8-1、D8-2 有电，D8-3 无电，由此可以确定为 D8-3 端子故障。

（10）在电源屏断开道岔电源后，更换该处接线端子，重新接线后上电，故障恢复。

4. 故障原因分析

由于道岔表示电路、可绕条件电路、道岔转辙电路、授权现场电路的条件电源全部由 LZ/LF（DC24-60V）提供，D8-3 处无电导致总 LF 电源没有送出，从而造成道岔无表示出现挤岔报警，无法办理进路等故障。

任务五　计轴设备及应答器

【任务目标】

◎技能目标
1. 能够明确计轴设备是如何实现区间状态检查及列车运行方向鉴别的。
2. 能够掌握应答设备基础知识。

◎知识目标
1. 掌握计轴设备基本结构及工作原理。
2. 了解计轴设备优点。
3. 掌握应答器工作原理。

【任务描述】

1. 通过对计轴设备的学习，掌握计轴设备的基本结构及工作原理。
2. 通过对应答器的了解，掌握应答器的分类及工作原理。

【任务知识】

一、计轴设备

计轴设备的运用开始于 20 世纪初，1913 年瑞士铁路在钢枕区段首先采用。20 世纪 30 至 40 年代在欧洲特别是德国、瑞士铁路推广使用。到目前为止，使用计轴设备的国家越来越多，包括德国、丹麦、芬兰、比利时、英国、荷兰等。国外计轴设备主要以阿尔卡特、西门子两家公司的产品为代表。

国产计轴设备的研究开始于 20 世纪 50 年代，从分立元件到集成电路、中央处理器（Central Processing Unit，CPU），历经几代，水平明显提高。但由于对高可靠性、安全性的要求，真正上道使用却是近 10 年的事。国产计轴设备在成都、广州、柳州等铁路局已经大面积使用，涉及线路主要有武广线、成渝线、冷桂线、宝成线等，另外还有几千千米的单线区段。本任务以成都铁路通信设备厂研发的 JZ.GD-1 型微机计轴设备为例进行介绍。

JZ.GD-1 用于实现铁路轨道区段的占用与空闲检查。通过采集室外车轮传感器的信息，计算比较得出轨道区段的占用/空闲状态，并通过安全型继电器将此状态向相关的系统（如计算机联锁系统）输出。

该系统计算判断部分由两个独立的处理板完成，其硬件和软件完全相同，2 乘 2 取 2 的冗余结构。两块 CPU 板采集处理相同的信息（轴信息、复位信息等），通过独立计算输出判定结果，并通过回读结果信息判别 2 块 CPU 板处理结果的一致性。当判定结果一致时，系统才能过安全型继电器给出标识区段空闲的轨道继电器条件输出。

1. 计轴设备结构及原理

(1) 室外设备。

室外设备是安装于钢轨上的车轮传感器（磁头），如图 2-5-1 所示，能够有效计算列车通过轮轴数量，检查区间空闲，占用状态，并且能鉴别列车运行方向。RSR180 型车轮传感器由 2 个传感器系统组成，系统 1 位于左侧，系统 2 位于右侧，系统 1 和系统 2 为对称安装。每个传感器系统配有一根传输至评估板的传感器系统信号电缆，其余两根电缆用于给车轮传感器供电。车轮传感器自带一根四芯 5m 长电缆，RSR180 型车轮传感器同评估板一起做计数探头，车轮传感器用一钢轨夹具固定，特殊情况下也可安装在轨腰上。

(2) 室内设备。

室内设备由评估板、CPU 板、条件采集板、显示板及母板组成。轨道区段的两端各有一个车轮传感器，通过这两个车轮传感器对进出此轨道区间的所有车轮进行计数并检测车轮运行方向。

车轮传感器所检测的车轮信息通过四芯信号电缆传输到评估板。评估板对信息进行处理同时给传感器供电，评估板对传感器检测的车轮数据进行预分析处理后，传送给 CPU 板。CPU 板采集处理评估板的轴信息并进行计算、判别处理，然后以串联方式通过继电器接点给出区段空闲与占用条件，并将此状态通过安全型继电器接点形式给联锁设备，如图 2-5-2 所示。

图 2-5-1　RSR180 型车轮传感器

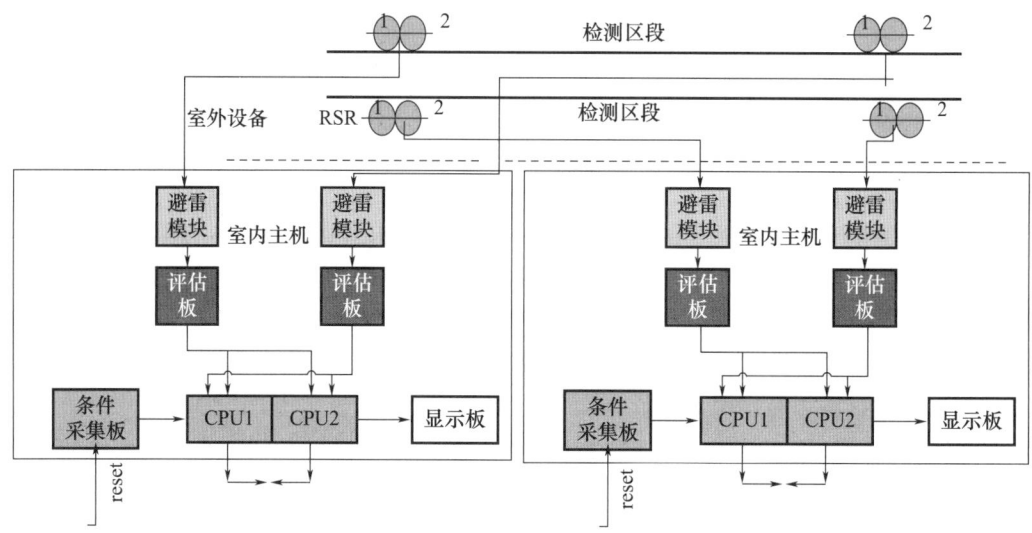

图 2-5-2　计轴设备结构原理

其中，评估板用于对车轮传感器和 2 个传感器系统进行供电和数据统计。输出信号通过母板 2 传输到计轴 CPU 板。CPU 板采集处理评估板的轴信息并进行计算、判别处理，然后以串联方式通过继电器接点给出区段空闲与占用条件，并将此状态通过安全型继电器接点形式给联锁设备，轨道区间内的计轴容量不小于 1024 轴。采集外部复位继电器的接点条件并通过光电隔离转换成高低电平送与 CPU 板，条件复位和预复位的采集处理由 2 个处理电路完成，2 个电路原理完全相同。显示板为非安全部件，用于显示区段轴数和故障信息。

为了保证设备正常，需安装避雷模块，可防止在发生雷电或车轮传感器和电缆终端接头（或避雷模块）之间的电缆短路时对室内设备造成的电压影响。避雷模块安装在评估板和车轮传感器之间，防雷模块需安装在室内设备的支撑滑轨上。

该系统采用两种复位方式，为预复位与条件复位，在任何复位之前，为保证列车安全，操作人员必须确认区间是否有车。

①预复位：在人工确认区段无车的情况下，由值班员按压相应区段的预复位按钮，控制相应区段的预复位按钮继电器动作，按压时间应不小于 500ms。预复位操作后，CPU 板进入预复位工作模式，在该工作模式下，需在区段完整通过一列列车后，输出标识区段空闲的轨道继电器状态条件。

②条件复位：条件复位操作需在预复位操作后的 30s 内进行。在人工确认区段无车的情况下，由值班员按压相应区段的条件复位按钮，控制相应区段的条件复位按钮继电器动作，按压时间应不小于 500ms。条件复位操作后，CPU 板进入条件复位工作模式，立即输出标识区段空闲的轨道继电器状态条件。

2. 计轴方法

区段入口、出口处各安一个车轮传感器系统，列车车轮通过车轮传感器系统时，车轮传感器系统自动计数，原理如图 2-5-3、图 2-5-4 所示。区间轴数与有无列车占用的关系如表 2-5-1 所示。

区间轴数＝入口轴数－出口轴数

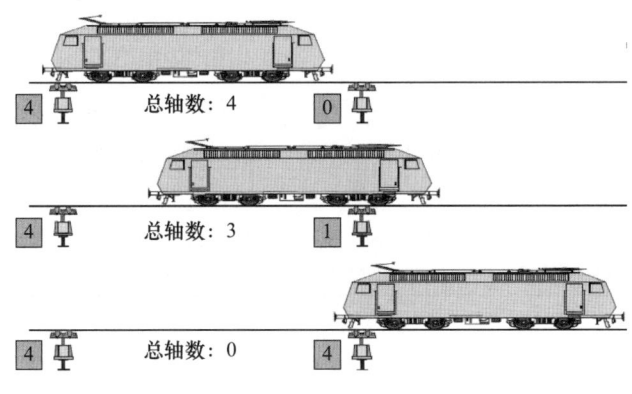

图 2-5-3　区段入口

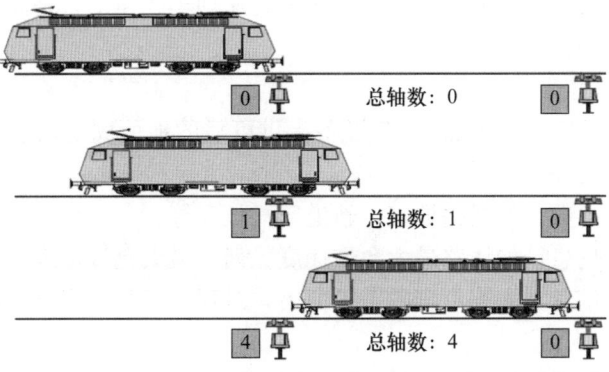

图 2-5-4　区段出口

表 2-5-1　区间轴数与有无列车占用的关系

区间轴数	等于零	区间无车占用
区间轴数	不等于零	区间有车占用

3. 计轴设备的优点

（1）与轨道道床条件无关、与钢轨表面清洁度无关。

（2）无须在钢轨上加装绝缘节，不受轨距杆绝缘节破损影响，安装简单方便。

（3）与检查区段的长短无关。

（4）结合电路简单。

（5）不受电气化干扰，适用于电化、非电化区段。

4. 计轴设备在应用中的相关名词术语（表 2-5-2）

表 2-5-2　计轴设备在应用中的相关名词术语

术语	含义
计轴轨道检查装置	通过入口、出口轴数的算术运算，输出控制条件，实现对轨道区段空闲、占用检查的安全装置
计轴轨道区段	采用计轴轨道检查装置检查空闲的轨道区段
空闲	计轴轨道区段在入口轴数和出口轴数相等时的状态
占用	计轴轨道区段在入口轴数和出口轴数不等时的状态
负轴	计轴轨道区段在无入口轴数而有出口轴数或出口轴数多于入口轴数时的状态
大区段	包含多个闭塞分区的区段
复位	对计轴轨道区段从占用状态改为空闲状态的操作，复位分为预复位和立即复位
预复位	按压计轴轨道区段的预复位按钮后，该区段保持占用状态，只在经该区段运行一列列车，当计轴轨道检查装置确认入口和出口轴数相等后，该区段才可恢复为空闲状态
立即复位	同时按压计轴立即复位按钮和呈占用状态计轴轨道区段的预复位按钮后，该区段立即呈空闲状态

二、应答器

应答器是一种基于电磁耦合原理的高速传输数据的点式设备，用于特定地点实现地面与列车之间的通信。广泛应用于客运专线和高速列车线路上，是高速铁路可靠、有效的信息传输工具。如图 2-6-5。

1. 应答器的作用

应答器的主要用途是向车载 ATP 设备提供可靠的地面固定信息和可变信息，主要传递的信息有以下几类：

（1）线路基本参数，如线路坡度、轨道区段长度等。

（2）线路速度信息，如线路最大允许速度、列车最大允许速度等。

（3）临时限速信息，如当由于施工等原因，对列车运行速度进行限制时，向列车提供临时限速信息。

（4）特殊定位信息，如列车定位，明确列车所处具体位置。

(5)车站进路信息,根据车站接发车进路,向列车提供线路速度、轨道区段等参数信息。

(6)道岔信息,给出前方道岔侧向允许列车运行的速度。

(7)其他信息:固定障碍物信息,列车运行模板数据、链接数据等。

2.应答器的分类

根据应答器所传输报文信息是否可变,把应答器分为无源应答器和有源应答器。

无源应答器是预先固定写入一条应答器报文,当列车经过无源应答器上方时,应答器传输模块向无源应答器发送功率载波能量,无源应答器接收到能量后,将其转化为电能,把存储在无源应答器中的报文发送给应答器传输模块,无源应答器内报文可通过报文读写工具改写(图2-5-5)。这类报文信息主要是线路坡度、定位信息等静态数据。

图 2-5-5 无源应答器

有源应答器由可变信息应答器、地面电子单元、车站信息编码设备和连接电缆组成,通过与地面电子单元的连接,可实时改变传送的数据报文,这类报文信息主要是临时限速信息、进路信息等动态数据,所以有源应答器又叫可变应答器。如图2-5-6所示,线路上的有源应答器都需要连接到轨旁地面电子单元上,一个地面电子单位可以最多向4个有源应答器传输报文信息,在国有铁路中,地面电子单位受控于列控中心,可在列控中心控制地面电子单位改变应答器报文,控制列车运行。

图 2-5-6 有源应答器

3.应答器工作原理

应答器控制模块是整个电路的控制核心,当接收到车载天线发送的能量时,首先判断 C 接口传来的数据是否有效，若数据无效或者无数据，则控制模块使用存储在报文存储器中的数据，对其进行 FSK 调制（数字调频）后，输出到数据收发模块，经功率放大后由耦合线圈发送给车载天线接收，只要电源存在，控制模块就不间断地发送报文；若 C 接口传来的数据有效，则控制模块发送 C 接口传来的报文，一旦控制模块做出报文选择，在该次传送周期内，应答器就不会改变发送的数据。当车载天线离开应答器上方后，应答器失去了电源，便停止数据发送，C 接口工作电源仅用于该接口电路部分，不给控制模块和数据收发模块供电，因此有源应答器只有在车载天线出现时才发送数据。无源应答器没有 C 接口部分，其余与有源应答器原理完全一致。

图 2-5-7 所示为应答器信息传输原理。红色区域，应答器传输模块无法接收到应答器报文信息；黄色区域为在读区域，应答器传输模块不能可靠地接收应答器报文；当应答器传输模块位于绿色区域时，应答器天线能准确接收应答器报文信息。需注意，同一应答器在同一时刻，只向列车发送一次报文。

应答器系统对于车载信号系统而言，属于安全设备，所以国内正在运行的高速铁路或者时速 200km 以上的动车组，在装备了车载应答器传输模块的情况下，均采用了高可靠性的冗余设计，而且一旦系统检测到应答器传输模块异常，列车就会立即采取相应的安全措施，确保行车安全。

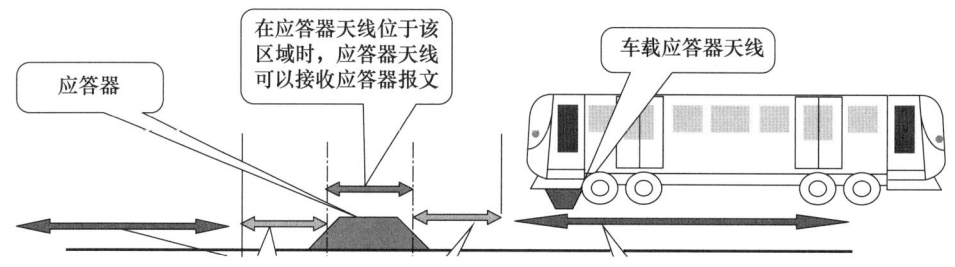

图 2-5-7　应答器信息传输原理

4. 应答器布置算法

应答器作为地面设备的重要组成部分，负责向车载设备传输地面数据，该数据包括静态数据和动态数据。在考虑行车安全和效率的前提下，应答器的布置必须能实现数据的完整性、数据的冗余覆盖和与车载逻辑的一致性。针对既有线提速到 200km/h 的线路，应答器布置规则为：按列车运行方向，区间一般间隔 3~5km（不超过 3 个闭塞分区）设置 1 个无源应答器。在应答器布置过程中，要考虑报文容量，同时信息内容要保证 1 个应答器应与同一运行方向连续 2 个相邻应答器建立链接关系。即每个应答器正、反向链接 2 个应答器，同时加上常用制动距离（200km/h 线路的制动距离为 4.5km），并且数据范围在应答器未丢失的情况下，均能够满足列车生产从最高的允许码到 HU 码的控车模式曲线所需的闭塞分区数量。

根据这一规则，顺着列车运行方向，在坡度变化较少，线路状况较好（无或者较少分割点）的区段，按照 3 个闭塞分区预布；在线路状况复杂、坡度变化频繁的区段按间隔 2 个甚至 1 个闭塞分区布置。当 2 个相邻且数据冗余的链接应答器失去链接关系时，列车运行不受影响；当 3 个相邻且数据冗余的链接应答器失去链接关系时，列车应采取常用制动距离，且冗余的数据应满足常用制动距离要求。

【任务实施】

条件采集板检验

1. 实训工具

JZ.GD-1型微机计轴设备。

2. 实训内容

（1）机器开机后，按压预复位按钮，条件采集板的"YF"灯亮，且CPU板进入预复位工作状态。

（2）在预复位操作后的30s内，按压条件复位按钮，条件采集板的"TJ"灯亮，且CPU板进入条件复位工作状态。

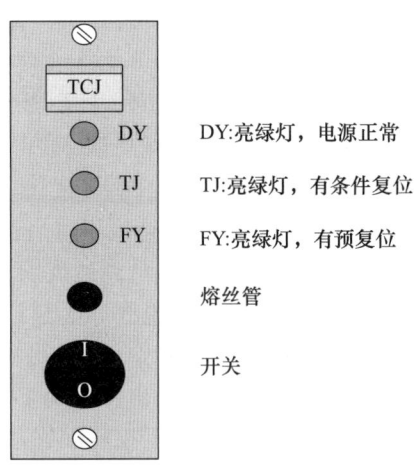

图 2-5-8　条件采集板

【任务评价】

根据任务完成条件采集板检验，并通过条件采集板灯光显示判断条件采集板是否正常。具体如表2-5-3所示。

表 2-5-3　条件采集板检验

操作项目	操作环境	显示区段状态	未正常预复位的解决措施
按压复位按钮 （按下-松开）	1. 设备初次上电或者设备故障。 2. 区段无车状况	占用（需要在该区段通过一列列车，并在区段入口端和出口端轴数一致时才能给出相应区段轨道继电器励磁条件）	1. 检查复位按钮到设备复位端子连接线。 2. 更换条件采集板
按压条件复位按钮（按下-松开）	1. 设备初次上电或者设备故障。 2. 区段无车状况。 3. 按压了预复位按钮且预复位正常后30s内	空闲	1. 未在30s内按压条件复位按钮。 2. 更换条件采集板

【案例分析】

井头圩车站计轴设备故障耽误行车事故

1. 事故概况

2012年4月2日11：45，井头圩—兰家村计轴轨道区段在无车辆占用的情况下全部出现红光带且复位不了，11：47行车调度人员令区间改电话闭塞。此次故障处理人员不遵守故障处理流程分析判断故障，仅凭经验做法频繁更换板件，且忽视了多个指示故障部位的细节，错失了即时排除故障的时机。整个抢修耗时长达6h55min，对运输安全构成严重影响，构成设备故障耽误列车事故。

2. 事故分析

于11：45发生故障，东安工区副工长接故障通知后，带领3名在站区休息的职工携带ACE（计轴运算器）主机等板件从东安乘汽车，于12：35到达井头圩。检查和调阅判断为ACE主机MOD板故障，因更换主机MOD板会影响同一主机管辖的井头圩—东安区间的正常使用，13：05行车调度人员给点更换MOD板后，除1QG能复位外，其他区段仍不能复位，各EAK点ZPR误码率仍在不停变化。此时处理人员按以往处理类似故障的经验分析，认为是通道电缆绝缘不良造成串口干扰。车间立即组织休假职工增援，15：30全州车间与东安工区工长等增援人员到达现场，甩开防雷通道后，测试4根通道电缆芯线对地绝缘均达5MΩ以上，线间绝缘20MΩ以上，电缆绝缘特性、环阻均正常。15：45又测得ACE主机发送电平无输出，于是再次更换MOD板，直至更换主机，但在通道外线上测试仍无主机发送电平输出。直到17：35才发现通道状态线与室内Q4架防雷单元6号端子接触不良，造成电平损耗问题，将螺丝紧固后，测试ACE主机各项命令及通信数据正常，17：40复位试验好后才恢复计轴自动闭塞设备的正常使用。

项目三　联锁设备

【项目描述】

铁路线路按照作业的范围大体上可分为两大部分：车站和区间。为保证铁路运输安全，提高运输效率，每一个车站和区间都必须安装安全可靠的控制设备，以实现对列车或车列的运行制约。

车站信号控制系统，一般称为车站联锁系统，是专用于对列车和车列在车站内的运行进行控制，并保证其运行安全的控制系统。车站联锁设备即车站信号设备，用来实现进路、道岔、信号机之间的联锁关系，其控制对象为道岔、进路、信号机，是保证行车安全、运输正点的重要设备。铁路车站联锁系统的基本功能，是通过技术的方法，严格按照规定的联锁条件控制道岔的转换和锁闭、信号的开放和关闭、进路的建立和解锁等。联锁系统依据信号、道岔、轨道区段以及进路间的联锁关系，自动地对值班员的操作进行联锁条件检查，通过排列进路和控制信号显示对列车和车列的运行进行控制。

联锁设备分为非集中联锁设备和集中联锁设备两大类，集中联锁设备又分为继电联锁设备和计算机联锁设备。不管采用的是哪种制式的联锁设备，作用都是实现室内外联锁设备之间的联锁关系，保证列车安全运行。为实现进路操作，掌握进路的状态，确保车站列车运行的安全，必须熟悉联锁概念的含义、要求及设备组成。掌握继电联锁和计算机联锁的系统构成特点、工作原理及设备组成，掌握不同联锁系统的操作与显示方式，掌握联锁表等内容。

为便于理解联锁的有关概念，本项目均以图 3-1-1 所示的车站信号设备平面布置为例进行介绍。

任务一　信号联锁概述

【任务目标】

◎技能目标
1. 能够识别联锁设备平面布置图。
2. 能够根据联锁设备平面布置图知晓线路运行方向、识别各类进路的范围。

◎知识目标
1. 掌握进路、联锁的概念。
2. 掌握联锁设备各组成及作用。
3. 了解联锁采用的技术和联锁功能。

4. 掌握铁路技术管理规程中对联锁设备的要求。

【任务描述】

本任务主要对进路、联锁的概念及内容，联锁采用的技术、联锁设备的组成、功能等进行介绍，要求学生结合任务实施、案例分析以及图 3-1-1 所示车站联锁设备平面布置图能够更好地理解联锁相关概念、知悉联锁系统应用的意义，能够识别进路，掌握联锁功能，树立"安全第一"的责任意识，养成遵章守纪的工作作风。

【任务知识】

车站内有许多线路，各条线路之间由道岔来连接，列车进入哪一条进路由道岔决定。列车能否进入某条进路、是否会发生进路冲突等，都由联锁系统来控制。联锁系统是信号系统中保证列车行车安全的核心设备。

一、进路概念

进路是车站范围内列车或调车机车车辆运行的径路。进路分为列车进路和调车进路，进站、出发及通过列车经过的进路，称为列车进路，包括接车进路、发车进路和通过进路。除列车在车站的到达、出发、通过及在区间内运行外，凡机车车辆进行一切有目的移动统称为调车，例如摘挂、转场、取送车辆、机车出/入段等。调车机车车辆为完成调车作业所经过的进路，称为调车进路。

进路的范围一般由防护该进路的信号机起至同一方向限制列车或调车机车车辆运行的信号机（或警冲标、站界标、车挡表示器）止的一段线路。

（1）接车进路是列车进入车站所经过的进路，由进站信号机防护，始于进站信号机，终于另一咽喉的出站信号机。如图 3-1-1 中下行 5G 接车进路，是从进站信号机 X 至出站信号机 X5 止的线路。

（2）发车进路是列车由车站出发进入区间所经过的进路，由出站信号机防护，始于出站信号机，终于站界（或发车口）。如图 3-1-1 中上行 4G 发车进路，是从出站信号机 S4 至站界标 XF 止的线路。

（3）通过进路是列车经正线不停车通过车站所经过的进路，由同方向的正线接车进路和正线发车进路组成。例如下行正线通过进路即从进站信号机 X 至下行站界标止的线路，由 X 和 XI 防护。

（4）调车进路包括短调车进路和长调车进路。短调车进路从调车信号机开始，至同方向次一架调车信号机（或股道、站界标、车挡表示器等）为止的线路，如图 3-1-1 中 D3 至 D11 的调车进路。

长调车进路由两个以上的短调车进路组成，与调车进路的长度无关。如图 3-1-1 中 D3 至 IG 的调车进路，是由 D13 至 IG、D9 至 D13、D3 至 D9 的三个短调车进路组成的。

实际上，在进路始端和终端两点间，往往不止有一条进路。影响其他作业较少的进路，称为基本进路；影响其他作业较多的进路称为变通进路（也称迂回进路），只有基本进路排不通时，才使用变通进路。

项目三 联锁设备

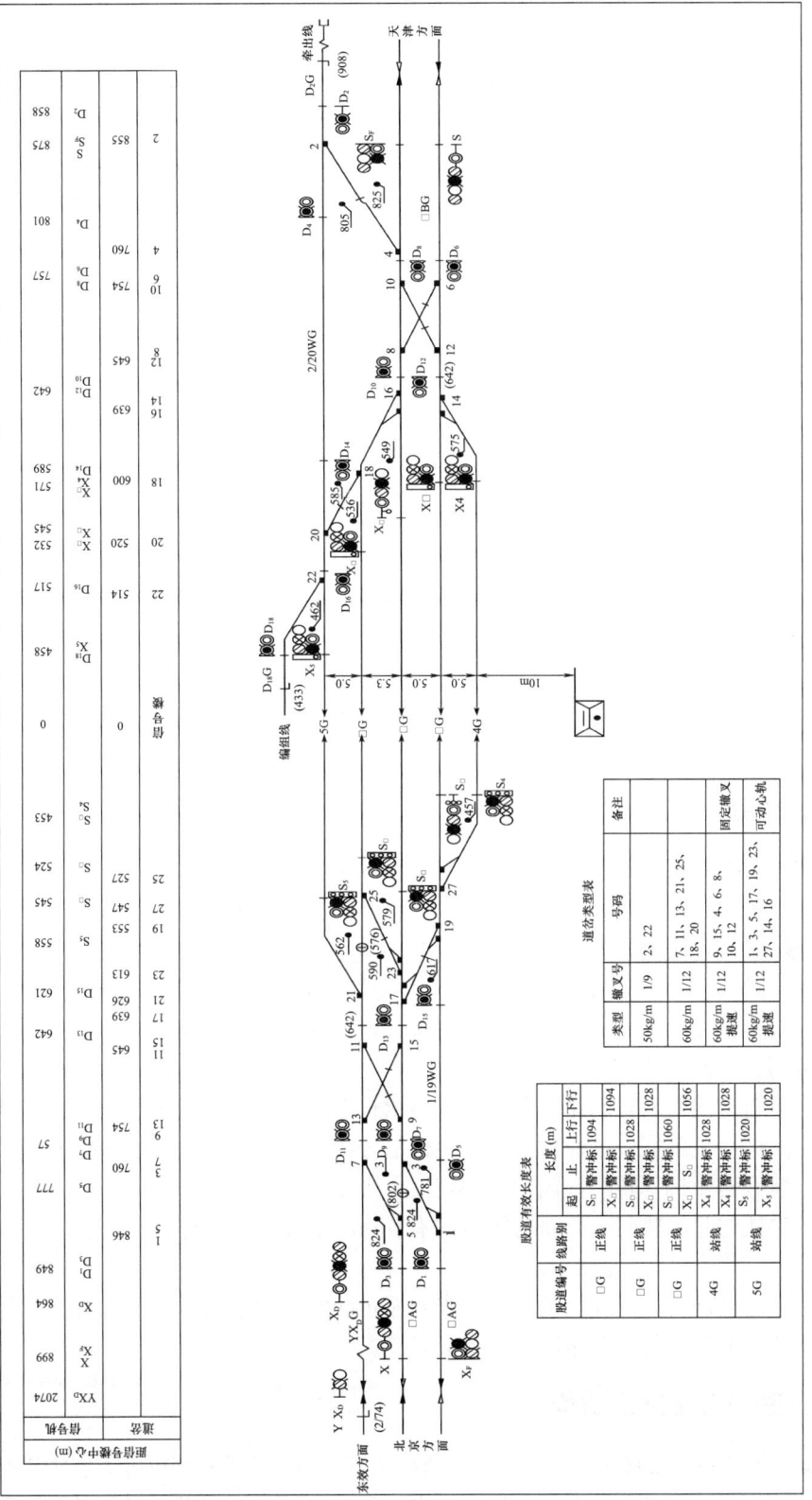

图 3-1-1 车站信号设备平面布置

二、联锁概念

联锁就是通过技术方法,使信号、道岔、进路必须按照一定程序并满足一定条件,才能动作或建立起来相互制约的关系。为了保证车站行车安全,只有在进路空闲、道岔位置正确、敌对信号机处于关闭状态时,防护进路的信号机才能开放;当信号机开放后,进路上有关道岔不能再转换,其敌对进路不能建立、敌对信号机不能开放,联锁系统以电气设备或电子设备实现联锁功能,以信号机、动力转辙机和轨道电路作为检测设备三大件来体现联锁功能。

联锁的基本内容包括:防止建立会导致机车车辆相冲突的进路;必须使列车或调车车列经过的所有道岔均锁闭在与进路开通方向相符合的位置;必须使信号机的显示与所建立的进路相符。所涉及的联锁技术有:

(1) 进路空闲的检测技术,是保证行车安全的重要条件之一,利用轨道电路实现。

(2) 道岔控制技术,道岔是进路上的可动部分,控制不当可能造成脱轨、撞车。

(3) 信号控制技术,信号控制设备是重要的基础设备之一,确认满足安全条件方可开放。其开放直接与行车安全相关。

(4) 联锁技术,是防止失误,且在失误的情况下仍能保证行车安全的技术,是自动控制系统的主要内容。

(5) 故障-安全技术,对铁路信号系统来说,必须考虑在发生故障时,其后果不应危及行车安全。车站联锁设备是保证车站内列车和调车作业安全,以及提升车站通过能力的一种信号设备。

三、联锁设备的要求

为完成联锁关系而安装的技术设备叫联锁设备。站内正线及到发线上的道岔,均须与有关信号机联锁。区间内正线上的道岔,须与有关信号机或闭塞设备联锁。各种联锁设备(驼峰除外)应满足下列条件:

(1) 当进路上的有关道岔开通位置不对或敌对信号机未关闭时,防护该进路的信号机不能开放;信号机开放后,该进路上的有关道岔被锁闭、不能再扳动,其敌对信号机应全部关闭、不能开放。

(2) 半自动闭塞、自动站间闭塞及三显示自动闭塞区段,正线上的出站信号机未开放时,进站信号机不能开放通过信号;主体信号机未开放时,预告信号机不能开放。

(3) 装有转辙机(转换锁闭器)的道岔,当第一连接杆处(分动外锁闭道岔为锁闭杆处)的尖轨与基本轨间、心轨与翼轨间有 4mm 及以上水平间隙时,不能锁闭或开放信号机。

(4) 区间辅助所内正线上的道岔,未开通正线时,两端站不能开放有关信号机。设在辅助所的闭塞设备与有关站闭塞设备应联锁。

四、联锁系统层次结构

根据系统内各设备在功能上的分工和所在位置不同,联锁系统可分为联锁机构(联锁层)、人机会话层和监控层。其系统层次结构如图 3-1-2 所示。联锁机构、监控层都必须符合故障-安全原则，其设备设在车站信号楼的机械室内，人机会话层设在车站值班室。

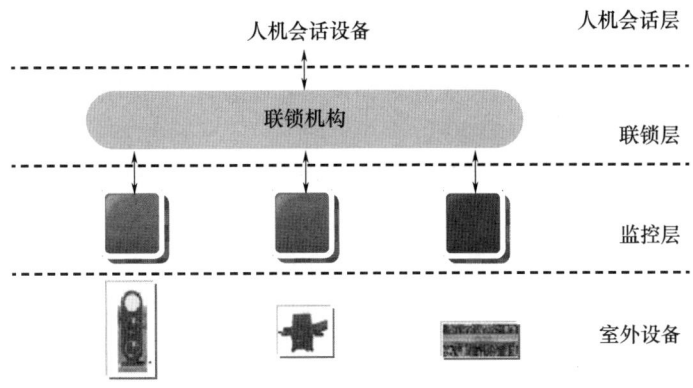

图 3-1-2　联锁系统层次结构

人机会话设备主要为控制台，其主要功能为：操作人员在该层向联锁机构输入操作信息从而控制现场设备（信号机、道岔等），接受联锁机构反馈的设备状态信息和行车作业情况信息。

联锁机构是联锁系统的核心，它除了接收来自人机会话层的操纵信息外，还接收来自监控层所反映的室外信号机、转辙机和轨道电路状态的信息，并根据联锁条件，对这些控制信息和状态信息进行处理，产生相应的信号控制命令和道岔控制命令。

监控层的主要功能为：接受联锁机构的控制命令，通过信号控制电路来改变信号机显示，接受联锁机构的道岔控制命令，驱动道岔转换，向联锁机构反馈信号机状态、道岔状态和轨道电路状态信息。其控制电路必须符合故障-安全原则。

五、联锁功能

1. 进路

进路控制功能就是建立和解锁进路。在建立进路时，敌对进路应相互照查，不应同时开通。用道岔位置不能间接控制两条进路，这两条进路又存在抵触或敌对关系，我们把这类进路称为敌对进路。下列进路为敌对进路：

（1）同一到发线上对向的列车进路与列车进路。
（2）同一到发线上对向的列车进路与调车进路（含非进路调车）。
（3）同一咽喉区内对向重叠的列车进路。
（4）同一咽喉区内对向或顺向重叠的列车进路与调车进路。
（5）同一咽喉区内对向重叠的调车进路。
（6）防护进路的信号机设在侵限轨道绝缘节处，不准许同时开通的进路。
（7）向驼峰推送车列占用的股道与另一端向该股道的接车进路或调车进路。
（8）与延续进路重叠的进路（不含该延续进路始端的顺向列车进路）。

无岔区段有车占用时允许向该区段排列调车进路，但不准许经由该区段排列组合调车进路，即长调车进路。

2. 进路的锁闭

进路锁闭分为预先锁闭和接近锁闭。预先锁闭应在进路选通，有关联锁条件具备时构成。接近锁闭在信号开放、进路的接近区段占用时构成。当接近区段未设轨道电路或轨道电路长度不足时,接近锁闭应于信号开放后立即构成。对于列车进路,接近锁闭应持续到进路内方第一区段自动解锁或人工解锁。当进路在接近锁闭期间防护进路的信号因故关闭后重新开放,在接近区段无车的情况下接近锁闭可转为预先锁闭。

列车及调车进路,应设接近锁闭。

引导锁闭分为引导进路锁闭和咽喉引导总锁闭。引导进路锁闭时应检查道岔位置是否正确,并锁闭进路中的道岔,敌对信号不应开放。咽喉引导总锁闭应锁闭咽喉区的全部道岔,包括到发线上的分歧道岔,允许开放本咽喉的引导信号。

3. 进路的解锁

(1) 进路的自动解锁。

①正常解锁。

进路的自动解锁,指进路锁闭后、防护进路的信号开放后,列车通过进路中的所有道岔区段或通过某一道岔区段,就使进路或道岔区段由接近锁闭状态自动解锁。

进路的解锁在信号关闭后进行,按分段解锁或一次解锁方式设计。解锁方式为:

采用分段解锁方式时,锁闭的进路应能随列车、车列的正常运行而自动解锁;有条件的区段均应满足三点检查,延时3 s自动解锁;防护接车进路的信号机外方相邻的区段也可作为三点检查的条件之一。

采用一次解锁方式时,当列车驶过进路,进路中全部区段(不含股道)均满足分段解锁条件后,进路中全部区段一次性同时自动解锁。

需注意的是,任何操作不应使占用的区段解锁。列车、车列驶入进路内方后,任何操作不应使进路(除延续进路)中列车、车列运行前方的区段解锁。已锁闭的进路不应因为两种情况错误解锁:一是轨道电路瞬时分路不良;二是轨道电路停电恢复、站内轨道电路的室内断路器或轨道发送或接收设备断路再恢复、异物侵限电路动作后恢复延时13s内。

②调车中途返回解锁。

在同一咽喉区内进行中途折返调车作业时,在下列条件下调车进路应能实现中途返回解锁:

a. 当车列驶入调车进路后,因中途折返而使该进路的部分区段不能解锁时,在检查车列确已根据开放的折返信号机驶入该信号机的内方,且出清全部未解锁的区段后,该部分区段应自动解锁。

b. 当车列驶入调车进路后,因中途折返作业而使该进路全部区段均不能解锁时,在检查车列顺序退出该进路和其接近区段后自动解锁。

c. 当车列驶入并置信号机内方后,因中途折返作业而使该进路全部区段均不能解锁时,在检查车列确已根据开放的反向并置信号机驶入该信号机的内方,且出清全部未解锁的区段后,该条进路自动解锁。

(2) 进路的取消解锁。

取消进路指信号开放后,因某种原因不需要该进路所采取解除该进路的措施。办理取消进路时应首先关闭信号,检查进路未在接近锁闭状态、信号机关闭且进路空闲后立即解锁进路,否则进路不应解锁。

(3) 进路的人工解锁。

信号开放后，因某种原因不需要该进路所采取解除该进路的措施。办理人工解锁时应首先关闭信号，若进路在接近锁闭状态则延时解锁进路，接车进路，正线发车进路人工解锁自信号机关闭时起延时 3min，经由 18 号及以上号码道岔侧向的发车进路人工解锁自信号机关闭时起延时 3min，其他进路的人工解锁自信号机关闭时起延时 30s，在延时期间持续检查进路空闲，延时结束后立即解锁进路。

(4) 区段故障解锁。

以下三种情况采用区段故障解锁。

①在正常、取消、人工解锁、调车中途返回解锁、引导进路解锁过程中，由于电路故障而造成某区段漏解锁时需故障解锁。

②办理进路时由于电路故障，有的区段锁闭，有的区段未锁闭，进路无法建立，需将已锁闭的区段解锁时用故障解锁。

③在停电、维修、换线、更换继电器等引起区段锁闭时，需故障解锁。

引导进路建立后，应在人工确认后办理进路解锁。

4. 信号

(1) 信号开放。

信号开放应符合下列规定：正常办理进路或办理了重复开放手续，除引导信号外，防护该进路的信号机应检查其进路空闲、超限界绝缘相邻区段空闲、有关道岔位置正确、进路已锁闭、未施行人工解锁、敌对进路未建立以及照查联锁条件正确后方可开放；出站信号机开放前需检查区间闭塞条件成立。

排列长调车进路，只有其各条短调车进路均构成后，防护各进路的调车信号机由调车进路最远端开始依次开放或同时开放。

(2) 信号关闭。

已开放的信号机处于下列情况之一时应及时关闭：

①列车信号，当列车第一轮对进入该信号机内方第一轨道区段时。

②调车信号，当车列全部越过信号机时，或在信号机外方区段留有车辆或信号机外方区段未设轨道电路（无论是否留有车辆）的情况下车列出清内方第一区段时。

③在专用的机走线和机务段出口处以及机待线上的调车信号机，当机车第一轮对进入信号机内方时。

④当进路上的道岔位置、轨道电路等联锁条件不满足时。

⑤出站信号，当区间闭塞条件不成立时。

⑥复示信号机，当其主体信号机关闭时。

⑦列车信号，当用于点灯（含指示列车逆向运行的发车表示器点灯）的继电器未能吸起或吸起状态不能被采集到且无法保证室内外显示一致时。

⑧办理取消或解锁进路时。

⑨计算机联锁设备发生系统性故障或检测到其他危险性故障时。

需注意的是，应保证能人工随时关闭开放的信号机。进站、进路、出站信号机及调车信号机，在信号关闭后，不经再次办理，不应自动重复开放信号。

进站、接车进路信号机因故障不能正常开放信号或向非接车线路接车时，应使用引导信号。引导信号开放时应办理引导进路、确认引导进路中的道岔位置正确、未建立敌对进路、引导进路在锁闭状态；或者对道岔进行总锁闭。开放引导信号应确认该信号机红灯灯丝完好。

引导信号在下列情况下应及时关闭：

①列车未驶入引导进路之前信号保持开放的条件不能满足时。

②信号机内方第一轨道区段无故障的情况下，列车第一轮对进入该区段时。

③信号机内方第一轨道区段故障，未能在15s内进行维持开放信号的操作时。

④办理引导进路解锁时。

⑤解除道岔总锁闭时。

⑥人工关闭信号时。

5. 道岔

联锁道岔能单独操纵或随进路的排列而自动选动，自动选动采用顺序启动的方式，道岔的单独操纵优先于进路自动选动。

集中联锁的道岔受进路锁闭、区段锁闭、单独锁闭及人工封锁控制。处于单独锁闭的道岔不能转动，包括单独操纵、进路选动和带动，但可经过该道岔当前位置排列进路。处于人工封锁状态的道岔可以单独操纵，但不可经过该道岔排列进路和被带动。

6. 下坡道接车延续进路

建立延续进路不检查区间空闲，闭塞方向电路不改变方向。排列接车进路及其延续进路，需依次确定接车进路的始端、终端和延续进路的终端。进站信号机开放需持续检查确认接车进路及延续进路上的道岔位置正确并被锁闭、轨道区段空闲、敌对信号未开放。

当延续进路已通向出站口时，如需连续发车，经办理，检查出站信号机开放的条件满足后，即可开放出站信号机。出站信号机开放后，还可随时关闭，但该进路不能解锁。

延续进路的解锁要符合下列要求：

（1）正常情况下，在列车头部进入股道3min后，延续进路才能解锁。

（2）根据需要，在列车完全进入股道，经人工确认列车停稳后，可采取坡道解锁的特殊操作不限时解锁。

（3）在取消或人工解锁接车进路后，延续进路按取消进路方式解锁。

（4）引导接车时不设延续进路。

7. 到发线出岔

向有分歧道岔的到发线上排列接车进路，或由有分歧道岔的到发线排列发车进路，分歧道岔自动转换到规定位置并锁闭后进站或出站信号机才能开放。

当防护该分歧道岔的调车信号机开放时，通向该到发线的接车进路不能建立，但发车进路可以建立。

接车时分歧道岔的解锁要符合下列要求：

（1）列车全部进入到发线并按顺序通过分歧道岔，分歧道岔自动解锁。

（2）列车全部进入到发线，但未压入分歧道岔区段，分歧道岔经3min延时后自动解锁。

（3）列车全部进入到发线，占用分歧道岔区段，该分歧道岔经3min延时并在列车出清后自动解锁。

发车时分歧道岔的解锁符合下列要求：

(1) 出发列车全部出清到发线，分歧道岔立即自动解锁。

(2) 无岔区段留有车辆时，列车出清出站信号机内方第一区段后，分歧道岔才能解锁。

(3) 取消或人工解锁发车进路时，分歧道岔和发车进路同时解锁。当分歧道岔区段有车占用时，保留区段锁闭。

8. 其他特殊联锁功能

区间不设通过信号机并按 CTCS-2 或 CTCS-3 级列控系统运行线路的正线车站所涉及的特殊联锁功能有以下几方面：

(1) 接车限制。

办理了 CTCS-3 级线路的接车进路（含引导进路），列车完全进入股道后 40s 内，不能向该股道再次排列进路。

(2) 引导功能。

具有办理车站发车引导进路的功能。线路所设置的通过信号机具有引导功能。

引导总锁闭仅具备道岔总锁闭功能。引导总锁闭后不再以任何方式开放本咽喉的引导信号。

(3) 点灯控制。

进站信号机、出站信号机、进路信号机、线路所通过信号机常态为灭灯，调车信号机常态为点灯。

当信号机内方第一区段处于解锁状态时，可通过办理点亮或熄灭对应的信号机的红色灯光。点灯状态的列车进路在对应信号机处于点灯状态时办理；灭灯状态的列车进路在对应信号机处于灭灯状态时办理。

进站信号机点亮并办理了接车进路（含引导进路）或向股道进行调车作业时，对应进路股道上起阻挡作用的信号机自动点亮红色灯光；列车完全进入股道后 40s 内，不准许人工将该同向出站信号机红色灯光熄灭；当同向出站信号机不能点亮时，进站信号机（不含引导）不能开放。

当已建立灭灯状态的发车进路（含引导进路）时，不能向该股道办理进站信号机点亮状态的接车进路（含引导进路）。

办理通过进路时，需检查确认通过进路上的列车信号机点灯、灭灯状态一致。

列车头部越过点亮允许灯光的信号机后，该信号机显示红色灯光；当列车驶过进路，第一个区段解锁后（对于发车进路还需检查股道空闲），该信号机灯光自动熄灭。

出站兼调车信号机用于调车时，调车进路建立后信号机自动点亮白色灯光。调车车列全部越过信号机后自动改点红色灯光，调车进路内方第一区段解锁后灯光自动熄灭；股道留有车辆时，调车进路内方第一区段出清后信号机自动改点红色灯光并保持。

折返作业的发车或调车进路内方第一区段解锁且股道出清后，原接车或调车时点亮的起阻挡作用的信号机红色灯光自动熄灭。

当取消、人工解锁以及区段故解锁以点灯方式排列的进路（含以出站兼调车信号机为始端的调车进路）时，不能自动熄灭防护该进路信号机的红色灯光。

(4) 发车联锁关系检查。

出站信号机灭灯时正向发车需检查确认一离去（1LQ）空闲（开放引导信号时除

外);出站信号机(含引导)点灯或反向运行时需检查确认站间区间所有轨道区段空闲后才能开放信号。

(5) 人工解锁。

CTCS-3 级线路车站人工解锁列车进路延时时间,接车进路、正线发车进路和经由 18 号及以上号码道岔侧向的发车进路为 4min,其他侧线发车和引导进路为 60 s。

(6) 控制台列车信号机显示。

对于点灯状态的列车进路,控制台列车信号机显示与室外一致;对于灭灯状态的列车进路,控制台列车信号机按四显示原则显示。

(7) 18 号及以上号码带动道岔。

当办理有带动 18 号及以上号码道岔的进路时,进路锁闭不会导致带动道岔不能转换到位;进路锁闭后,带动道岔的动作命令可持续至道岔转换到位或发出挤岔报警。

与其他系统的结合功能,这里不再介绍。

【任务实施】

进路范围识读

1. 实训工具

计算机联锁仿真培训系统一套。

2. 实训内容

(1) 识别北京方面正方向接车至 5G 进路的范围。

(2) 识别由 4G 正方向往北京方面发车的进路的范围。

(3) 识别东郊方面接车至 IG 的进路范围。

(4) 识别 IAG 至 IG 调车进路范围。

(5) 识别北京方面正方向接车至ⅢG 几条进路。

(6) 识别由ⅡG 反方向发车去北京的进路的范围。

【任务评价】

要求学生对上述各内容进行逐一说明。

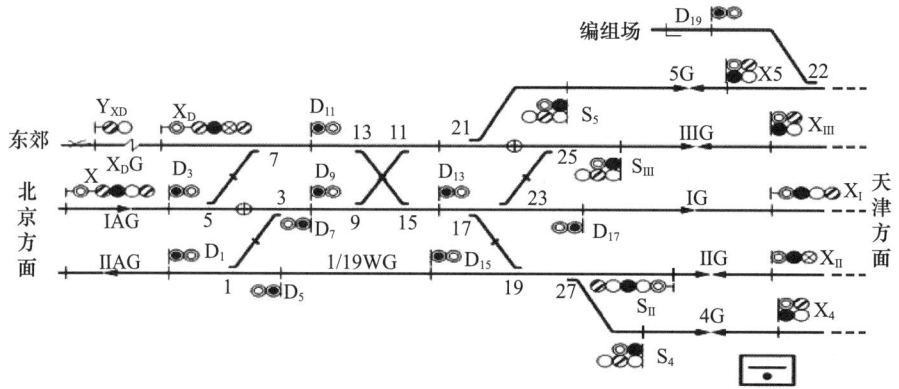

图 3-1-3 举例站场

【案例分析】

进路无法排出故障

1. 事故概况

××××年×月×日，G××××次在 CTC 分散自律状态下因××站触发通过信号失败（XI 出站信号机点灯、X 进站信号机灭灯），机外停车，转为非常站控后取消 XI 出发进路，将 XI 设为灭灯状态后排列通过进路恢复。

2. 事故分析

X 进站信号机和 XI 出站信号机点、灭灯状态不一致。按照联锁设计原理和功能，按 CTCS-2 或 CTCS-3 级列控系统运行线路的正线车站，当 X 进站信号机处于灭灯状态，XI 出站信号机处于点灯状态时，通过信号是无法办理的。应急措施是取消进路，将进出站信号机点、灭灯状态设为一致。长效解决措施是规范行车调度员和车站值班员操作，要求行车调度员和车站值班员注意进、出站信号机点、灭灯状态，CTC 由非常站控转为自律状态前要全面检查设备。

任务二　车站信号控制系统认知

【任务目标】

◎技能目标
1. 能够正确识别 6502 和计算机联锁系统。
2. 能够正确识别 6502 和计算机联锁系统各组成部分。
3. 能够在控制台正确操作联锁系统。

◎知识目标
1. 掌握联锁系统的各组成部分及其作用。
2. 掌握计算机联锁系统的功能。
3. 掌握 6502 和计算机联锁系统控制台的操作方法。

【任务描述】

本任务主要通过对联锁系统设备分类、6502 电气集中联锁设备组成、计算机联锁系统功能、计算机联锁设备组成、计算机联锁系统冗余结构、DS6-K5B 计算机联锁系统硬件设备组成以及系统操作进行介绍，使学生能够识别联锁系统，知悉其各组成部分及作用并会操作联锁系统控制台，同时能够形成自主探究学习的意识和树立"安全第一"的责任意识，养成遵章守纪的工作作风。

【任务知识】

车站信号控制系统，一般称为车站联锁系统，是专用于对列车和车列在车站内的运行进行控制,并保证其运行安全的控制系统。

一、联锁系统设备的分类

1. 按照联锁控制方式分类

按照联锁控制方式的不同,分为集中联锁和非集中联锁。

非集中联锁就是室内和室外对车站的信号、道岔、进路分散控制。

集中联锁就是对车站的信号、道岔、进路在室内进行集中控制和监督。编组站、区段站和电源可靠的其他车站,采用集中联锁。TDCS 和 CTC 系统区段,车站应采用集中联锁。

2. 按照实现联锁控制的核心设备分类

按照实现联锁控制的核心设备的不同,分为机械联锁、电锁器联锁(臂板电锁器联锁和色灯电锁器联锁)、继电联锁和计算机联锁。

机械联锁和电锁器联锁均属于非集中联锁,随着铁路信号技术设备的发展,非集中联锁设备已基本淘汰。

目前,现场广泛应用的联锁设备主要有两种,一是应用多年的以继电器为核心的继电集中联锁设备,二是以计算机为核心的计算机联锁设备,这两种设备都属于电气集中联锁设备。我国的继电集中联锁设备的电路型号大多为 6502,即 6502 电气集中联锁设备。6502 电气集中电路具备操作简便、办理迅速、表示完善、安全可靠等一系列优点,几十年来得到广泛的应用,在计算机联锁设备应用之前,全国绝大多数铁路车站都使用这种联锁设备,但随着计算机联锁技术的发展,继电联锁设备将被计算机联锁设备逐步取代。

二、6502 电气集中联锁

将道岔、进路和信号用电气方式进行集中控制与监督,并实现它们之间联锁关系的技术方法和设备称为电气集中联锁,用继电器实现联锁关系的称为继电集中联锁,简称电气集中。6502 电气集中是我国应用最普遍的一种继电集中联锁。

6502 电气集中具有电路定型化程度高、逻辑性强、操纵方法简便灵活、不易出错、维修、施工比较方便,符合故障-安全原则,易与区间闭塞设备及其他信号设备结合等优点,是 CTC 系统和调度监督系统的基础设备。因此,在我国得到了广泛应用。

电气集中设备分为室内设备和室外设备两大部分。6502 电气集中设备的组成如图 3-2-1 所示。

室内设有控制台、区段人工解锁按钮盘(或称区段故障解锁按钮盘)、继电器组合及组合架、电源屏、分线盘等设备。室外设有色灯信号机、电动转辙机、轨道电路、电缆及电缆连接箱盒等设备。

1. 室内设备概况

电气集中室内设备一般设置在信号楼内,信号楼是车站的控制中心。

(1)控制台。

在信号楼车站值班室内设有控制台。控制台的盘面是按照每个车站站场的实际情况布置的,盘面上的模拟站场线路、接发车进路方向、道岔和信号机位置均与站场实际位

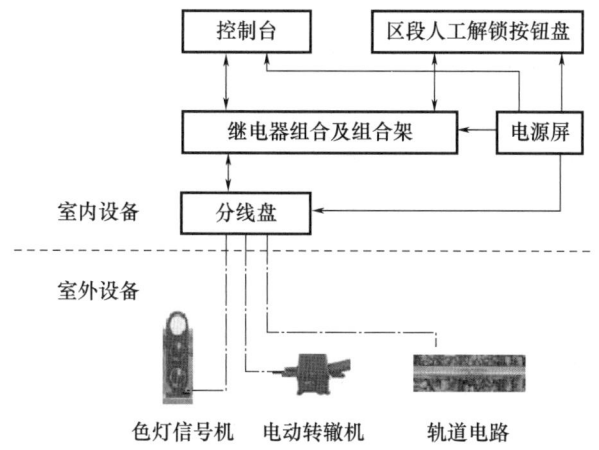

图 3-2-1　6502 电气集中设备的组成示意

置相对应。6502 电气集中控制台是用各种标准的单元块拼装而成的，称为单元控制台。在控制台盘面上设有各种用途的按钮和表示灯，以及电流表。在控制台中部设有供车站值班员使用的工作台，背面下部设有配线端子板、熔断器及报警电铃。控制台是车站值班员集中控制和监督全站的道岔、进路和信号机，指挥列车运行和调车作业的控制设备，也可供信号维修人员分析判断控制系统故障范围用，如图 3-2-2 所示。

图 3-2-2　6502 电气集中控制台

（2）区段人工解锁按钮盘。

在离控制台一定距离处装设区段人工解锁按钮盘。它是控制台操作的辅助设备，当轨道电路区段因故障不能正常解锁时，用它办理故障解锁；在更换继电器或停电后恢复时，用来使设备恢复正常状态；在用取消进路办法不能关闭信号时，可用它关闭信号，如图 3-2-3 所示。

（3）继电器组合及组合架。

在信号楼继电器室内设有继电器组合及组合架。把具有相同控制对象的继电器按照定型电路环节组合在一起，叫作继电器组合，简称组合。6502 电气集中的定型组合是根据车站信号平面布置图上的道岔、信号机和道岔区段设计的，共有 12 种定型组合。6502 电气集中采用通用的大站电气集中组合架。组合架分 11 层，1～10 层安装继电器组合，每层安装一个继电器组合。继电器按组合放置在组合架上，每个组合包括的继电器数量最多不超过 10 个。继电器组合是实现电气集中联锁的设备。

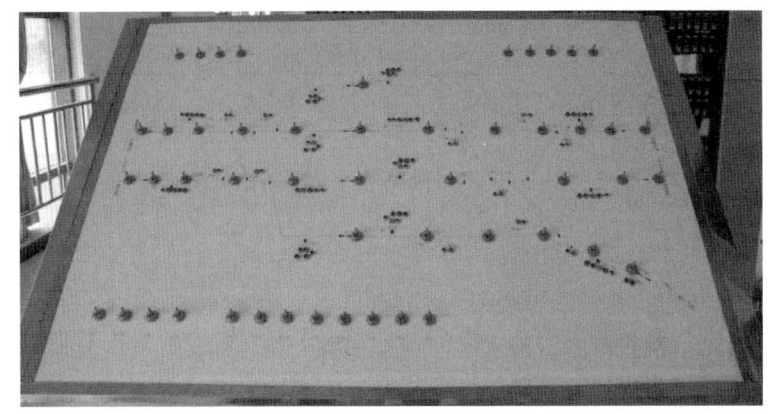

图 3-2-3　区段人工解锁按钮盘

为了集中对轨道电路的有关参数进行测试，在组合架上还设有轨道电路测试盘。

在信号楼电源室设有电源屏，电源屏是电气集中的供电设备。一般要求有两路可靠的电源，即主电源、副电源。主、副电源引至信号楼内，要能够自动和手动相互切换，经过稳压、隔离、变压或整流后，不间断地供给电气集中需用的各种交流电源和直流电源。6502 电气集中车站一般设置一套电源屏，应根据车站的规模选用适当容量的电源屏。

在室内电缆引出处还设有分线盘。电气集中的室内与室外的联系导线都必须经过分线盘端子，它是室内外电缆汇接处。

2. 室外设备概况

电气集中室外设备主要有信号机、转辙机、轨道电路以及电缆和电缆连接箱盒。

（1）信号机。

6502 电气集中采用透镜式色灯信号机。

电气集中车站按用途设有进站信号机、进路信号机、出站信号机、预告信号机、复示信号机和调车信号机等类型。

信号机用来防护进路，给出各种信号显示，指示列车运行及调车作业。

信号机有关闭和开放两种状态。信号机的开放和关闭时机由 6502 电气集中电路控制，应遵循安全对应原则，用继电器释放反映信号关闭，用继电器吸起反映信号开放。信号机的关闭并不是不亮灯，而是显示禁止信号，如进站信号机关闭，则显示红灯，调车信号机关闭则亮蓝灯。

（2）转辙机。

在电气集中车站的集中区内，对应每组道岔，都要设转辙机，用以转换和锁闭道岔，反映道岔的位置和动作状态。

（3）轨道电路。

在电气集中车站，凡是由信号机防护的进路，以及信号机的接近区段均要装设轨道电路。

轨道电路用来监督区段是否空闲，检查钢轨线路的完整性，也是向机车信号设备传递信息的通道。在锁闭进路及信号开放过程中，必须检查确认有关轨道电路区段在空闲状态。当列车或调车车列在进路上运行时，轨道电路应能监督车的运行状态。信号关闭后，须证明列车或车列出清轨道电路区段后，才准许进路按轨道电路区段逐段解锁。

（4）电缆和箱盒、设备。

在电气集中车站，信号机、转辙机和轨道电路与室内设备之间的连接一般采用电缆，按控制对象分为信号电缆、道岔电缆和轨道电路电缆。这些电缆敷设在地下电缆沟槽内。

在干线电缆与干线电缆或干线电缆与分支电缆接续处设有电缆盒，分支电缆与设备连接处设有各种变压器箱和电缆盒，这些箱、盒主要供放置变压器和电缆连接用。

综上所述，6502电气集中设备是由室内和室外两大部分组成的。全站的道岔、进路和信号机都由信号楼集中控制和监督，其联锁关系由继电电路实现。车站值班员（或信号员）在控制台操纵，就能自动地选出有关进路，进路上的道岔有规律地转换到规定位置，防护进路的信号机自动开放。受运行中列车或调车车列的控制，信号机自动关闭，进路自动解锁，为重新办理进路准备好条件。

三、计算机联锁系统

计算机联锁是以计算机技术为核心，综合采用通信、控制、容错、故障-安全等技术来实现车站联锁逻辑控制功能的，具有较高可靠性和故障-安全性要求的实时控制系统。计算机联锁系统是负责铁路行车的核心控制设备。计算机联锁系统在信号操作员或者列车自动监控系统操作下实现站内道岔、信号机、轨道电路之间联锁控制，是铁路安全高效行车不可缺少的保障装备。

车站、线路所、动车段（所）应采用计算机联锁设备。计算机联锁设备具备与列控中心、信号集中监测系统、CTC系统或TDCS的接口功能，在CTCS-3级区段还应具有与无线闭塞中心等设备的接口功能。

1. 计算机联锁系统的功能

计算机联锁系统是一种以计算机为主要技术手段实现车站联锁的系统。因此，它不仅具备继电联锁设备的联锁控制功能，而且利用计算机的快速信息处理能力和储存能力，可方便地实现继电联锁设备难以实现的一些功能。

（1）联锁功能。

计算机联锁系统的联锁功能是与电气集中相通的，能根据车站行车安全的需要，在规定的联锁条件和规定的时序下自动对进路、信号和道岔实行控制。具体包括：

①进路的控制，包括列车进路和调车进路的选排、锁闭和解锁；引导进路的控制等。行车进路的办理方法和继电联锁设备办理方法基本相同，仍沿用按压双按钮才形成操作命令的规定，这样可避免因误动一个按钮而产生错误操作命令的可能。一些系统为办理慎重起见，对原铅封按钮的相应办理做了一些改动，如采用数字化仪操作，相对于原铅封按钮，点压后，屏幕将提示输入口令，点压口令后，操作才被执行。

②信号的正常开放、关闭、人工重复开放以及防止自动重复开放。

③道岔的单独操纵、锁闭和解锁。

此外，通过在联锁软件中增加相应的功能模块，再加上少量的硬件电路，系统可进一步实现 6502 电气集中一些特殊电路的联锁功能。例如，非进路调车控制、平面调车溜放控制、站内道口控制以及场间联系等。

(2) 显示功能。

计算机联锁系统采用大屏幕显示器取代 6502 电气集中表示盘，可以向操作人员提供更加丰富、直观的显示信息。具体包括：

①站场基本图形显示。

②现场信号设备状态显示。主要有道岔的定、反位和四开位置；道岔单独锁闭和封闭状态；信号机的开放和关闭状态，灯丝断丝也能表示出来；轨道电路区段的空闲、占用、锁闭状态，一般用不同的颜色代表不同的含义。

③车站值班员按压按钮动作的确认显示。

④联锁系统的工作状态、故障报警显示。

⑤时钟显示、必要的汉字提示，等等。

(3) 记录存储和故障检测与诊断功能。

利用计算机的信息处理能力和存储容量大的优点，计算机联锁系统为实现系统维护、行车管理自动化奠定了基础。这主要体现在：

①系统可按时间顺序自动记录和储存车站值班员按钮操作情况、现场设备动作情况和行车作业情况。电务维修人员只需根据功能菜单提示，按压相应的功能键，就可将前一段时间内的系统运行状况或作业情况按规定格式显示出来，作为查找故障、分析事故的参考。这些信息也可以由打印机打印出来。

②提供图像再现功能，即系统可将前一阶段储存的数据以站场图形方式显示在屏幕上，按照实际操作和车列运行情况再现出来，以便更直观地查找故障及分析问题。

③实现进路储存和自动办理，可进一步提高车站行车作业效率。

④具有集中监测和报警功能。这主要体现在两个方面：一是联锁系统的自检测功能，当系统自身出现故障时，维护人员可通过屏幕提示的错误号判断、查找故障；二是对信号机、道岔转辙机、轨道电路等现场设备的工作状态进行集中监测，一旦发现故障，及时记录并报警。监测和报警的具体内容，可根据维修需要，全天候或定时对主体信号设备的参数进行测试、分析、判断，超限时及时报警。

(4) 语音提示功能。

该系统具有通过语音或音响在控制台上播放提示信息的能力。当有多条信息需要同时播放时，这些信息轮流播放。

(5) 结合功能。

这里所说的结合功能是指计算机联锁系统利用标准化的通信接口板、网络接口板以及通信规程，可直接与现代化信息处理系统（如 CTC 系统/微机监测系统、TDCS/列车自动控制系统等）相连接进行数据交换。

2. 计算机联锁设备的组成

各种制式的计算机联锁设备的结构有一定差异，但基本原理相同。

计算机联锁系统的功能要求与性能要求均比较高，既要求具有友好而准确的人机界面，同时又要求具有高可靠性与高安全性，需要采用上下两层乃至多层的分层结构。

计算机联锁系统一般可分为两层,即人机对话层和联锁层,相应地可由人机对话计算机、联锁计算机来承担各层的任务,其具体结构如图 3-2-4 所示。计算机联锁系统也可以被认为是三层结构,第三层即接口电路,称为执行层。

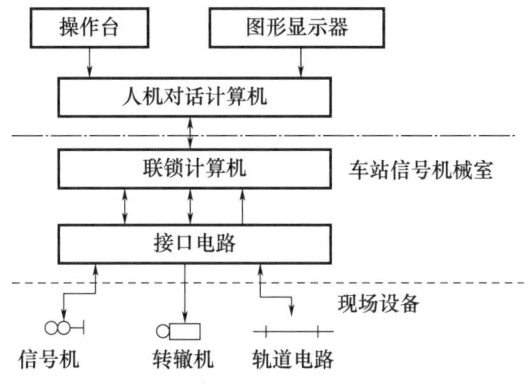

图 3-2-4 计算机联锁系统结构

(1) 人机对话计算机。

人机对话计算机(又称上位机,各种型号的计算机联锁系统对其称谓不同,分别称为监控机、控显机、操作表示机、人机界面等)接收来自控制台的操作输入,判明能否构成有效的操作命令,并转换成约定的格式,输送给联锁计算机。另外,接收来自联锁计算机的表示信息并将它们转换成控制台能够接受的格式。

(2) 联锁计算机。

联锁计算机(又称下位机)接收来自人机对话计算机的操作命令,接收来自人机对话计算机的室外监控对象的状态信息,进行联锁逻辑运算,发出控制道岔转换和开放信号的命令。

(3) 接口电路。

接口电路用来实现对象群与室内联锁计算机之间的联系。它接收来自联锁计算机的检制码,经过变换形成控制命令以驱动相应的控制电路;它又接收监控对象的状态信息,经过编码再传送到联锁计算机。保留了电气集中采用的现场设备,以及道岔控制电路、信号点灯电路和轨道电路。

系统软件分为人机对话处理、联锁逻辑处理、执行表示三个软件包,各个软件包之间由专用的系统管理软件沟通。

3. 计算机联锁系统冗余结构

为了提高系统的可靠性和安全性,计算机联锁系统必须采用冗余结构。按联锁计算机冗余的方式分为双机热备式、3 取 2 式和 2 乘 2 取 2 式三类。

我国双机热备式计算机联锁有系统 TYJL-II 型、DS6-11 型、JD-IA 型、VPI 型等。由于双机热备系统是靠单机自我测试和监督的系统结构,由单机运行不能保证安全,而且存在着双机切换的问题,切换失败将会产生危险的后果。我国目前只准许在单线、支线、非提速区段使用。

在我国 3 取 2 式计算机联锁系统主要有 TYJL-TR9 型。该系统与双机热备式计算机联锁系统相比,采用了三重系的容错计算机,具有高可靠、高安全、高可用性的特点,可以满足我国铁路列车速度不断提高、运输密度不断加大的要求。

2乘2取2式型计算机联锁系统的联锁计算机有两套，每套内部有双CPU，满足故障-安全的要求。属于这类计算机联锁系统的有EI32-JD型、DS6-K5B型、iLOCK型、TYJL-ADX型、DS6-60型等。

4. 典型计算机联锁系统

下面以典型计算机联锁系统类型DS6-K5B型为例进行介绍。

DS6-K5B型计算机联锁系统是北京全路通信信号研究设计院与日本株式会社京三制作所联合开发的联锁系统，由沈阳铁路信号有限责任公司生产。

（1）硬件组成。

①联锁计算机。

联锁计算机由2重系（2乘2取2）组成，以主从方式并行运行，两系组成完全相同。两系之间通过并行接口建立高速通道交换信息，实现2重系的同步和切换。联锁计算机每一系各用一对光纤通过光分路器与控显双机相连，使每一系都能够分别与两台控显机通信。联锁计算机每一系用一对光缆分别与监测机的两个光通信接口相连，将每一系的维护信息分别送到监测机。联锁计算机每一系有5个连接电子终端的通信接口，每个通信接口可连接一个电子终端机架。每一系的前面板包括IPU6板、F486-4I板、FSIO板，如图3-2-5所示。后面板包括IPU6板、DID板、FIO7［P］板、EXT-FIO7板（有扩展时），如图3-2-6所示。

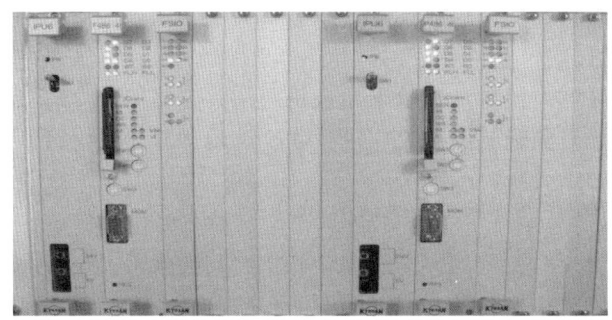

图 3-2-5 联锁计算机前面板

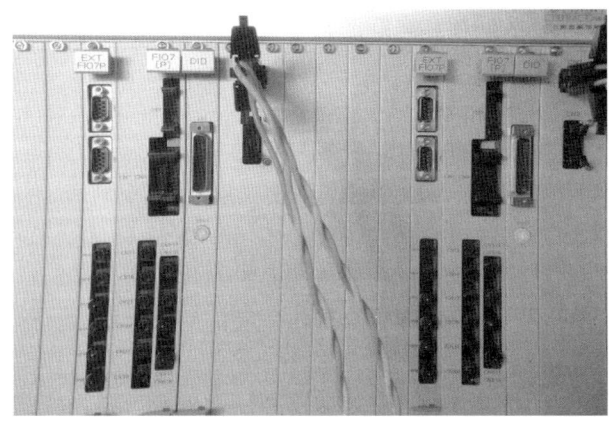

图 3-2-6 联锁计算机后面板

②电子终端。

DS6-K5B型计算机联锁系统开关量输入输出接口采用电子终端机（ET）。如图3-2-7、图3-2-8所示。电子终端机电路安装在电子终端机机架内，每个机架内必须安装两个ET-LINE2模块。用两根单芯光缆与联锁双系的FIO7［P］接口的一个CN接口连接。电子终端电路具有2重系，2重系的输入电路从继电器的同一组接点取得输入信号，分别发给联锁2重系；联锁2重系的输出分别送给电子终端的2重系；电子终端2重系的输出并联连接负载；一个电子终端机机架内有12个插槽，机架正面左边的两个插槽用于安装两个LINE2模块，其余的10个插槽用于安装PIO2-LOG模块。电子终端机为2重系并列结构。

图 3-2-7　电子终端机前面板

图 3-2-8　电子终端机后面板

联锁计算机与电子终端机均置于联锁柜中，如图3-2-9所示。

③控显系统。

DS6-K5B型计算机联锁系统的控显系统采用DS6系列的传统结构。操作表示设备设在运转室，操作设备选择鼠标操作方式，表示设备采用显示器（有时也采用单元式表示盘），均通过长线连接到监控柜的控显机上。

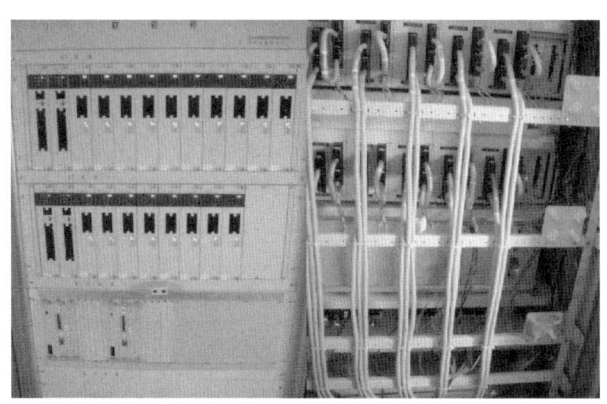

图 3-2-9 联锁柜

控显机置于监控柜中,如图 3-2-10 所示。控显机(图 3-2-11)采用 PC 总线工控机。机箱内除安装连接操作表示设备的接口板外,还安装 2 块带有光电转换的串行通信接口卡 INIO,用于同联锁计算机通信。控显机分为 A 机和 B 机,两机互为主备,备机平时不允许操作。

图 3-2-10 监控柜

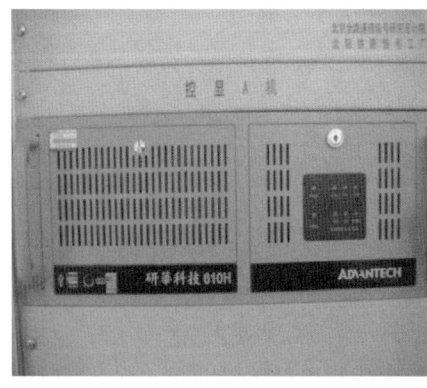

(a)

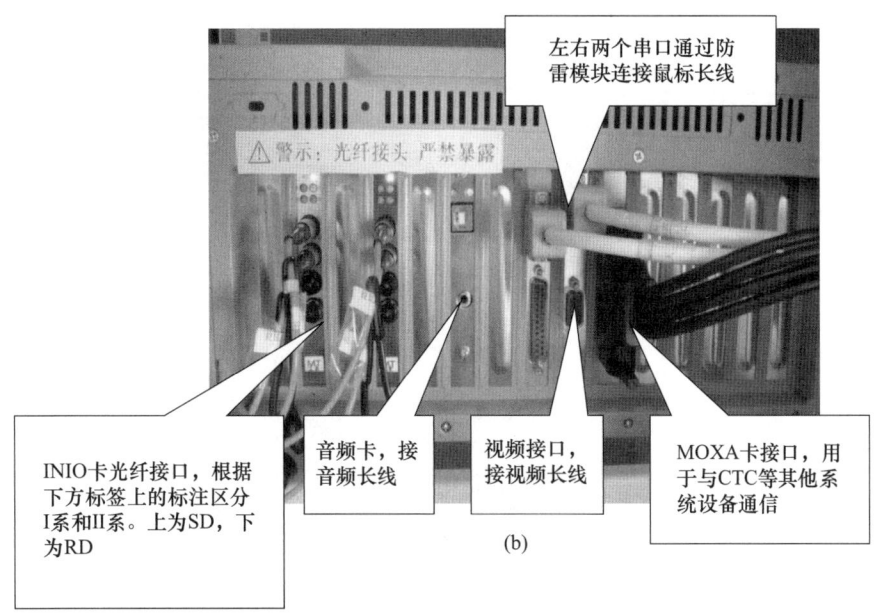

图 3-2-11　控显机

鼠标长线与控显机之间接有防雷模块，如图 3-2-12 所示。

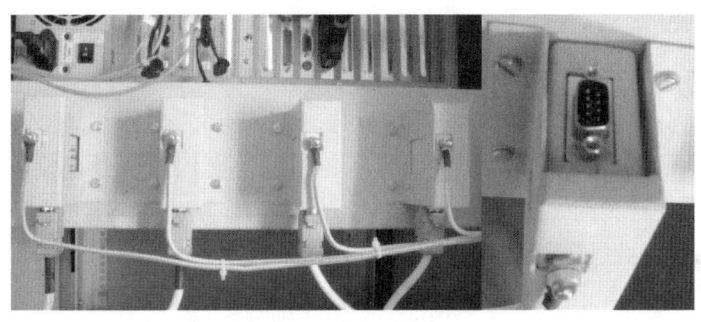

图 3-2-12　鼠标防雷模块

为了使每一台控显机都能够与联锁计算机的每一系单独通信，构成交叉互备的冗余关系，每一台控显机内安装了两块 INIO 通信卡，分别用于同联锁计算机Ⅰ系和Ⅱ系通信。联锁计算机的每一系只有一个与控显机通信的接口：CN1T（发送）、CN1R（接收）。为了实现联锁的每一系都能够与控显双机同时或与其中的任意一台单独通信，在联锁计算机与控显机之间的通信线路上增设了光分路器（Optical Branch Unit，图 3-2-13）。光分路器的作用是将一侧 1 根光芯输入的信号分成两路输出，同时将另外 2 根光芯输入的信号合并从 1 根光芯输出。每个光分路器由 2 块电路板组成，一块为电源板 SPHC-PW，另一块为信号传送板 SPHC-TT。光分路器由逻辑 24 V（L24 V）供电，由电源板产生 5 V 电压供信号传送板工作。

④电务维护台。

电务维护台由监测机、显示器、键盘、鼠标、打印机等组成，如图 3-2-14 所示。

图 3-2-13 光分路器

图 3-2-14 电务维护台

电务维护系统是计算机联锁系统的一个重要组成部分,是为了帮助计算机联锁系统管理和维护人员分析事故原因及查找设备故障而设计的。该系统具有以下功能:对现场所有设备的变化情况进行实时的记录、显示;根据需要回放、再现设备的连续变化情况;按规定要求进行查询、打印等;可直接观察采集、驱动继电器的状态,给电务维修人员提供相应的信息;该系统人机界面友好,便于操作,为电务维修人员查找故障提供了帮助。该系统还具有远程通信的功能,设计院维护中心可通过电话线进行远程通信,直接登录监测机进行维护等操作。

⑤电源系统。

电源系统供电设备置于电源柜中,如图 3-2-15 所示。

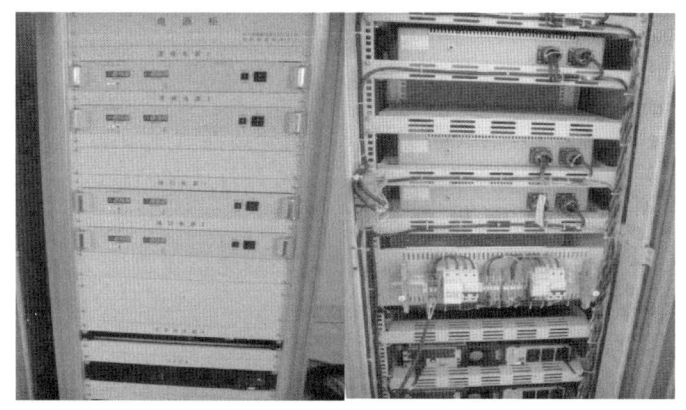

图 3-2-15 电源柜

DS6-K5B 型计算机联锁系统要求信号电源屏经隔离变压器单独提供一路单相交流 220V 电源。从电源屏来的 AC220V 电源送到 DS6-K5B 型计算机联锁系统的电源柜，分为 2 路，一路直接供给机柜风扇和打印机，另一路接入两个不间断电源（UPS）（图 3-2-16），两个不间断电源输出端接入冗余转换器，由冗余转换器输出端向其他设备供电。冗余转换器主要起到智能转换的作用，与不间断电源通过两根数据线进行信号传输。当一个不间断电源出现故障时，冗余转换器通过预先设置会自动切到另一个不间断电源供电，从而达到智能转换的作用。

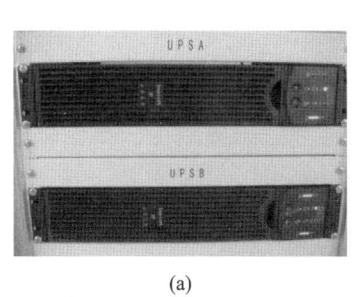
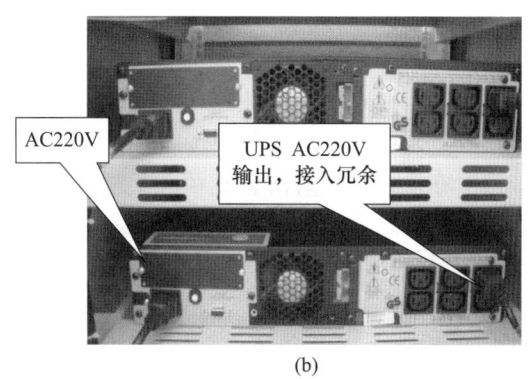

(a)   (b)

图 3-2-16 UPS

（2）系统的操作。

系统提供多种操作方式。采用鼠标操作时，移动鼠标，图形显示器上的光标随之移动。光标到达有效操作区域后，光标箭头变为手形。将光标指在需要操作的按钮上，点击鼠标左键，听到音箱发出蜂鸣声，表示操作生效。运转室控制台站场显示如图 3-2-17 所示。

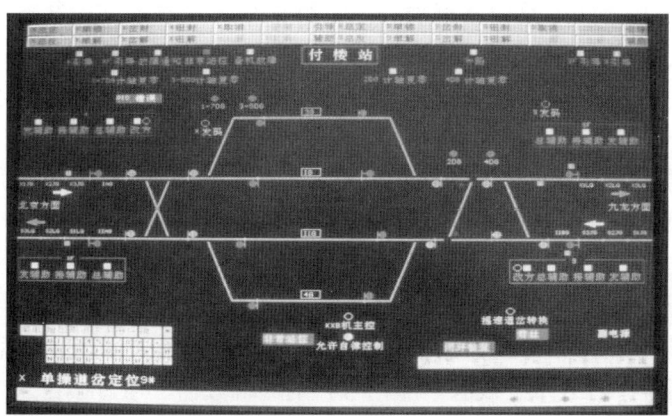

图 3-2-17 运转室控制台站场显示

①图形显示。

a. 信号机显示。

列车信号机关闭状态显示红色图形，开放时显示与室外一致的颜色。

调车信号机关闭状态显示蓝色图形（有些为红色图形），开放时显示白色图形。

信号机的名称用拼音字母表示。信号机名称是否显示受"信号名"按钮控制。信号机在开放或断丝状态或其对应的按钮为封闭状态时,其名称始终显示,不受该按钮控制。信号机发生灯丝断丝时,除有灯丝断丝报警外,相应信号机灯禁止信号灯光闪光。

排列进路时,点击信号按钮,显示按钮名称并闪光,进路锁闭后按钮名称消失。

b. 轨道区段显示。

轨道区段解锁状态显示为蓝色光带,区段锁闭状态显示白色光带,区段占用状态显示红色光带。区段名称是否显示受"区段名"按钮控制。无岔区段名称固定显示在轨道线段附近。

c. 道岔表示。

道岔用与所在轨道区段颜色相同的线段表示当前开通位置。道岔名称用道岔号的数字表示,可重复点击"道岔名"按钮调出显示或消除显示。道岔在定位时,道岔名显示绿色。道岔在反位时,道岔名显示黄色。道岔发生挤岔故障时,道岔名显示红色并闪光。道岔锁闭时,在道岔岔尖处显示一个圆圈,单独解锁后圆圈消失。道岔锁闭在定位,圆圈为绿色;道岔锁闭在反位,圆圈为黄色。道岔封闭时,道岔名称上显示一个红框,道岔解封后,红框消失。

d. 按钮封闭显示。

列车按钮封闭后,其信号机红灯外方显示一个黄色方框;调车按钮封闭后,其调车信号名称外方显示一个黄色方框。

对于出站信号机,无论封闭列车按钮还是封闭调车按钮,其信号机红灯外方及调车信号按钮外方均显示一个黄色方框。

e. 操作报警和提示。

图形显示器屏幕的左下方,有操作提示显示区,用黄色汉字显示当前办理的作业。后来的操作提示覆盖先前的操作提示。

"引导总锁"按钮按下及加电解锁、倒机解锁和人工解锁、中岔解锁、区段事故解锁、坡道解锁、脱轨器解锁、溜放解锁、非进路调车解锁的延时期间内,操作提示须保留,以便引起注意。为了不被其他操作覆盖,在正常的提示之外,这几项提示另用小号汉字显示。操作完成后,提示自动消失。

图形显示器屏幕的最下方为报警提示区。可同时显示三条报警信息。后来的报警信息覆盖先前的报警信息。点击"清报警"按钮,可以消除报警显示。

②站场操作。

a. 按钮设置。

a) 信号按钮:列车信号按钮用信号机禁止灯光的图形表示,调车信号按钮用信号机名称的汉语拼音字母表示。没有对应信号机的终端按钮、通过按钮、变更按钮,用画在轨道线旁的方框图形表示。

b) 道岔按钮:道岔按钮用道岔号的数字表示。

c) 区段按钮:区段按钮用轨道区段的名称表示。

d) 功能按钮:以下功能按钮按照咽喉设置,根据上下行咽喉分别设置在屏幕上方的左面和右面。具体按钮名称和作用如下:

"总定""总反":用于单独操纵道岔。

"单锁""单解":用于对道岔进行单独锁闭和单独解锁操作。道岔单独锁闭后可以排列经过该道岔当前位置的进路,但是不能单独操作道岔。

"岔封""岔解":在施工、维修等情况下对道岔进行单独封锁/解封操作。道岔封锁后不能再排列经过此道岔的进路,但是可以单独操作道岔。

"钮封""钮解":用于对信号按钮进行单独封锁/解封操作。信号按钮封锁后不能排列以此信号为始终端的进路。

"取消""人解":用于取消进路和人工解锁进路。

"总锁":用于引导总锁闭操作。

"区解":用于区段事故解锁。

"引导":用于显示/消隐本咽喉有关引导按钮。平时引导信号按钮不显示在屏幕上,按下"引导"按钮后,相应咽喉所有引导信号按钮显示在屏幕上,此时可以进行有关引导信号的操作。引导信号操作结束再次按下"引导"按钮,可使引导信号按钮消隐。

辅助:与"引导"按钮类似,用于显示/消隐本咽喉方向电路辅助按钮。

下列功能按钮每站设置一个,具体按钮名称和作用如下:

"信号名":用于显示/消隐信号机名称。

"道岔名":用于显示/消隐道岔名称。

"区段名":用于显示/消隐轨道区段名称。

"计数器":分屏滚动显示铅封按钮的使用次数。

"清报警":用于清除屏幕提示报警信息及音响报警。

b. 操作方法。

a) 排列进路操作。

使用鼠标排列进路:顺序点击进路的始端信号按钮和终端信号按钮。

排列变更进路:顺序点击始端信号按钮、变更按钮和终端信号按钮。

各站设置通过按钮,用于一次办理正向通过进路。下行通过进路按压"XTA""SF"按钮;上行通过进路按压"STA""XF"按钮;反向通过进路必须分段办理。

b) 取消进路操作。

取消一般进路:首先用鼠标点击相应咽喉的取消按钮,取消按钮保持按下状态10s。在此时间内点击进路始端信号按钮,即完成取消进路操作。取消按钮在点击进路始端信号按钮的同时恢复抬起状态。因此点击一次取消按钮只能取消一条进路。若点击取消按钮后10s之内,没有点击进路始端信号按钮,取消按钮自动恢复抬起状态。此后再点击进路始端信号按钮无效。必须重新按下取消按钮后再点击进路始端信号按钮。

人工解锁进路:首先用鼠标点击相应咽喉的"人解"按钮,输入密码"888"后再点击确认按钮。在10s倒计时内点击进路始端信号按钮,进路即进入人工解锁延时状态,屏幕下方出现进路延时解锁时间的倒计时。在"人解"按钮按下后10s之内,没有点击进路始端信号按钮,"人解"按钮自动恢复抬起状态。本系统同一咽喉可同时进行多条进路的人工解锁操作。但进路延时解锁时间的倒计时显示只有一个。因此当同一咽喉多条进路同时进行人工解锁时,屏幕上显示的人工解锁延时倒计时为当前倒计时时间最长的那条进路的人工解锁延时倒计时。

取消引导进路:先点击相应咽喉的"人解"按钮,输入密码"888"后点击确认按钮，在人工解锁的倒计时结束之前点击"人解"信号引导按钮，输入密码"888"后点击确认按钮。

c) 道岔总定、道岔总反、道岔单锁、道岔单解、道岔封闭、道岔解封的操作。

道岔单独操纵：首先点击相应咽喉的"总定"或"总反"按钮，在其 10s 倒计时时间内点击需要操纵的道岔名称，完成道岔单操定位或反位的操作。在 10s 倒计时时间内点击道岔名称后，命令生效，"总定"或"总反"按钮随之抬起。超过 10s 不点击道岔名称，"总定"或"总反"按钮自动抬起，再点击道岔名称无效。因此点击一次"总定"或"总反"按钮只能操纵一个道岔。

道岔单独锁闭或单独解锁：首先点击相应咽喉的"单锁"或"单解"按钮，在 10s 倒计时时间内点击道岔名称，完成道岔单锁或单解的操作。在 10s 倒计时时间内点击道岔名称后，命令生效，"单锁"或"单解"按钮随之抬起。超过 10s 不点击道岔名称，"单锁"或"单解"按钮自动抬起，再点击道岔名称无效。因此点击一次"单锁"或"单解"按钮只能单锁或单解一个道岔。

道岔封闭或解封：首先点击相应咽喉的"岔封"或"岔解"按钮，在 10s 倒计时时间内点击道岔名称，完成道岔封闭或解封的操作。在 10s 倒计时时间内点击道岔名称后，命令生效，"岔封"或"岔解"按钮随之抬起。超过 10s 不点击道岔按钮，"岔封"或"岔解"按钮自动抬起，再点击道岔按钮无效。因此点击一次"岔封"或"岔解"按钮只能封闭或解封一个道岔。

d) 按钮封闭及按钮解封。

先点击"钮封"或"钮解"按钮，在 10s 倒计时时间内点击信号按钮，完成按钮封闭或解封的操作。在 10s 倒计时时间内点击信号按钮后，命令生效，"钮封"或"钮解"按钮随之抬起。超过 10s 不点击信号按钮，"钮封"或"钮解"按钮自动抬起，再点击信号按钮无效。因此点击一次"钮封"或"钮解"按钮只能封闭或解封一架信号机的信号按钮。

e) 区段事故解锁。

在屏幕的左、右上方分设两个咽喉区的区段事故解锁按钮。

点击本咽喉的"区解"按钮，输入密码"888"后点击确认按钮，图形显示器上对应的"区解"按钮图形凹下，并有 10s 延时倒计时显示。在倒计时结束前点击需解锁区段的名称。区段被解锁，屏幕下方出现"事故解锁××"提示。"××"为解锁的区段名。

f) 半自动闭塞。

64D 型半自动闭塞的各个方向均设置闭塞按钮、复原按钮及事故按钮。闭塞按钮、复原按钮均为自复式按钮，事故按钮为自复式铅封按钮。按下按钮生效后，屏幕上同时出现相应的提示。

g) 区间四线制方向电路。

区间四线制方向电路中，自动闭塞区间的各个方向均设有需破铅封的总辅助按钮、接车辅助按钮及发车辅助按钮。对每个反向发车口，设置铅封非自复式允许改方按钮。办理反向发车进路前，必须首先按下该方向的允许改方按钮。

操作菜单上设置"辅助"按钮。点击该按钮，该咽喉区所有辅助按钮、允许改方按钮闪烁。上述按钮未按压时，按钮为白色方框。按钮按压有效后，变化为红色方框，同时接车辅助按钮、发车辅助按钮出现按钮倒计时，允许改方按钮灯黄闪，屏幕上同时出现相应的提示。按钮抬起后，该按钮方框恢复为白色。

总辅助按钮：辅助办理时，必须首先点击该按钮，输入密码"888"后点击确认按钮，其按钮方框变化为红色，表示该按钮在按下状态；再次点击该按钮，按钮抬起，其按钮方框恢复为白色。

接车辅助按钮：在总辅助按钮按下后点击该按钮，输入密码"888"后点击确认按钮，其按钮方框变化为红色，同时出现该按钮的倒计时（5s）。在此倒计时内该按钮保持按下状态。倒计时结束后，该按钮自动抬起，其按钮方框恢复为白色。

发车辅助按钮：在总辅助按钮按下后点击该按钮，输入密码"888"后点击确认按钮，其按钮方框变化为红色，同时出现该按钮的倒计时（25s）。在此倒计时内该按钮保持按下状态。倒计时结束后，该按钮自动抬起，其按钮方框恢复为白色。在该按钮 25s 倒计时结束前，如果重复点击发车辅助按钮，输入密码"888"后点击确认按钮，该按钮重新计时，可使其连续保持按下状态。

h）其他按钮。

"非常站控"按钮：有 CTC 系统的车站，当车站处于站控状态时，必须将"非常站控"按钮按下，并输入密码"888"后点击确认按钮，其方框颜色由白色转为红色，表示按钮按下，方可办理其他操作；并且平时不可将"非常站控"按钮抬起，以免影响正常操作。"非常站控"按钮按下时，方框为红色表示。

备机故障按钮：DS6-K5B 型计算机联锁系统中有两台控显机互为热备，为系统提供站场显示、操作等功能，若其中任意一台控显机因异常造成自身不能正常工作时，在操作台显示器上会出现红色闪烁的"控显备机故障"字样，同时伴有"控显备机故障"的语音提示。可以按压该按钮，并输入密码"888"后点击确认按钮来清除"控显备机故障"的语音提示（其中红色闪烁的报警只能在设备恢复正常后自行消失）。

上电解锁按钮：按压该按钮，并输入密码"888"后点击确认按钮，其方框颜色由白色转为红色，表示按钮按下。大约 1s 后恢复为白色，表示按钮抬起。联锁双系均重新开机时，道岔处于锁闭状态，屏幕上有"上电锁闭"的提示。在此提示下，全站道岔处于锁闭状态，不能办理任何进路。上电解锁按钮随"上电锁闭"提示的出现而在 CRT 显示器上显示，随"上电解锁"提示的出现而消隐。

计数器按钮：点击一次该按钮，在图形显示器屏幕上弹出一页铅封按钮操作次数的计数值。重复点击此按钮，显示翻页。显示至最后一页时，再次点击此按钮，计数值显示消失。

"道岔名"按钮：点击此按钮，图形显示器的屏幕上弹出所有道岔的名称。处于定位的道岔名为绿色，处于反位的道岔名为黄色，处于四开的道岔名为红色。再次点击此按钮，取消显示。

"信号名"按钮：点击此按钮，图形显示器的屏幕上弹出所有信号机的名称。再次点击此按钮，取消显示。处于开放状态的信号机的名字始终显示，不受此按钮控制。

"区段名"按钮：点击此按钮，图形显示器的屏幕上弹出所有道岔区段的名称。再次点击此按钮，取消显示。无岔区段名和股道名经常显示，不受此按钮控制。

"清报警"按钮：自复式按钮，点击此按钮消除屏幕报警提示信息和终止报警音响。

【任务实施】

联锁系统识别与操作

1. 实训工具

计算机联锁系统一套。

2. 实训内容

（1）识别联锁系统各硬件组成部分及作用。

（2）在控制台上排列接车进路、发车进路、调车进路、通过进路、引导进路各一条。

（3）识别控制台中各图形符号。

（4）操纵任一一组道岔。

（5）解锁进路。

【任务评价】

教师根据实训内容随机出题要求学生进行逐一完成上述各内容，控制台的操作要求准确快速一次完成。比如解锁进路，要求学生准确判断需要采用总取消、总人解还是区段解的方式进行解锁，并准确快速完成操作。

【案例分析】

错误按压"总取消"按钮导致 C 类事故

1. 事故概况

2008年10月9日，当D××次列车即将压上出站信号机时，车站值班员使用"总取消"按钮取消IG通过进路上的闪灯，导致出站信号机关闭，D××次触发紧急制动，越过出站信号机后在区间下行一离去K421+021处接触网电分相无电区停车，构成一般C类事故。

2. 事故分析

2008年10月9日，××站车站值班员与邻站办理发车预告后于8：55开放IG通过信号。9：02在没有确认列车通过信号已开放的情况下盲目按压了通过进路上的始、终端按钮，造成控制台IG通过进路的始、终端按钮和股道内两个列车按钮同时闪灯，进路排列表示灯点亮红灯。9：12在D××次接近时，车站值班员与邻站办理×10×次预告手续后，排列2G通过进路时控制台无进路信号显示，此时车站值班员才发现IG接车进路上列车信号按钮在闪灯。9：13列车即将压上出站信号机时，车站值班员使用"总取消"按钮取消IG通过进路上的闪灯，盲目使用"总取消"按钮，导致出站信号机关闭，D××次列车触发紧急制动，越过出站信号机后在区间下行一离去K421+021处接触网电分相无电区停车，构成一般C类事故。

任务三　联锁表认知

【任务目标】

◎技能目标
1. 能够识别联锁表各项内容。
2. 能够根据平面布置图，编制联锁表。

◎知识目标
1. 了解联锁表的组成，能结合联锁表掌握车站的联锁关系。
2. 掌握联锁表中各图形符合含义，明白敌对信号、带动道岔和防护道岔、条件敌对等的含义。

【任务描述】

本任务主要对联锁表中各项内容进行介绍，要求学生能够识别联锁表，通过联锁表，掌握集中联锁的主要技术要求并会编制联锁表，同时能够形成严谨的逻辑思路。

【任务知识】

联锁表由车站信号设备平面布置图和联锁表两部分组成。

联锁表是铁路车站信号设备联锁关系的说明图表，表内逐条罗列了车站内所有的基本进路和部分变更进路，并表示出了进路、道岔、信号机和轨道区段之间的基本联锁内容，由电务部门会同运输部门共同研究编制，它不仅是电务部门进行设计、施工和维修车站联锁设备的依据，而且是运输部门在接收联锁设备时，检验联锁关系是否准确的准则，也是制定《车站行车工作细则》的依据，具有十分重要的作用。信号设备联锁关系的临时变更或停止使用，须经铁路局批准。

一、车站信号设备平面布置图

编制联锁表的主要依据是信号设备平面布置图。一个车站的信号设备在图纸上通常用平面图表示，称为车站信号平面布置图，如图 3-3-1 所示。

图中包含下列主要内容。

（1）联锁区、非联锁区中与铁路信号设备有关的线路布置及编号。

（2）联锁道岔、信号机、表示器、轨道电路区段（含侵入限界绝缘区段）等有关设备及其编号和符号。

（3）正线和到发线的接车方向、区间线路及机走线的运行方向。

（4）信号楼（或值班室）中心公里标。联锁道岔和信号机距信号楼（或值班室）中心距离。

（5）进站信号机外列车制动距离内有超过 6‰ 下坡道时的换算坡度数。

（6）局部控制盘编号及局部控制道岔号。

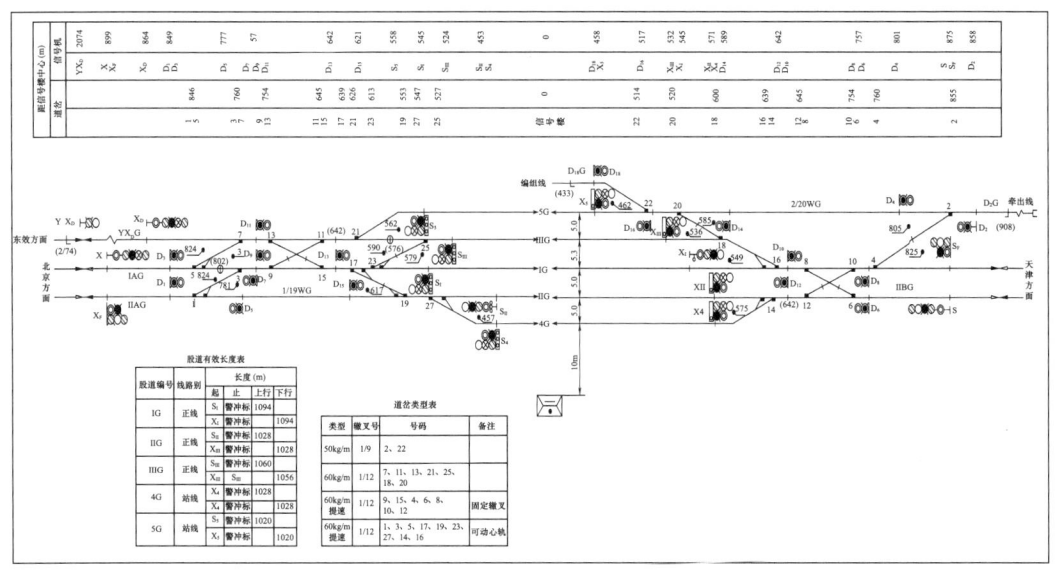

图 3-3-1　车站信号设备平面布置图

（7）道岔握柄、转换锁闭器等。

当车站信号设备平面图确定后，各设备间的基本联锁关系就确定了，依据平面布置图编制道岔、进路、信号机之间的联锁关系，通常列在一个表上，称为联锁表。车站信号设备平面布置图和联锁表总称为联锁图表。

二、联锁表

1. 联锁表编制规则

根据车站信号设备平面图来编制，一般分咽喉区来编制。先编制列车进路，再编制调车进路。编制调车进路时，一般只编制基本进路，长调车进路不编制。

2. 联锁表内容

联锁表表示车站联锁区域内的全部联锁关系，主要包括以下内容：

（1）方向栏。

填写进路性质（包括通过、接车、发车、转场、调车、延续进路）和运行方向。运行方向根据信号设备平面图的上下行方向而定，如北京方面、东郊方面等。

（2）进路号码栏。

按全站列车进路和调车进路顺序编号，亦可按咽喉区、场分别编号。通过进路由正线接、发车进路组成，不另编号，仅将接、发车进路号码以分数形式填写。如接车进路为"18"，发车进路为"8"，则通过进路写作"18/8"。

（3）进路栏。

逐条列出车站范围内的全部列车和调车的基本进路。较大的电气集中车站，当列车进路同时存在两条或两条以上进路方式时，除列出基本进路外还应列出一条主要变更进路作为第二种进路方式。进路栏的主要表示方式：

①列车进路。

a. 列车接至×股道时，写作"至×G"。

b. 列车由×股道发车时，写作"由×G"。

c. 通过进路写作"经×G向××方面通过"。

d. 列车由×信号机发车时，写作"由×信号机"。

②调车进路。

a. 由D××信号机调车时，写作"由D××"。

b. 调车至某一顺向调车信号机时，写作"至D××"。

c. 调车至×股道时，写作"至×G"。

d. 向尽头线、专用线、机务段、双线出站口等处调车时，应写作"向D××"。

e. 当进站信号机内方仅能做调车终端时，应写作"至××进站信号机"。

f. 调车至某一背向调车信号机时，写作"向D××"。

③延续进路。

a. 当向×股道接车进路末端延续进路有多条时，列出其推荐进路。

b. 延续进路编号由接车进路号码和接车进路的第×条延续进路组成。如14-1代表北京方面向5股道接车的第一条延续进路。

c. 延续进路应检查延续进路上的全部道岔位置、敌对信号及轨道区段。

(4) 进路方式栏。

当列车进路的同一个始端和同一个终端间存在两条或两条以上的进路时，除了列出基本进路外，还要列出一条主要变通进路。在进路方式栏中用"1"表示基本进路，"2"表示变通进路。如果没有变通进路则不填。调车进路只填写基本进路。

(5) 排列进路按下铵钮栏。

顺序填写排列进路时应按下的按钮名称。

(6) 确定运行方向道岔。

当有两条以上的进路时，填写区别基本进路和变更进路的关键对向道岔位置。仅有一条进路时可不填写。

(7) 信号机栏。

填写排列进路时，写明开放信号机的名称和显示。色灯信号应按显示颜色表示。进路表示器可以左、中、右灯位区分，超过三个方向时以两组进路表示器组合后的灯位分别表示。

(8) 道岔栏。

顺序填写所排进路上的全部道岔以及有关防护和带动道岔的编号和位置。符号含义为：1表示1号道岔在定位；(1)表示1号道岔在反位；[1]表示1号道岔防护在定位；[(1)]表示1号道岔防护在反位；{1}表示1号道岔带动在定位；{(1)}表示1号道岔带动在反位。

①防护道岔。

为了防止侧面冲突，将不在进路上的道岔锁闭在规定位置，这种道岔称为防护道岔。对防护道岔必须进行联锁条件的检查，防护道岔不在防护位置时，进路不能建立。例如，图3-3-2中办理由5G发往北京方面的发车进路时，为了禁止办理与之交叉的进路，将 13/15 号道岔防护在定位位置，记作 [13/15]。

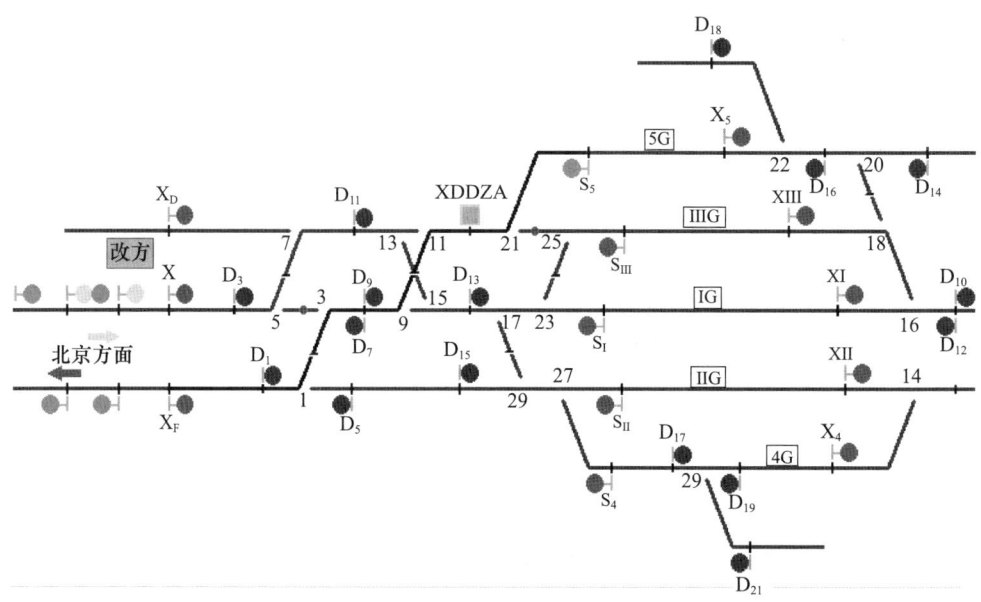

图 3-3-2 防护道岔举例

②带动道岔。

为了满足平行作业的需要，排列进路时把某些不在进路上的道岔带动到规定位置，并对其锁闭，这种道岔称为带动道岔。例如，图 3-3-3 中办理北京方面至 4G 的接车进路时，由于 17 号和 23 号道岔均在 17—23DG 中，为了提高车站作业效率，同时将 23/25 号道岔带动至定位，记作 {23/25}，这样不影响东郊方面与ⅢG之间接、发车进路的办理。

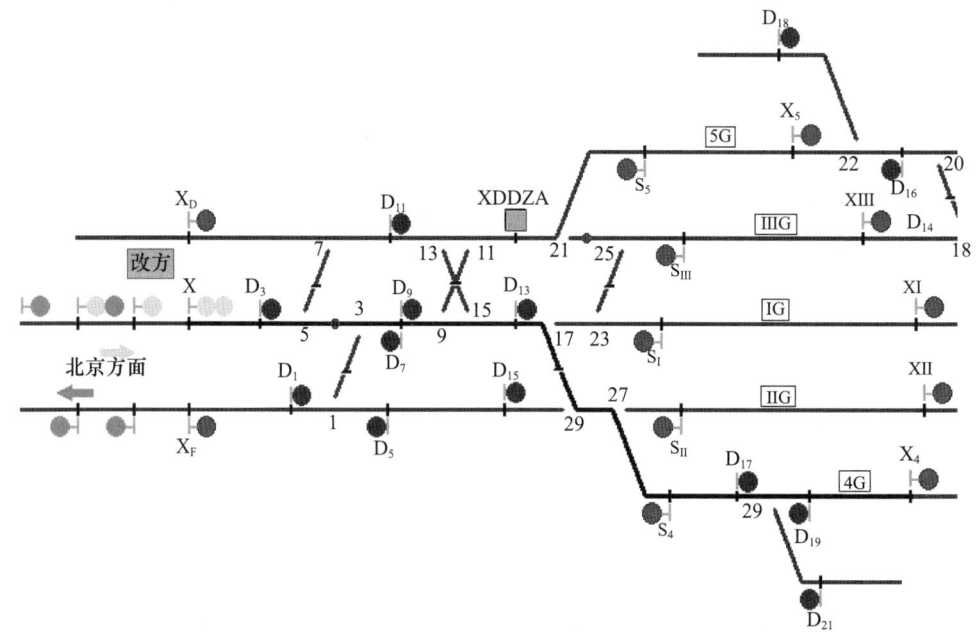

图 3-3-3 带动道岔举例

③双动道岔。

对于双动道岔来讲，应满足"要定位全定位，要反位全反位"的原则，即使进路只经过其中一个道岔的定位，另一个道岔也要扳动到定位，因此在道岔栏中双动道岔要一并填写，中间用"/"隔开。如1号和3号道岔是双动道岔，进路经过1号道岔的定位，则表示为1/3；如进路经过1号和3号道岔的反位，则表示为（1/3）。

（9）敌对信号栏。

站内联锁系统中，敌对进路要相互照查，不得同时开通，防护敌对进路的信号机不得同时开放。为此，要填写所排进路的全部敌对信号。这里需要区分条件敌对信号和无条件敌对信号。填写条件敌对信号时，在道岔号码外用尖括号"〈 〉"括起来。

①列车兼调车信号机的填写方式。

S_4——S_4 信号机的列车和调车均为所排进路的敌对信号。

S_4L——S_4 信号机的列车信号为所排进路的敌对信号。

S_4D——S_4 信号机的调车信号为所排进路的敌对信号。

②调车信号机的填写方式。

D_1——D_1 信号机为所排进路的敌对信号。

③有条件敌对时的填定方式。

〈5〉D_3——经5号道岔定位的 D_3 信号机为所排进路的敌对信号。

〈(5)〉——经5号道岔反位的 D_3 信号机为所排进路的敌对信号。

（10）轨道区段栏。

逐一填写排列进路时要检查空闲的轨道区段的名称，与进路有关的侵限轨道区段，也要填入其中。如办理 D_3—D_{11} 的调车进路时，所检查侵限轨道区段有 5DG、7DG、〈1/3〉3DG。5DG、7DG：排列进路时应检查 5DG、7DG 区段的空闲。〈1/3〉3DG：排列进路中，当1号和3号道岔在定位时，应检查侵入限界绝缘区段 3DG 的空闲。

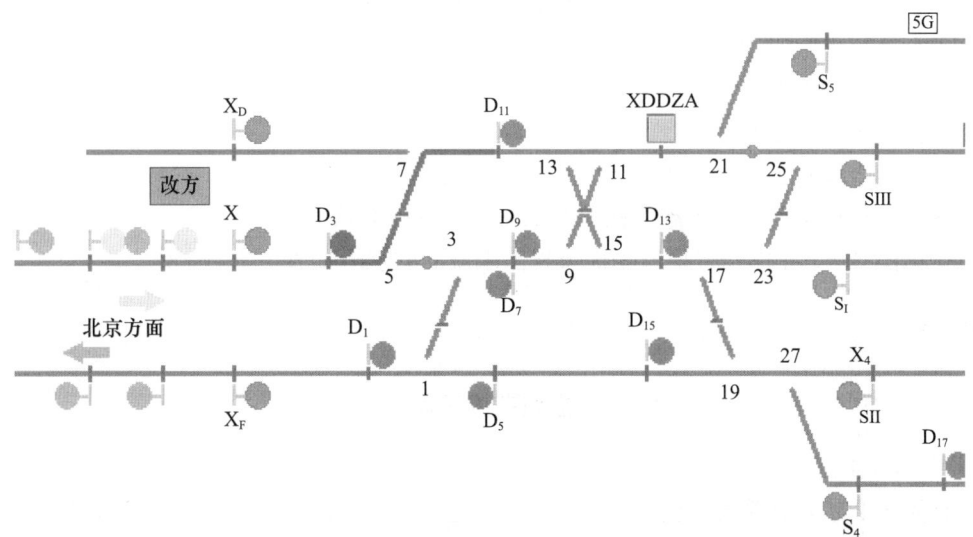

图 3-3-4　轨道区段检查举例

(11) 迎面进路栏。

应填写同一到发线（或场间联络线），对向的列车和调车进路的敌对关系，以线路区段名称表示。

(12) 其他联锁栏。

应以相应的文字拼音首字母符号表示。如：

JK——所排进路与局部控制方式为敌对。有多种局控方式时，应以 JK_1，JK_2，……，表示。

F——所排进路与非进路调车为敌对。当有多处非进调路车时应以 F_1，F_2，……，表示。

Y——所排接车进路末端应延续至另一咽喉区的有关线路。

T——本联锁区向其他区域排列进路时应先取得对方同意。

BS——所排发车进路与邻站间的闭塞关系（含各种闭塞）。

3. 其他联锁关系

(1) 局部控制道岔的联锁关系单独列表并包括下列内容：

①局部控制盘编号。

②转为局部控制的方式。

③交由局部控制的道岔号。

④转为局部控制时，控制台上应按下的按钮。

⑤当道岔转为局部控制时应检查和锁闭的道岔号及位置。

⑥道岔转为局部控制时，进路上应开放的信号机。当信号机的开放条件由局部控制道岔位置决定时，写为〈25〉S_5D，表示当 25 号道岔在定位时，S_5 信号机的调车信号开放。

⑦其他如检查侵入限界绝缘区段及照查关系（敌对信号）。

(2) 非进路调车联锁关系应单独列表并应包括下列内容：

①允许非进路调车的线路。

②非进路调车按下的按钮。

③进路上应锁闭的道岔号及位置。

④进路上应开放的信号机。

⑤其他如检查侵入限界绝缘区段及照查关系（敌对信号）。

依据图 3-3-1 车站信号设备平面布置图编制的联锁表如表 3-3-1 所示。

【任务实施】

进路范围识读

1. 实训工具

计算机联锁培训系统一套。

2. 实训内容

联锁表的编制，依据图 3-3-5 所示的举例站场，编制下行咽喉的列车进路和调车进路的联锁表。

表 3-3-1 联锁表

方向		进路	进路方式	排列进路按下按钮	确定运行方向道岔	信号机 名称	信号机 显示	表示器	道岔	敌对信号	轨道区段	迎面进路 列车	迎面进路 调车	其他联锁	进路号码
列车进路	东郊方面 接车	至5G		X_DLA, S_5LA		X_D	UU		5/7, 9/11, 13/15, (21)	D_{11}, S_5	7DG, 11—13DG, 21DG, ⟨23/25⟩ 25DG, 5G	5G	5G		1
		至ⅢG		X_DLA, $S_ⅢLA$		X_D	U		5/7, 9/11, 13/15, 21, 23/25	D_{11}, $S_Ⅲ$	7DG, 11—13DG, 21DG, 25DG, ⅢG	ⅢG	ⅢG		2
		至ⅠG		X_DLA, $D_{17}LA$		XD	UU		5/7, [9/11], (13/15), 17/19, 23/25	D_{11}, D_{13}, $D17$	7DG, 11—13DG, 9—15DG, 17—23DG, ⅠG		ⅠG		3
		至4G		X_DLA, S_4LA		X_D	UU		5/7, [9/11], 17/19, 23/25	D_{11}, D_{13}, S_4	7DG, 11—13DG, 9—15DG, 17—23DG, 19—27DG, 4G	4G	4G		4
	发车	由5G		S_5LA, X_DLA		S_5	L	B	(21), 13/15, 9/11, 5/7	D_{11}, X_D, S_5D	21DG, ⟨23/25⟩ 25DG, 11—13DG, 7DG			BS	5
		由ⅢG		$S_ⅢLA$, X_DLA		$S_Ⅲ$	L	B	23/25, 21, 13/15, 9/11, 5/7	D_{11}, X_D, $S_ⅢD$	25DG, 21DG, 11—13DG, 7DG			BS	6
		由ⅡG		$S_ⅡLA$, X_DLA		$S_Ⅱ$	L	B	27, (17/19), [23/25], (13/15), 5/7	D_{13}, D_{11}, X_D, $S_ⅡD$	19—27DG, 17—23DG, 9—15DG, 11—13DG, 7DG			BS	7
		由4G		S_4LA, X_DLA		S_4	L	B	(27), (17/19), [23/25], [9/11], 5/7	D_{13}, D_{11}, X_D, S_4D	19—27DG, 17—23DG, 11—13DG, 9—15DG, 11—13DG, 7DG			BS	8

续表

方向	进路	进路方式	排列进路按下按钮	确定运行方向道岔	信号机 名称	信号机 显示	表示器	道岔	敌对信号	轨道区段	迎面进路 列车	迎面进路 调车	其他联锁	进路号码
发车 北京方面 列车进路	由5G		S_5LA, SLZA		S_5	L或U或LU		(21), [13/15], (9/11), (1/3)	D_1, D_7, S_5D	21DG, ⟨23/25⟩25DG, 11—13DG, 9—15DG, ⟨5/7⟩5DG, 1DG, ⅡAG			BS	9
	由ⅢG	1	$S_Ⅲ$LA, SLZA	(23/25)	$S_Ⅲ$	L或U或LU		(23/25), 17/19, 13/15, 9/11, (1/3)	D_{13}, D_9, D_1, S_5D	25DG, ⟨21⟩21DG, 17—23DG, 9—15DG, 3DG, 1DG, ⅡAG			BS	10
	由ⅢG	2	$S_Ⅲ$LA, BA, SLZA	23/25	$S_Ⅲ$	L或U或LU		23/25, 21, [13/15], (9/11), (1/3)	D_9, D_7, D_1, $S_Ⅱ$D	25DG, 21DG, 11—13DG, 9—15DG, ⟨5/7⟩5DG, 3DG, 1DG, ⅡAG			BS	11
	由ⅡG		$S_Ⅱ$LA, SLZA		$S_Ⅱ$	L或U或LU		27, 17/19, 1/3	D_{15}, D_7, D_1, $S_Ⅱ$D	19—27DG, 1/19WG, 1DG, ⅡAG			BS	12
	由4G		S_4LA, SLZA		S_4	L或U或LU		(27) 17/19, /3	D_{15}, D_7, D_1, S_4D	19—27DG, 1/19WG, 1DG, ⅡAG			BS	13
接车	至5G	1	XLA, S_5LA	(5/7)	X		UU	(5/7), 9/11, 13/15, (21)	D_3, D_{11}, S_5D	IAG, 5DG, 7DG, 11—13DG, 21DG, ⟨23/25⟩25DG, 5G	5G	5G		14
	至5G	2	XLA, D_7A (D_9A), S_5LA	5/7	X		UU	5/7, 1/3, (9/11), (21)	D_3, D_9, D_7, S_5D	IAG, 5DG, 3DG, 9—15DG, 11—13DG, ⟨23/25⟩25DG, 5G	5G	5G		15
	至ⅢG	1	XLA, $S_Ⅲ$LA	(23/25)	X		UU	5/7, 1/3, 9/11, 13/15, 17/19, (23/25)	D_3, D_7, D_{13}, $S_Ⅲ$D	IAG, 5DG, 3DG, 9—15DG, 17—23DG, ⟨21⟩21DG, ⅢG	ⅢG	ⅢG		16

项目三 联锁设备

续表

方向			进路	进路方式	排列进路按下按钮	确定运行方向道岔	信号机 名称	信号机 显示	道岔	敌对信号	轨道区段	迎面进路 列车	迎面进路 调车	其他联锁	进路号码
北京方面	列车进路	接车	至ⅢG	2	XLA, BA（变通按钮）, SⅢLA	(5/7)	X	UU	(5/7)、9/11、13/15、21、23/25	D_3、D_{11}、$S_{Ⅲ}D$	IAG、5DG、〈1/3〉3DG、7DG、11—13DG、21DG、25DG、ⅢG	ⅢG	ⅢG		17
			至IG		XLA, D_{17}LA		X	U	5/7、1/3、9/11、13/15、17/19、23/25、〈27〉	D_3、D_7、D_9、D_{13}、$S_{Ⅲ}D$	IAG、5DG、3DG、9—15DG、17—23DG、IG		IG		18
			至4G		XLA, S_4LA		X	UU	5/7、1/3、9/11、13/15、17/19、〈23/25〉	D_3、D_7、D_9、D_{13}、S_4D	IAG、5DG、3DG、9—15DG、17—23DG、4G	4G	4G		19
		通过	由X经IG向天津方面		XTA, XLZA（XLA、X_1LA、XLZA）		X/X_5	L/L 或 L/U	5/7、1/3、9/11、13/15、17/19、23/25、16、6/8、10/12、2/4	D_3、D_7、D_{13}、D_{12}、D_{10}、D_8	IAG、5DG、3DG、9—15DG、17—23DG、IG、16—18DG、8—10DG、4DG				
由 D_1	调车进路		至D_9		D_1A, D_7A		D_1	B	(1/3)	D_7、〈1/3〉、S_5L、$S_{Ⅲ}$L、S_4L	1DG、3DG、〈5/7〉5DG				20
D_3			至D_{15}		D_1A, D_3A		D_1	B	1/3	D_7、〈19〉S_4	1DG				21
D_5			至D_9		D_3A, D_7A		D_3	B	5/7、1/3	D_7、X	5DG、3DG				22
			至D_{11}		D_3A, D_{11}A		D_3	B	(5/7)	X、〈(5/7)〉S_5D、$S_{Ⅲ}$D、D_7、S_4D	5DG、〈1/3〉3DG、7DG				23
			向D_1		D_5A, D_1A		D_5	B	1/3	D_7、〈19〉、$S_{Ⅲ}$L、S_4L	1DG				24

续表

方向	进路	进路方式	排列进路按下按钮	确定运行方向道岔	信号机 名称	信号机 显示	表示器	道岔	敌对信号	轨道区段	迎面进路 列车	迎面进路 调车	其他联锁	进路号码
D₇	向D₁信号机		D₇A, D₁A		D₇	B		(1/3)	D₁, ⟨(1/3)⟩, S₅L, S₃L, S₄L	DG, ⟨5/7⟩ 5DG, 1DG				25
	向D₃信号机		D₇A, D₃A		D₇	B		1/3, 5/7	D₃, X	3DG, 5DG				26
D₉	至5G		D₉A, S₅DA		D₉	B		(9/11), [13/15], (21)	S₅, X	9—15DG, 11—13DG, 21DG, ⟨23/25⟩ 25DG	5G			27
	至D₁₃信号机		D₁₉A, D₁₃A		D₉	B		9/11, 13/15	D₁₇, ⟨9⟩ X, S_III, S₄	9—15DG				28
D₁₁	至5G		D₁₁A, S₅DA		D₁₁	B		9/11, 13/15, 21, 23/25	S₅, X_D, ⟨13⟩ X	11—13DG, 21DG, ⟨23/25⟩ 25DG	5G			29
	至IIIG		D₁₁A, S_IIIDA		D₁₁	B		[9/11], (13/15)	S_III, X_D, ⟨13⟩ X	11—13DG, 21DG, 25DG	IIIG			30
D₁₃	至D₁₃信号机		D₁₁A, D₁₃A		D₁₁	B		17/19, (23/25)	X_D, D₁₇, S_III, ⟨(13/15)⟩ S₄	11—13DG, 9—15DG				31
	至IIIG		D₁₃A, S_IIIDA		D₁₃	B		17/19, 23/25	S_III, ⟨17⟩ X_D, X	17—23DG, 25DG, ⟨21⟩ 21DGIIIG				32
	至IG		D₁₃A, D₁₇A		D₁₃	B		17/19, 23/25	D₁₇, ⟨17⟩ X_D, X	17—23DG				33

由调车进路

续表

方向	进路	进路方式	排列进路按下按钮	确定运行方向道岔	信号机名称	信号机显示	表示器	道岔	敌对信号	轨道区段	迎面进路 列车	迎面进路 调车	其他联锁	进路号码
调车进路 由 D_{13}	至ⅡG		$D_{13}A$, $S_{Ⅱ}DA$		D_{13}	B		⟨17/19⟩、⟨23/25⟩、27	$S_Ⅱ$, X, ⟨⟨17/19⟩⟩ X_D	17—23DG, 19—27DG	ⅡG			34
	至4G		$D_{13}A$, S_4DA		D_{13}	B		⟨17/19⟩、⟨23/25⟩、⟨27⟩	S_4, X, ⟨⟨17/19⟩⟩ X_D	17—23DG, 19—27DG	4G			35
调车进路 由 D_{15}	至ⅡG		$D_{15}A$, $S_Ⅱ DA$		D_{15}	B		17/19, 27	$S_Ⅱ$	19—27DG	ⅡG			36
	至4G		$D_{15}A$, S_4DA		D_{15}	B		17/19, ⟨27⟩	S_4	19—27DG	4G			37
调车进路 由 D_{17}	至D_7		$D_{17}A$, D_9A		D_{17}	B		23/25, 17/19, 13/15, 9/11	D_9, D_{13}, ⟨9⟩ X	17—23DG, 9—15DG				38
	向D_3		$D_{17}A$, D_3A		D_{17}	B		23/25, 17/19, (13/15), [9/11], (5/7)	X, D_3, D_{11}, D_{13}	17—23DG, 9—15DG, 11—13DG, 7DG, 5 DG, ⟨1/3⟩ 3 DG				39
	向X_D		$D_{17}A$, X_DDZA		D_{17}	B		23/25, 17/19, (13/15), [9/11], 5/7	X_D, D_{11}, D_{13}	17—23DG, 9—15DG, 11—13DG, 7DG				40
调车进路 由 S_5D	至D_7		S_5DA, D_9A		S_5	B		⟨21⟩, ⟨9/11⟩, [13/15]	D_9, S_5L, ⟨⟨9/11⟩⟩ X	21DG, ⟨23/25⟩ 25 DG, 11—13DG, 9—15DG				41
	向D_3		S_5DA, D_3A		S_5	B		⟨21⟩, 9/11, (5/7)	X, D_3, D_{11}	21DG, ⟨23/25⟩ 25 DG, 11—13DG, 7DG, 5 DG, ⟨1/3⟩ 3 DG				42
	向X_D		S_5DA, X_DDZA		S_5	B		⟨21⟩, 9/11, 5/7	X_D, D_{11}, S_5L	21DG, ⟨23/25⟩ 25 DG, 11—13DG, 7DG				43

续表

方向	进路	进路方式	排列进路按下按钮	确定运行方向道岔	信号机名称	信号机显示	表示器	道岔	敌对信号	轨道区段	迎面进路 列车	迎面进路 调车	其他联锁	进路号码
$S_{III}D$	至 D_7		$S_{III}DA, D_9A$		S_{III}	B		$(23/25), 17/19, 13/15, 9/11$	$D_9, D_{13}, S_{III}L, \langle 9 \rangle X$	$25G, \langle 21 \rangle 21DG, 17-23DG, 13/15, 9-15DG$				44
	向 D_3		$S_{III}DA, D_3A$		S_{III}	B		$23/25, 21, 9/11, 13/15, (5/7)$	X, D_3, D_{11}	$25DG, 21DG, 7DG, 5DG, 11-13DG, \langle 1/3 \rangle 3DG$				45
	向 X_D		$S_{III}DA, X_DDZA$		S_{III}	B		$23/25, 21, 9/11, 13/15, 5/7$	$X_D, D_{11}, S_{III}L$	$25DG, 21DG, 11-13DG, 7DG$				46
$S_{II}D$	至 D_7		$S_{II}DA, D_9A$		S_{II}	B		$27, (17/19), \langle 23/25 \rangle, 13/15, (5/7)$	$D_9, D_{13}, S_{II}L, \langle 9 \rangle X$	$19-27DG, 17-23DG, 9-15DG$				47
	向 D_3		$S_{II}DA, D_3A$		S_{II}	B		$27, (17/19), \langle 23/25 \rangle, 13/15, [9/11], 5/7$	X, D_3, D_{11}, D_{13}	$19-27DG, 17-23DG, 9-15DG, 11-13DG, 7DG, 5DG, \langle 1/3 \rangle 3DG$				48
	向 X_D		$S_{II}DA, X_DDZA$		S_{II}	B		$27, (17/19), \langle 23/25 \rangle, 13/15, [9/11], 5/7$	$X_D, D_9, D_{11}, D_{13}, S_{II}L$	$19-27DG, 17-23DG, 9-15DG, 11-13DG, 7DG$				49
			$S_{II}DA, D_5A$		S_{II}	B		$27, 17/19$	$D_{15}, S_{II}L, \langle 1 \rangle D_1$	$19-27DG, 1/19WG$				50
S_4D	至 D_7		S_4DA, D_9A		S_4	B		$27, (17/19), 13/15, 9/11$	$D_9, D_{13}, S_4L, \langle 9 \rangle X$	$19-27DG, 17-23DG, 9-15DG$				51
	向 D_3		S_4DA, D_3A		S_4	B		$27, (17/19), \langle 23/25 \rangle, 13/15, 5/7, 1/3$	X, D_3, D_9, D_{13}	$19-27DG, 17-23DG, 11-13DG, 9-15DG, 5DG, \langle 1/3 \rangle 3DG$				52
	向 X_D		S_4DA, X_DDZA		S_4	B		$(27), (17/19), \langle 23/25 \rangle, 13/15, [9/11], 5/7$	$X_D, D_9, D_{11}, D_{13}, S_4L$	$19-27DG, 17-23DG, 9-15DG, 11-13DG, 7DG$				53
	至 D_5		S_4DA, D_5A		S_4	B		$(27), 17/19$	$D_{15}, S_4L, \langle 1/3 \rangle D_1$	$19-27DG, 1/19WG$				54

由调车进路

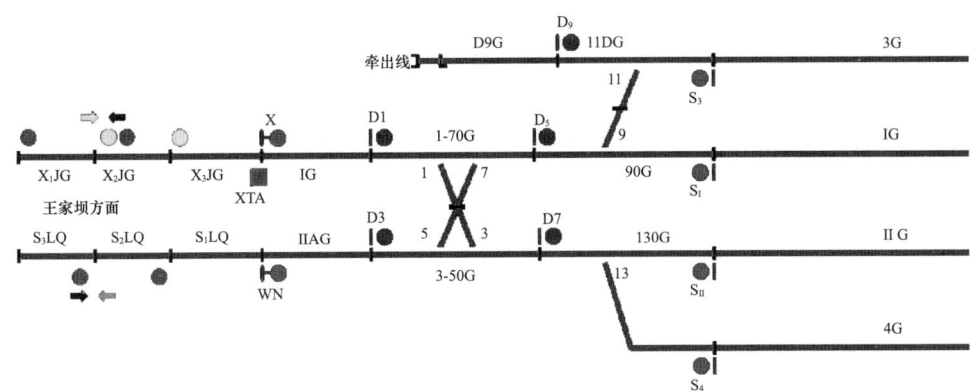

图 3-3-5 举例站场

【任务评价】

要求学生团队分工合作,准确规范地编制出联锁表,进路条数准确,联锁表内容齐全准确,全队成员沟通合作良好且团队中所有学生皆会编写。并随机抽取团队中一名学生操作联锁软件排列一条进路,验证联锁表中该条进路是否编制正确。

【案例分析】

出站信号机无法开放导致 D 类故障

1. 事故概况

2010 年 10 月 9 日,××站车站值班员在排列客车××××次 3G 发车进路时,由于 2 号道岔不在定位位置,下行 3G 出发信号机无法开放,构成铁路交通一般 D 类错误操纵、使用行车设备耽误列车事故。

2. 事故分析

2010 年 10 月 9 日 2:24,××站车站值班员在××电厂调 2 次到达车站后,对 2 号道岔进行恢复定位操作时,错误地将该道岔单独锁闭在反位。5:10 车站值班员在排列客车××××次 3G 发车进路时,由于 2 号道岔不在定位位置,下行 3G 出发信号机无法开放,构成铁路交通一般 D 类错误操纵、使用行车设备耽误列车事故。根据联锁功能和联锁表,排列下行 3G 出发进路,需检查确认 2 号道岔在定位。但由于 2 号道岔单锁在反位后,道岔不能自行转换,只能排列反位的进路,无法排列定位的进路,所以出发信号机不开放。

项目四　闭塞设备

【项目描述】

区间和闭塞是铁路信号系统的重要组成部分，它们的故障将影响列车的安全正点运行，扰乱运行计划，甚至带来行车事故等严重后果。

本项目简单介绍了区间和闭塞的概念，半自动闭塞、自动闭塞和移动闭塞的概念及技术条件，并从 ZPW-2000A 型无绝缘移频自动闭塞系统的工作原理、技术标准以及日常维护、测试、调整、应急处置等工作内容的流程和重点注意事项等方面进行详细介绍。

通过学习，理解并能画图说明区间和闭塞的概念、半自动闭塞和自动闭塞的实现原理，掌握 ZPW-2000A 型无绝缘移频自动闭塞设备的日常维护内容；会看电路图，知晓室内外设备连接与信息走向，重点是衰耗器内部信息流向，掌握主轨道电路和小轨道电路的工作原理；会对照图纸找到实物，做到图物互识；会使用常用仪表 CD96-3Z 型移频测试表，测试电压、载频、低频、阻抗。

任务一　区间闭塞基础认知

【任务目标】

◎技能目标

1. 能够熟练完成电话闭塞的办理流程。
2. 能够画图说明区间和闭塞的概念、半自动闭塞和自动闭塞的实现原理。
3. 能够画图说明固定闭塞、准移动闭塞和移动闭塞的实现原理。
4. 能够根据时间间隔计算并设置通过信号机。

◎知识目标

1. 掌握区间闭塞的基本概念。
2. 掌握人工闭塞、半自动闭塞、自动站间闭塞、自动闭塞的基本情况与各闭塞系统之间的区别。
3. 掌握电话闭塞的办理过程。
4. 了解区间闭塞系统的发展过程。
5. 掌握自动闭塞的类型以及区别和特点。

【任务描述】

通过对不同类型区间闭塞基本概念、技术特征、发车原理的学习，引入典型任务实施，能够达到理解区间和闭塞的基本概念、半自动闭塞和自动闭塞的实现原理的目的。

【任务知识】

一、闭塞基本概念

1. 区间和闭塞

区间是指两个车站（或线路所）之间的铁路线路。相邻两站之间的区间称为站间区间；车站与线路所之间的区间称为所间区间。区间的界限在单线上以两个车站的进站信号机柱的中心线为车站与区间的分界线。在双线或多线上，分别以各线路的进站信号机柱或站界标的中心线为车站与区间的分界线。为了提高线路的通过能力，在自动闭塞区段又将一个区间划分为若干个闭塞分区，以同方向两架通过信号机柱为闭塞分区的分界线。

为了确保列车在区间或闭塞分区内的运行安全，列车由车站向区间发车或列车由一个闭塞分区进入下一个闭塞分区时必须确认区间或闭塞分区内没有列车运行并遵循一定的规律组织行车，防止发生列车追尾或正面冲突等事故。用信号或凭证，保证列车按照空间间隔制运行的技术方法称为行车闭塞法，简称闭塞。用以完成闭塞作用的设备称为闭塞设备。保证列车在区间运行的安全间隔是闭塞系统的基本作用。

闭塞就是把一段线路封闭起来，不准许其他列车进入的组织行车方法。

2. 行车方式

组织列车在区间内运行的行车方式包括时间间隔法与空间间隔法。

时间间隔法：前行列车与追踪列车之间必须保持一定时间间隔的行车方法，即前行列车发出后，隔一定时间再发出同方向的追踪列车。这种行车方法因前行列车可能晚点、中途停车或减速等导致列车运行可能与预定计划不一致，而追踪列车不能确切得到前行列车的实际运行位置，不能够保证列车在区间内的运行安全，我国已不再使用此行车方式。

空间间隔法：在每个区间或者闭塞分区内，同一时间只允许一列列车占用，这样控制前行列车与追踪列车之间保持一定距离的行车方法。该方法将前行列车与追踪列车分隔在两个空间，有效防止列车追尾或正面冲突事故的发生，可以保证列车在区间内的运行安全。

二、闭塞制式的发展

闭塞制式大致经过了人工闭塞、半自动闭塞、自动站间闭塞、自动闭塞的发展过程。

1. 人工闭塞

电报闭塞和电话闭塞、电气路签（牌）闭塞都是人工办理闭塞后，采用人工书写的路票或从电气路签（牌）机中取得的路签（牌）作为列车占用区间的凭证，交接凭证和检查区间状态都要依靠人工来完成的闭塞方法。

（1）电话闭塞和电报闭塞。1841 年由英国人库克（Cooke）提出了电报闭塞法，即两站间以电报闭塞机办理区间闭塞手续，列车凭路票占用区间，从而实现了列车按空间间隔法运行。1876 年电话发明后，增加了电话方式办理闭塞的手续。电话闭塞和电报闭塞是指区间两端车站值班员用电话或电报办理行车联络手续，由发车站填制路票，发给司机作为列车占用区间凭证的行车闭塞法。目前，中国铁路只在基本闭塞设备停用或发生故障时，将电话闭塞作为代用闭塞法使用。

（2）电气路签（牌）闭塞。1878 年英国人泰戈发明了电气路牌机。1889 年英国人韦布和汤姆森发明了电气路签机后，两站间实现了具有相互联锁的电气路签（牌）的闭塞法。只在单线铁路早期使用，以路签或路牌作为列车占用区间凭证。区间两端车站装设同一型号闭塞机各一台（一组），彼此有电气锁闭关系。当一组闭塞机中存放路签（牌）总数为偶数时，经双方协同操作，发车站可取出一枚路签（牌），递交司机作为行车凭证。在列车到达前，即路签、路牌未放入闭塞机以前，这一组闭塞机中不能再取出第二枚路签（牌）。

由于这种闭塞方式效率低下，安全性极差，逐渐被其他闭塞方式取代。

2. 半自动闭塞

半自动闭塞以出站信号机或线路所的通过信号机显示的进行信号作为列车占用区的凭证，发车站的出站信号机或线路所的通过信号机必须经两站同意，办理闭塞手续后才能放开，列车进入区间后自动关闭，在没有区间空闲占用检查设备时，还须由接车站值班员确认列车的完全到达，办理解除闭塞手续；在列车未到达接车站以前，向该区间发车用的所有信号都不得开放，这就保证了两站间的区间内同时只有一列列车运行。这种方法既要人工操纵，又需依列车自动动作，所以叫半自动闭塞。与人工闭塞设备相比，半自动闭塞设备在行车安全和行车效率方面，都有明显提高。其代表性设备——64D 型半自动闭塞设备的特征为：

（1）站间区间或所间区间只准走行一列列车。

（2）人工办理闭塞手续。

（3）人工确认列车完整到达和人工恢复闭塞。

3. 自动站间闭塞

在半自动闭塞的基础上增加区间空闲占用检查设备，可自动完成闭塞手续和到达复原的办理，构成自动站间闭塞。其特征为：

（1）有区间空闲占用检查设备。

（2）站间区间或所间区间只准走行一列列车。

（3）办理发车进路时，自动办理闭塞手续。

（4）自动确认列车完整到达和自动恢复闭塞。

4. 自动闭塞

自动闭塞是根据列车运行及有关闭塞分区状态自动变换信息显示，而司机凭信号行车的闭塞方法。其特征为：把站间区间划分为若干个闭塞分区，有分区占用检查设备，可以凭借通过信号机的显示行车，也可以凭借机车信号或列车运行自动控制系统的车载信息行车；站间能实现列车追踪；办理发车进路时自动办理闭塞手续，自动变换信号显示。这种方式既保证了行车安全又提高了运输效率。

（1）当列车运行速度为 160km/h 及以下时，通常采用以地面信号为主的自动闭塞系统。该系统一般设有地面通过信号机、机车装备、机车信号及自动停车装置，来保证列车按照空间间隔制运行。

（2）当列车运行速度高于 160km/h 时，要求列车装备列控系统，装备列控系统的列车是依靠控制列车运行速度的方式使列车按照空间间隔制运行。

三、自动闭塞的定义与发展

自动闭塞是将站间区间划分为若干闭塞分区，以闭塞分区作为列车追踪运行空间间隔，根据列车运行及有关闭塞分区状态，自动变换信号显示和发送列车移动授权信息，列车凭地面信号或车载信号行车的闭塞方法。自动闭塞在列车运行过程中自动完成闭塞作用。

它既构成安全、可靠的列车间隔控制系统，同时还为机车信号和超速防护系统提供准确、实时、连续的行车信息，并与它们一起构成完备的列控系统。在铁路跨越式发展的进程中，应大力发展自动闭塞。

1. 自动闭塞的发展

我国自动闭塞的发展大致经历三个阶段。第一阶段是 20 世纪 80 年代以前，我国自动闭塞不仅发展缓慢（20 世纪 80 年代以前每年平均增长 200km，20 世纪 80 年代每年平均增长 400km），而且技术水平较低，主要是交流计数、极频和 4 信息移频，基本上按地区发展，可谓"三分天下"。它们的共同缺点是可靠性不高，不能满足列车提速、行车密度增加、载重量增大和电气化的需要。

第二阶段是 20 世纪 90 年代以后，不仅加快了自动闭塞的发展步伐（每年平均增长 800km），而且提高了技术层次。从法国引进了 UM71 型无绝缘移频轨道电路，自行研究了 8 信息、18 信息移频自动闭塞。在引进 UM71 型无绝缘移频轨道电路后，根据我国铁路的实际情况，通过消化吸收，迅速实现了国产化，并在此基础上研制了具有自主知识产权的 WG-21A 型和 ZPW-2000 型无绝缘移频轨道电路。在 4 信息移频自动闭塞的基础上，采用集成电路、单片微机和数字信号处理等先进技术，形成了新一代国产移频自动闭塞，包括 8 信息和 18 信息移频自动闭塞。这样，使我国自动闭塞的技术水准大幅度提高，它们的穿属性能、抗干扰能力、信息量和可靠性都是以前的自动闭塞不能比拟的，基本上满足了铁路运输发展的需要。

第二阶段虽然采用的都是移频制式，但存在着较为混乱的局面。由于制式纷杂，难以实现机车信号的主体化，难以发展超速防护系统，在一定程度上制约了信号技术的发展。

第三阶段实现全路自动闭塞制式的统一。

自动闭塞系统是保障铁路行车安全的重要信号控制系统。同济大学铁道与城市轨道交通研究院副院长罗雁云介绍，自动闭塞系统装置能为铁路行车提供一个最低的防护。当列车在某一区间因停电、熄火等原因，主动或被动停车时，其轨道区间就会向后续列车发出信号，后续列车就会及时降速停下来。

自动闭塞系统是 CTCS 下的一种模式。早在 2007 年中国铁路第六次大提速时，中国铁路总公司总工程师何华武就曾宣称:"经过3年多的反复研究和无数次试验,我国最终自主研发出一整套先进的列车控制系统。这项技术不但彻底解决了动车组应用于我国线路上的安全难题,在世界领域也是遥遥领先。"对于CTCS2级列控系统是否会防止列车发生追尾,何华武更是胸有成竹,"前行列车的限速停车信息会反馈给后行列车的车载计算机,后行列车就会进行制动或者减速,并保持一定的安全距离,不会发生尾追。"

中国已自主研发世界领先的"动车防追尾系统",也就是自动闭塞系统,可将高速运行的两列动车组的间隔时间控制在5min,就是控制同一条铁路上多列动车组安全间隔时间,信息通过钢轨传送到动车组的车载系统,防止列车追尾事故的发生。

2. 自动闭塞的分类

(1) 按行车组织方法可分为双向自动闭塞、单向自动闭塞。

双向自动闭塞:在单线铁路上,根据列车的运行及有关闭塞分区状态,自动变换通过信号机的显示,而司机凭信号行车的闭塞方法。单线自动闭塞是指,由于线路上既要运行上行列车,又要运行下行列车,区间线路上允许2个方向运行列车的自动闭塞。所以,除了要对列车尾部进行防护,防止追尾事故外,还必须对列车头部进行防护,防止正面冲撞。就要对上下行两个方向都设置通过信号机。双向自动闭塞信号机如图4-1-1所示。

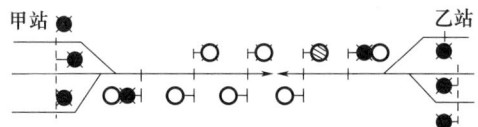

图4-1-1 双向自动闭塞信号机设置

单线自动闭塞的通过信号机一个方向点灯,相反方向的信号机灭灯。区间通过信号机必须与防护区间的两车站发生联系,上行列车在区间运行,下行列车就不能由车站发车。要改变运行方向时,应遵循以下原则:只有区间空闲时才能改变运行方向;只有在原发车站变为接车站而不能再发出列车时,区间各通过信号机和原接车站才能改变运行方向。

单线自动闭塞由于区间内设置了闭塞分区和轨道电路(直接反映列车的占用状态),在同一个方向可以按一定的列车运行间隔时间发追踪列车,因此单线自动闭塞在区间的通过能力和列车在区间运行安全方面,都优于64D型单线半自动闭塞。

为了充分发挥线路效能,双线区段采用双向运行,中国京九线采用的就是双线双向自动闭塞。该制式反方向地面不设通过信号机,在反方向运行时,机车按机车信号显示运行。双线双向自动闭塞一样要设方向电路,以改变列车运行方向。

单向自动闭塞:区间线路上,根据列车运行及有关闭塞分区状态,自动变换通过信号机的显示,而司机凭信号行车,只允许一个方向运行列车的自动闭塞。中国在双线区段的自动闭塞大多采用这种制度,即一条线路只允许上行列车运行,而另一条线路只允许下行列车运行。为此对于每一条线路仅在一侧装设通过信号机。在每个闭塞分区入口端装有一架通过信号机,防护其后方的闭塞分区,平时没有列车占用时,通过信号机显示绿灯,即"定位开放式"。单向自动闭塞信号机设置如图4-1-2所示。

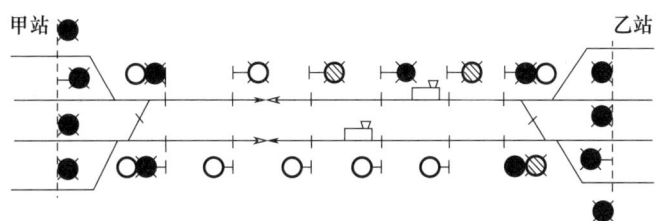

图 4-1-2 单向自动闭塞信号机设置

（2）按照闭塞性质分类可分为固定闭塞、准移动闭塞、移动闭塞。

固定闭塞是根据列车运行和有关闭塞分区状态自动变换信号显示，而司机凭信号行车的闭塞方法。

固定闭塞把一个站间划分为若干个闭塞分区，闭塞分区长度都是通过牵引计算得出的，而实际区间经局部调整，分割好闭塞分区之后，就在相邻闭塞分区安设通过信号机，闭塞分区都是固定的。运行列车车间空间间隔分为几个闭塞分区，其数量依划分速度级别而定。为了保证列车能在正常速度下运行，列车最小追踪间隔应该是 3 个闭塞分区。一般情况下，闭塞分区是用轨道电路或计轴装置来划分的，其具有列车定位和轨道占用检查的功能。固定闭塞的列车追踪目标点为前行列车所占用闭塞分区的始端，后行列车从最高速度开始制动的计算点为要求开始减速的闭塞分区的始端，这两个点都是固定的，空间间隔的长度也是固定的，所以称为固定闭塞。

固定闭塞条件中，每一个闭塞分区自动检测轨道情况，根据列车运行前方闭塞分区状态，自动发送和接受具有速差意义的信号码，信号机自动变换信号显示，给出行车凭证，信号机显示具有速差意义，司机凭地面信号行车。固定闭塞常用的闭塞制式主要包括三显示自动闭塞与四显示自动闭塞。

三显示自动闭塞是指区间通过信号机显示红、黄、绿三种信号的自动闭塞。能预告列车前方 2 个闭塞分区状态。红色：前方闭塞分区有车占用；黄色：前方只有一个闭塞分区空闲；绿色：前方至少有两个闭塞分区空闲。图 4-1-3 为三显示自动闭塞工作原理，每架通过信号机处为一个信号点，信号点的名称以通过信号机命名。例如，通过信号机 "1" 处就称为 "1" 信号点，3、5、7 均为通过信号机。

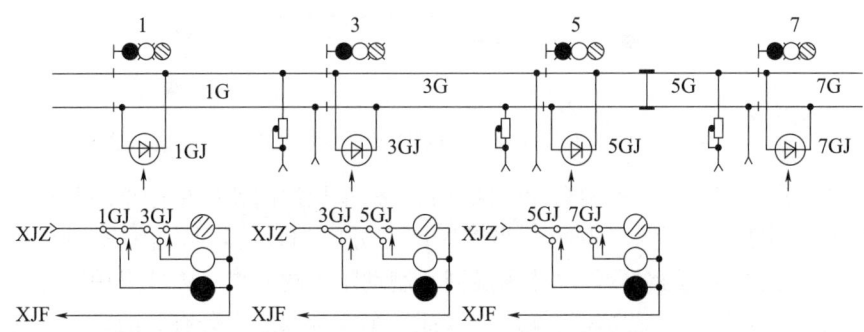

图 4-1-3 三显示自动闭塞工作原理

通过对三显示自动闭塞工作原理的叙述，可得出以下几点结论：

①通过信号机的显示是随着列车运行的位置而自动改变的。当显示黄灯时，列车运行

前方只有一个闭塞分区空闲；当显示绿灯时，列车运行前方至少有两个闭塞分区空闲。

②通过信号机的禁止信号（红灯显示），是利用轨道电路传送的；而其他的显示信息可以利用轨道电路，也可利用电缆传送。对于三显示自动闭塞必须传递三种以上的信息。

③若利用轨道电路传送信息，在每一个信号点处不但有接收本信号点信息的接收设备，同时还须有向前方信号点发送信息的发送设备。

④列车运行在三显示自动闭塞分区时，越过显示黄灯的通过信号机时开始减速，至次架显示红灯的通过信号机前停车，因此要求每个闭塞分区的长度绝对不能小于列车的制动距离。

三显示自动闭塞基本上能满足运输组织和列车安全的要求。因此得到较广泛的应用。然而，在繁忙的提速线路上，列车速度不断提高、行车密度不断加大，不同速度的列车制动距离相差悬殊，同时在大城市或大枢纽站的市郊区段，运输繁忙，行车密度大，且有各种不同质量和速度的列车运行。若按高速质量大的列车确定闭塞分区长度，低速或市郊列车的运行间隔将加大，降低了区间通过能力。若按低速或市郊列车确定闭塞分区长度，则不能保证高速列车的行车安全。三显示自动闭塞已不能适应发展的需要。提高区间通过能力的最好方法是采用四显示自动闭塞。

四显示自动闭塞是在三显示自动闭塞的基础上增加一种黄绿显示，具有红、黄、黄绿和绿四种显示。四显示自动闭塞信号机如图 4-1-4 所示。四显示自动闭塞能预告列车运行前方三个闭塞分区的状态，规定列车以规定速度越过黄绿显示后必须减速，以使列车在抵达黄灯显示下运行时不大于规定的黄灯允许速度，保证在显示红灯的通过信号机前停车。它的闭塞分区长度按低速和市郊列车确定，其黄绿灯信号对低速和市郊列车相当于绿灯信号，可不减速。对高速列车则可引起司机注意，预告前方只有两个闭塞分区空闲，要求注意运行或减速。所以，采用这种信号显示制度，既可提升通过能力，又能保证行车安全。

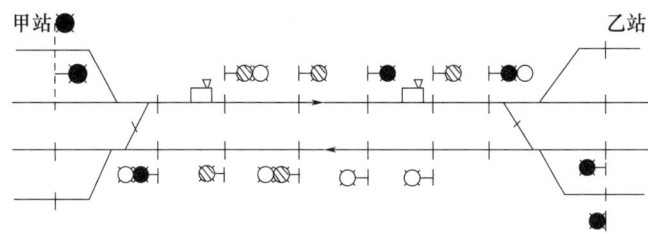

图 4-1-4 四显示自动闭塞信号机显示

四显示自动闭塞是一种新型自动闭塞制式，列车从最高速度到停车的制动距离为两个（或多个）闭塞分区，这样既可适当缩短闭塞分区的长度，从而缩短列车追踪的间隔，增加区间通过列车的对数，又能满足列车制动距离的要求。因此采用四显示自动闭塞对提升区间通过能力、提高运行速度、保证行车安全都是十分有利的。

四显示自动闭塞分三个速度等级，信号显示对应的速度意义为：L 对应 160/120km/h，LU 对应 160/115km/h，U 对应 115/0km/h，H 对应 0。

准移动闭塞是在装备车载防护设备的前提下才用的一种闭塞方法。准移动闭塞仍采用闭塞分区，闭塞分区可以采用轨道电路或计轴装置来划分，它具有列车定位和轨道占用检查的功能。准移动闭塞条件中，后续列车的追踪目标点是前行列车所占用闭塞分区的始端，须留有一定安全距离。准移动闭塞制动采用的是一次制动方式，根据目标距离、目标速度和列车本身的性能确定列车制动曲线。因为目标点固定，在同一闭塞分区里不因前行列车走形而变化，因此当前行列车出闭塞分区时，曲线会发生跳变。因此它并没有完全突破轨道电路的限制。

移动闭塞技术则在列车的安全间隔控制上更进了一步，是指依据前行列车的运行速度，线路的条件，追踪列车本身的速度、制动能力，实时调整与前行列车安全间隔距离的闭塞方法。

通过车载设备和轨旁设备不间断的双向通信，列车不间断地向轨旁控制器传输其标识、位置、方向和速度，轨旁控制器根据来自列车的信息计算、确定列车的安全行车间隔，并将相关信息（如先行列车位置、移动授权等）传递给列车，控制列车运行。

随着计算机技术、无线通信技术和控制技术的发展，基于轨道电路进行信息传递和控制的闭塞方法开始向基于无线通信技术进行信息传递和控制的闭塞方法转移。采用这种方式时，闭塞分区不是固定的，而是移动的，每列列车都随自己的参数和所在地参数而产生动态的闭塞分区。由每列追踪列车根据本身的参数（速度、牵引质量、列车长度、制动力）、区间线路条件（坡度、弯道等）、前方列车的运行速度及调度命令（最大允许运行速度、临时限制速度）等实时参数，计算出与前方列车的安全间隔距离，把此距离与实际距离比较后，实时进行减速或增速，也可以把这些参数信息都传递到调度中心，由调度中心实时计算出追踪列车应以何种速度运行，以控制追踪列车的运行速度。由此看来，移动闭塞每时每刻都从计算机中获取计算出来的闭塞分区的长度和位置。采用这种方法可以获得最佳的区间通过能力，而且在控制技术上是高安全性能的闭环控制技术，所以在安全保障方面也有明显提高。通过车载设备和轨旁设备不间断的双向通信，控制中心可以根据列车实时速度和位置动态计算列车的最大制动距离。列车的长度加上这一最大制动距离并在列车后方加上一定的防护距离，便组成了一个与列车同步移动的虚拟分区。由于保证了列车前后的安全距离，两个相邻的移动闭塞分区就能以很小的间隔同时前进，这使列车能以较高的速度和较小的间隔运行，从而提高运营效率。

（3）按设备放置方式可分为分散安装式自动闭塞和集中安装式自动闭塞。

分散安装式自动闭塞设备都放在每个信号点处。分散安装方式虽然造价比较低，但设备安装在铁路沿线，受环境温度影响大，所以设备工作稳定性差，故障率较高，也不利于维护。集中安装式自动闭塞设备集中放在相近的车站继电器室内，用电缆与通过信号机联系。集中安装式自动闭塞极大地改善了设备的工作条件，提高了设备的稳定性和可靠性，十分便于维修，但需要大量电缆，造价较高。

（4）按传递信息的特征可分为交流计数电码自动闭塞、极频自动闭塞和移频自动闭塞等。

交流计数电码自动闭塞以交流计数电码轨道电路为基础，以钢轨作为传输通道传递信息，不同信息的特征靠电码脉冲和间隔构成不同的电码组合来区分。交流信号的频率，在非电气化区段是50Hz；而在电气化区段是25Hz，以与50Hz牵引电流相区别。用不同的电码周期的方法解决相邻轨道电路的干扰。交流计数电码自动闭塞采用电磁元件，电路简单，对工作环境要求不严，工作稳定，传输性能好，轨道电路长度可达2600m，具有断轨检查性能。但是在技术上已落后，信息构成简单，抗干扰性能不强，绝缘双破损时可能出现升级显示；当区间发送设备有一处故障时，会同时造成两相邻信号机点红灯故障，影响效率；接点磨损严重，维修周期短；信息量少，不能满足所需要的信息要求；应变时间长，最长达20s，不能适应铁路运输发展的需要，而且存在着冒进信号的危险。经过微电子改造后，性能有所改善。

极性频率脉冲自动闭塞（以下简称极频自动闭塞）以极性频率脉冲轨道电路为基础，以钢轨作为通道传递信息，不同信息的特征是靠两种不同极性和每个周期内不同数目的脉冲来区分的。其设备采用电子电路，组匣方式。采用工频电源相位交叉来防止相邻轨道电路的干扰，用锁相原理使发送系统设备故障后导向安全，接收端设有抗交流工频连续干扰的抑制电路。极频自动闭塞设备简单，原理简明，容易掌握；轨道电路传输性能较好，长度可达2600m；断轨检查性能较好。但其信息简单，抗来自外界的交直流断续干扰性能差，对于邻线干扰和不规则的脉冲干扰没有防护措施，对于一般离散的脉冲干扰以及脉冲尾的干扰很难防护；不适用于电气化区段，因其对接触网火花、晶闸管调速机车的牵引和再生制动、斩波器机车牵引所引起的谐波干扰难以防护。

移频自动闭塞以移频轨道电路为基础，用钢轨传递移频信息。它是一种选用频率参数作为信息的制式，利用调制方法把规定的调制信号（低频信息）搬移到载频段并形成振荡，由上下边频构成交替变化的移频波形，其交替变化的速率就是调制信号频率。其信息特征就是不同的调制信号频率。采用不同载频交叉来防护相邻轨道电路绝缘节的破损、上下行邻线的串漏、站内相邻区段的干扰。对工频及其谐波的防护，采用躲开的方法，站内将载频选在工频的偶次谐波上，区间选在奇次谐波上。

（5）按是否设置轨道绝缘分为有绝缘自动闭塞和无绝缘自动闭塞。

传统的自动闭塞在闭塞分区分界处均设有钢轨绝缘，以分割各闭塞分区。但钢轨绝缘的设置不利于线路向长钢轨、无缝化发展，钢轨绝缘损坏率高，影响了设备的稳定工作，且增加了维修工作量和费用。尤其是电气化区段，牵引电流为了通过钢轨绝缘，必须安装扼流变压器，缺点更显著。于是出现了无绝缘自动闭塞。无绝缘自动闭塞以无绝缘轨道电路为基础。无绝缘轨道电路分谐振式和感应式两种，取消了区间线路的钢轨绝缘，满足了铁路无缝化、电气化发展的需要。

3. 通过信号机设置与列车运行间隔时间

自动闭塞是利用通过信号机的不同显示来指挥列车追踪运行的一种行车闭塞方式，两列续行列车之间的空间间隔是由通过信号机的位置决定的。通过信号机的设置位置是根据规定的运行时间间隔、列车速度曲线以及线路地形，采用规定的设计方法，将给定的列车运行时间时隔换算为空间间隔来确定的，不是等间隔设置的。现以三显示自动闭塞为例，说明通过信号机的设置方法。

（1）闭塞分区长度。

闭塞分区长度即通过信号机之间的距离，每个闭塞分区的最小长度必须满足《列车牵引计算规程》（TB/T 1407—2018）规定的列车制动率全值的0.8的常用制动和自动停车装置紧急制动的制动距离。

我国的《铁路信号自动闭塞技术条件》中规定"三显示自动闭塞分区的最小长度范

围为 1000~1200m"。《铁路技术管理规程》规定"列车在任何线路坡道上紧急制动距离限制：运行速度不超过 120km/h 的列车为 800m；运行速度 120~140km/h 的旅客列车为 1100m；运行速度 140~160km/h 的旅客列车为 1400m；运行速度 160~200km/h 的旅客列车为 2000m"。

（2）三显示自动闭塞分区长度与列车运行间隔时间的关系。

闭塞分区的最大长度（进站信号机前方除外）根据轨道电路的安全及可靠动作的要求，最好不要超过轨道电路的极限长度，以免增加分割点的设备。进站信号机前方第一个闭塞分区的长度一般不小于 1200m，不大于 1500m。这个要求的依据是进站咽喉区的通过能力要符合区间的通过能力，以及要尽量减少同向到达列车的间隔时间，也就是必须缩减越行时的停留时间。如果同向到达间隔时间大于列车在区间的同向运行间隔时间，就不可避免地要使列车堵在进站信号机外方。这个要求并不能经常被严格地遵守。因为考虑到闭塞分区的长度必须符合制动距离的要求，而制动距离在下坡道上可能大于 1500m，同时还要考虑两架通过信号机的对称布置、显示距离和其他条件。因此，在个别有充分根据的情况下，进站信号机前方的闭塞分区长度允许大于 1500m。

在同一方向的两列列车，彼此以闭塞分区相间隔追踪运行，前一列列车的尾部与后一列列车的头部之间所保持的最小间隔时间，称追踪间隔时间。客货列车混运的双线自动闭塞分区，列车追踪间隔时间符合下列规定：

①双线三显示自动闭塞分区宜采用 7min 或 8min，有条件分区可采用 6min。

②采用四显示自动闭塞时，其列车追踪间隔时间宜采用 6min 或 7min。

③单线三显示自动闭塞宜采用 8min。

④闭塞分区的划分根据实际情况可按规定的列车追踪间隔时间增加或减少。反向运行的列车追踪间隔时间可大于正向运行的列车追踪间隔时间。

（3）列车追踪间隔时间的计算（以三显示自动闭塞为例）。

列车间隔三个闭塞分区，在绿灯下运行如图 4-1-5 所示。

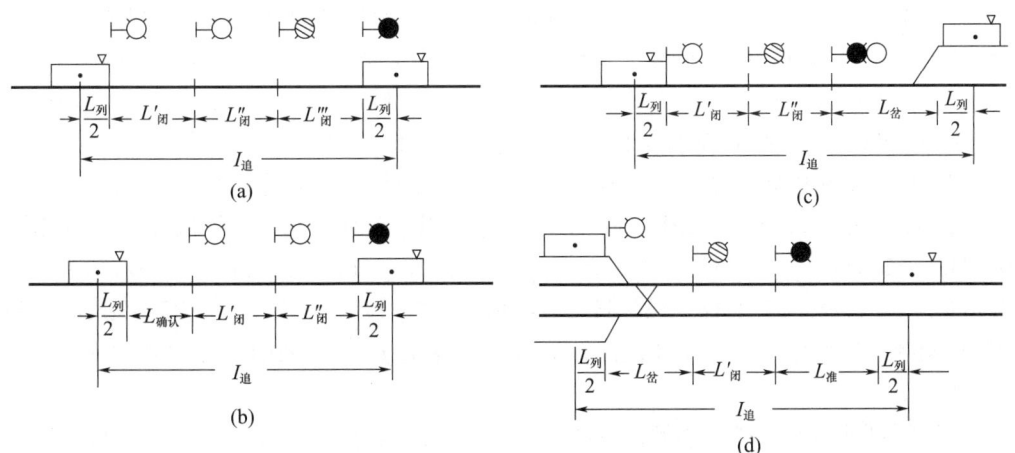

图 4-1-5 三显示制式列车追踪运行的情况

追踪列车 2 可以经常地在绿灯下运行。若先行列车 1 稍慢一点引起追踪间隔缩短，则追踪列车 2 也有可能会遇到黄灯，但只要追踪列车 2 稍调整一些速度，此现象很快就会过去。所以，对追踪列车来说，可以保证它大部分时间内是可以按该线路所允许的最高速度运行的。这说明三显示自动闭塞列车追踪间隔三个闭塞分区是最理想的办法。

列车间隔两个闭塞分区，在黄灯下运行，如图 4-1-5（b）所示，其运行间隔时间为

$$I=0.06(2L_{闭}+L_{列})/v_{平均}+t_{确}$$

式中　$t_{确}$——司机确认信号变换显示的时间（min），一般为 0.25min；
　　　$v_{平均}$——黄灯运行下的列车平均速度（km/h）。

接近车站的间隔时间

①如图 4-1-5（c）所示，其运行间隔时间可按下式计算，即

$$I=0.06(L_{列}+L_{岔}+L_{闭})/v_{平均}+t_{准}$$

式中　$t_{准}$——车站为第二列列车准备进路的时间（min）。电气集中 $t_{准}=0.25$min。

②在进站区段上牵引条件困难而采用间隔两个闭塞分区时，最小运行间隔时间按下式计算，即

$$I=0.06(L_{列}+L_{岔}+L_{闭})/v_{平均}+t_{准}+t_{确}$$

自动闭塞分区车站同方向发车的间隔时间，如图 4-1-5（d）所示，其运行间隔时间可按下式计算，即

$$I=0.06(L_{列}+2L_{闭})/v_{平均}+t_{准}$$

式中　$t_{准}$——车站值班员显示发车指示信号、车长指示发车信号、后行列车司机确认信号显示状态、开动列车的时间（按 1min 计算）。

四、移频自动闭塞

移频自动闭塞以钢轨作为通道，采用移频信号的形式传输低频信号，自动控制区间通过信号机的显示，指示列车运行。

我国于 20 世纪 90 年代初引进法国高速铁路的 UM71 型无绝缘移频轨道电路，并在此基础上结合我国国情研制了更加适应我国铁路的区间移频自动闭塞设备，该设备即目前铁道部推广使用的 ZPW-2000 型无绝缘轨道电路移频自动闭塞设备。ZPW-2000 型无绝缘轨道电路移频自动闭塞低频、载频延用了 UM71 型无绝缘移频轨道电路技术。在移频自动闭塞区段，载频分别为四种：1700Hz、2000Hz、2300Hz、2600Hz。其中上行线使用 2000Hz 和 2600Hz 交替排列，下行线用 1700Hz 和 2300Hz 交替排列。UM71 型绝缘移频轨道电路的频偏 Δf 为 11Hz。UM71 型无绝缘移频轨道电路低频调制信号 Fc（低频信息）从 10.3Hz 至 29Hz 按 1.1Hz 递增共 18 种。这 18 种低频信息分别为 10.3Hz、11.4Hz、12.5Hz、13.6Hz、14.7Hz、15.8Hz、16.9Hz、18Hz、19.1Hz、20.2Hz、21.1Hz、22.4Hz、23.5Hz、24.6Hz、25.7Hz、26.8Hz、27.9Hz、29Hz。在低频调制信号作用下，一个周期内，信号频率发生 f_1、f_2 来回变化。其中 $f_1=f_0-\Delta f$，$f_2=f_0+\Delta f$。

在移频自动闭塞区段，移频信息的传输，是按照运行列车占用闭塞分区的状态，迎着列车的运行方向，自动地向各闭塞分区传递信息的。如图 4-1-6 所示，若下行线有两列列车 A、B 运行，列车 A 运行在 1G 分区，列车 B 运行在 5G 分区。由于 1G 有车占用，防护该闭塞分区的通过信号机 7 显示红灯，这时 7 信号点的发送设备自动向闭塞分区 2G 发送以 26.8Hz 调制的中心载频为 2300Hz 的移频信号。当 5 信号点的接收设备接

收到该移频信号后，使通过信号机 5 显示黄灯。此时 5 信号点的发送设备自动地向闭塞分区 3G 发送以 16.9Hz 调制的中心载频为 1700Hz 的移频信号。当 3 信号点的接收设备接收到该移频信号后，使通过信号机 3 显示黄绿灯。同理，3 信号点的发送设备又自动地向闭塞分区 4G 发送以 13.6Hz 调制的中心载频为 2300Hz 的移频信号，当 1 信号点的接收设备接收到此移频信号后，使通过信号机 1 显示绿灯。1 信号点的发送设备会自动向 5G 发送以 11.4Hz 调制的中心载频为 1700Hz 的移频信号。由于续行列车 B 已进入 5G 分区，该区段的接收设备接收不到以 11.4Hz 调制的中心载频为 1700Hz 的移频信号，防护后续区段的信号机点红灯。道理同 1G 区段。此时 B 车司机可按绿灯显示定速运行。如果列车 A 由于某种原因停在 1G、分区续行列车 B 进入 3G 分区时，司机见到 5 信号机显示黄灯，则应注意减速运行。当续行列车 B 进入 2G 分区时，由于信号机 7 显示红灯，司机使用常用制动措施，使列车 B 能停在显示红灯的信号机的前方。这样，就可根据列车占用闭塞分区的状态，自动改变地面信号机的显示，准确地指挥列车的运行，实现自动闭塞。

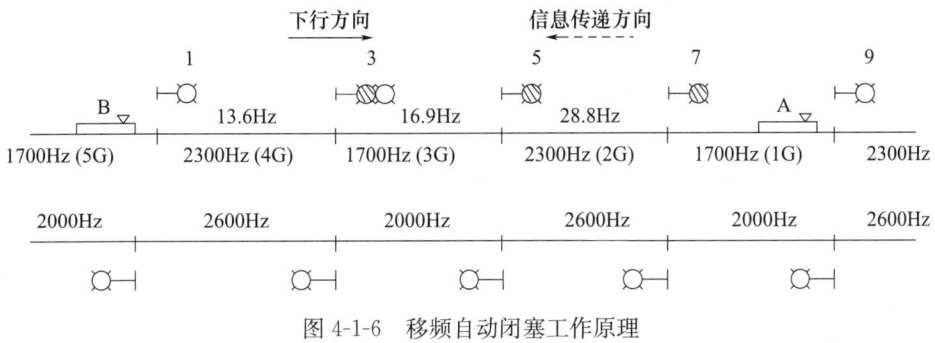

图 4-1-6　移频自动闭塞工作原理

五、电话闭塞

1. 电话闭塞的基本概念

在轨道交通中，为保证列车运行安全，须保证列车间以一定的安全间隔运行。当基本闭塞设备不能使用时，应根据列车调度员的命令采用电话闭塞法行车。遇列车调度电话不通时，闭塞法的变更或恢复，应由该区间两端站的车站值班员确认区间空闲后，直接以电话记录办理。列车调度电话恢复正常时，两端站车站值班员应及时向列车调度员报告。

电话闭塞，简单地说就是两个车站区间通过打电话的方式联系、调度。电话闭塞后两站间会分成多个闭塞分区，一般是 1km 多一点；而闭塞分区中前后车之间将有红灯、黄灯、黄绿灯三个"不能驶入"的区间，等于是"三保险"。即便电话闭塞后 ATP 系统不再介入，正常操作下行车也是可以保证安全的。

《铁路技术管理规程》第 246 条规定，遇下列情况，应停止使用基本闭塞法，改用电话闭塞法行车：

（1）基本闭塞设备发生故障（包括自动闭塞区间内两架及以上通过信号机故障或灯光熄灭）时。

（2）发出挂有由区间返回后部补机的列车时，或自动闭塞区间发出由区间返回的列车时。

（3）无双向闭塞设备的双线区间反方向发车或改按单线行车时。

（4）半自动闭塞区间，发出须由区间返回的列车，由未设出站信号机的线路上发车，或超长列车头部越过出站信号机并压上出站方面轨道电路发车时。

（5）在夜间或遇降雾、暴风雨雪，为消除线路故障或执行特殊任务，开行轻型车辆时。

2. 电话闭塞行车组织

（1）行车凭证。

列车以路票作为占用闭塞区段的凭证，以车站行车人员的手信号作为发车凭证。一个闭塞区段内只允许有一列列车运行，列车反向运行时车站需在路票左上角加盖"反方向运行"专用章。

基本闭塞设备或联锁设备故障时，停在闭塞区段及辅助线的列车凭行调命令以限制人工驾驶（限速 25km/h）模式运行至前方闭塞车站。折返时，列车凭车站手信号进、出折返线。

（2）闭塞区段空闲的确认。

确认闭塞区段空闲是改变列车闭塞模式的最基本的前提。车站行车值班员在办理电话闭塞或恢复基本闭塞时，都要共同确认闭塞区段空闲，以避免一个闭塞区段同时进入两列列车；使用电话闭塞法行车时，行车调度员、闭塞车站行车值班员要共同确认第一列发出的列车运行前方的闭塞区段空闲。

（3）办理作业的主要程序和要求。

①发布调令。控制中心行车调度员及时向有关车站及司机发布采用电话闭塞法组织列车的调度命令。

②确认空闲。闭塞车站行车值班员和控制中心行车调度员共同确认第一列将发出的列车运行前方闭塞区段空闲。

③请求闭塞。发车站发车进路准备妥当并与接车站共同确认闭塞区段空闲后，向接车站请求闭塞。

④同意闭塞。接车站收到前次列车在前方闭塞车站出发的电话报点记录，接车进路准备妥当并与前方闭塞车站共同确认前方闭塞区段空闲后，方可发出电话记录号码同意闭塞。

⑤填写路票。发车站须明确前方闭塞区段空闲，发车进路准备妥当并取得接车站同意接车的电话记录号码后，方可填写路票。路票由发车站行车人员，根据行车值班员的通知在行车室填写，并与行车值班员认真核对。

⑥交接路票。路票交接地点在司机驾驶室对应的站台上，由车站行车人员确认无误后，与司机核对交接。司机接到路票后关门，凭车站的发车手信号动车。

⑦解除闭塞。到达列车自接车站出发或进入折返线后，接车站应向发车站报点并发出电话记录号码，解除闭塞。

⑧恢复基本闭塞。设备故障消除后，控制中心行车调度员必须与各闭塞车站行车值班员共同确认各闭塞区段空闲，方可向有关车站及司机发布恢复基本闭塞行车的调度命令。

【任务实施】

4 人为一组，一名行车调度员，两名行车值班员，一名司机，利用实训室设备，模拟完成电话闭塞的办理流程。

帮助学生加深对区间闭塞基本概念的理解，同时要求学生掌握电话闭塞的办理流程。培养学生严谨认真的工作态度与合作意识。

【任务评价】

（1）办理过程是否符合行业标准规范。
（2）工作过程是否严谨认真。
（3）各岗位口呼内容是否准确。
（4）岗位之间配合是否默契。

【案例分析】

京广线 163 次旅客列车追尾重大事故经过：1993 年 7 月 10 日凌晨 2 点 55 分，北京开往成都的 163 次旅客列车在运行至京广线下行七里营站外接近信号机前，与 5km/h 速度前行的 2011 次货物列车追尾相撞，造成旅客列车追尾冲突的重大事故。

事故原因：163 次旅客列车机车乘务员业务不熟，精力不集中，作业中错误理解调度命令和误判区间，违章关闭机车信号和自停装置，遇黄灯不减速，红灯不停车，擅闯有列车占用的自闭区间；调度部门行车指挥混乱。

事故教训：行车调度、指挥人员必须树立"安全第一"的理念，正确处理安全与经济效益的关系，在非正常行车条件下，提高应变处理能力，坚决执行调度、指挥等有关作业标准。

任务二　ZPW-2000 型自动闭塞系统维护

【任务目标】

◎技能目标
1. 会对照图纸找到实物，做到图物互识。
2. 会更换单项设备。
3. 会使用常用仪表测试电压、载频、低频、阻抗。
4. 会按照流程处理简单的 ZPW-2000A 型轨道电路故障。

◎知识目标
1. 知晓室内外设备连接与信息走向，重点是衰耗盘内部信息流向。
2. 掌握主轨道电路和小轨道电路的工作原理。

【任务描述】

通过对 ZPW-2000A 型无绝缘移频自动闭塞系统的工作原理、技术标准以及日常维护、测试、调整等工作内容的流程和重点注意事项等方面的学习，使学生能够掌握 ZPW-2000A 型无绝缘移频自动闭塞设备日常维护的流程与方法。

【任务知识】

一、ZPW-2000 型无绝缘移频自动闭塞系统的研制背景

ZPW-2000A 型无绝缘移频自动闭塞系统是在法国 UM71 型无绝缘移频轨道电路技术引进、国产化基础上，结合国情进行的技术再开发。前者较后者在轨道电路传输安全性、传输长度、系统可靠性、可维修性以及技术性价比上都有了显著提高，工程造价显著降低。

该系统自 1998 年开始研究。2000 年 10 月底，针对郑州局、南昌局接连两次发生因钢轨电气分离式断轨，轨道电路得不到检查，客车脱轨的重大事故，该系统提出了解决"全程断轨检查"等四项提高无绝缘轨道电路传输安全性的技术创新方案，获得了铁道部运输局、科技司的肯定。2001 年，针对郑州-武汉 UM71 型无绝缘移频轨道电路雨季多处"红光带"，该系统围绕"低道碴电阻道床雨季红光带"问题，通过对轨道电路计算机仿真系统的开发，提出了提高轨道电路传输性能的一系列技术方案，从理论和实践结合上实现了传输系统的技术优化。2002 年 5 月 28 日，该系统通过铁道部技术鉴定，确定推广应用。2002 年 10 月 17 日至今，该系统对适用于地下铁道短调谐区 ZPW-2000 技术方案进行了运用试验，情况良好。

ZPW-2000A 型无绝缘移频轨道电路由较为完备的轨道电路传输安全性技术及参数优化的传输系统构成。国家知识产权局已受理了有关"钢轨断轨检查""多路移频信号接收器"等 8 项专利，其成为我国目前安全性高、传输性能好、具有自主知识产权的一种先进自动闭塞制式，为"机车信号作为主体信号"创造了必备的安全基础条件。

二、主要技术特点

(1) 充分肯定、保持 UM71 型无绝缘移频轨道电路整体结构上的优势。
(2) 解决了调谐区断轨检查，实现轨道电路全程断轨检查。
(3) 减少调谐区分路死区。
(4) 实现对调谐单元断线故障的检查。
(5) 实现对拍频干扰的防护。
(6) 通过系统参数优化，提高了轨道电路传输长度。
(7) 提高机械绝缘节轨道电路传输长度，实现与电气绝缘节轨道电路等长传输。
(8) 轨道电路调整按固定轨道电路长度与允许最小道碴电阻方式进行。既满足了 1Ω·km 标准道碴电阻、低道碴电阻最大传输长度要求，又为一般长度轨道电路最大限度提供了调整裕度，提高了轨道电路工作稳定性。
(9) 用 SPT 国产铁路数字信号电缆取代法国 ZCO3 电缆，减小铜芯线径，减少备

用芯组，加大传输距离，提高系统技术性价比，降低工程造价。

（10）采用长钢包铜引接线取代 75mm² 铜引接线，利于维修。

（11）系统中发送器采用"N+1"冗余，接收器采用成对双机并联运用，提高系统可靠性，大幅度提高"系统无故障工作时间"。

三、系统主要技术条件

1. 环境条件

ZPW-2000A 型无绝缘移频轨道电路在下列环境条件下应可靠工作：

（1）周围空气温度：室外 −30～+70℃；室内 −5～+40℃。

（2）周围空气相对湿度不大于 95%（温度 30℃时）。

（3）大气压力为 74.8～106kPa（海拔高度 2500m 以下）。

（4）周围无腐蚀和引起爆炸危险的有害气体。

2. 发送器

（1）低频频率：$10.3+n\times 1.1$Hz，$n=0\sim 17$，即 10.3Hz、11.4Hz、12.5Hz、13.6Hz、14.7Hz、15.8Hz、16.9Hz、18Hz、19.1Hz、20.2Hz、21.3Hz、22.4Hz、23.5Hz、24.6Hz、25.7Hz、26.8Hz、27.9Hz、29Hz。

（2）载频频率。

下行：1700-11701.4Hz　　　　　　上行：2000-12001.4Hz
　　　1700-21698.7Hz　　　　　　　　　2000-21998.7Hz
　　　2300-12301.4Hz　　　　　　　　　2600-12601.4Hz
　　　2300-22298.7Hz　　　　　　　　　2600-22598.7Hz

（3）频偏：±11Hz。

（4）输出功率：70W（400Ω 负载）。

3. 接收器

轨道电路调整状态如下：

（1）主轨道接收电压不小于 240mV。

（2）主轨道继电器电压不小于 20V（1700Ω 负载，无并机接入状态下）。

（3）小轨道接收电压不小于 100mV。

（4）小轨道继电器或执行条件电压不小于 20V（1700Ω 负载，无并机接入状态下）。

4. 直流电源

（1）直流电源电压范围：23.5～24.5V。

（2）设备耗电情况：发送器在正常工作时负载为 400Ω，功出为 1 电平的情况下，耗电 5.55A；当功出短路时耗电 10.5A；接收器正常工作时耗电小于 500mA。

5. 轨道电路

（1）分路灵敏度为 0.15Ω；分路残压小于 140mV（带内）。

（2）ZPW-2000A 型无绝缘移频自动闭塞系统在 10km SPT 电缆及不同道碴电阻条件下，轨道电路传输长度如表 4-2-1 所示。

表 4-2-1 轨道电路传输长度

道砟电阻（Ω·km）	轨道电路长度（m）			
	载频 1700Hz	载频 2000Hz	载频 2300Hz	载频 2600Hz
1.5	1900	1900	1800	1800
1.2	1750	1700	1650	1600
1.0	1500	1500	1500	1460
0.8	1050	1050	1050	1050
0.6	850	800	800	800
0.5	700	650	650	650
0.3	450	450	420	450

注：轨道电路有三种情况，规定如下：JES-JES（电气绝缘节-电气绝缘节）由 SVA-SVA 组成；JES-BA//SVA′（电气绝缘节-机械绝缘节）由 SVA-SVA′组成；BA//SVA′-BA//SVA′（机械绝缘节-机械绝缘节）由 SVA′-SVA′组成。这三种轨道电路的传输长度是一致的。

（3）ZPW-2000A 型无绝缘移频系统在 10km、12.5km、15km SPT 电缆及 1.0Ω·km、1.2Ω·km、1.5Ω·km 道砟电阻下，轨道电路传输长度如表 4-2-2 所示。

表 4-2-2 不同传输电缆长度和不同道砟电阻下轨道电路传输长度

序号	道砟电阻（Ω·km）	传输电缆长度（km）	轨道电路长度（m）			
			1700Hz	2000Hz	2300Hz	2600Hz
1	1.0	10	1500	1500	1500	1460
		12.5	1500	1400	1400	1300
		15	1400	1400	1300	1300
2	1.2	10	1750	1700	1650	1600
		12.5	1600	1600	1600	1500
		15	1500	1500	1400	1400
3	1.5	10	1900	1900	1800	1800
		12.5	1800	1800	1700	1700
		15	1700	1600	1600	1500

注：传输电缆长度表示为发送或接收传输电缆长度。站间电缆长度为传输电缆长度的 2 倍，即传输电缆长度为 10km、12.5km、15km 表示站间电缆长度为 20km、25km、30km。

（4）主轨道无分路死区，调谐区分路死区不大于 5m。

（5）有分离式断轨检查性能：轨道电路全程（含主轨及小轨）断轨，有关轨道继电器可靠失磁。

6. 系统冗余方式

发送器采用"N+1"冗余，实现故障检测转换。接收器采用成对双机并联运用。

四、系统的构成

1. 系统的构成

ZPW-2000A 型无绝缘移频自动闭塞系统，与 UM71 型无绝缘移频轨道电路一样采用电气绝缘节来实现相邻轨道电路区段的隔离。电气绝缘节长度改进为 29m，电气绝缘节由空心线圈、29m长钢轨和调谐单元构成。调谐区对于本区段频率呈现极阻抗，利于本区段信号的传输及接收，对于相邻区段频率信号呈现零阻抗，可靠地使相邻区段信号短路，防止越区传输。这样便实现了相邻区段信号的电气绝缘。同时为了解决全程断轨检查，在调谐区内增加了小轨道电路。

ZPW-2000A型无绝缘轨道电路分为主轨道电路和调谐区小轨道电路两部分，调谐区小轨道电路视为列车运行前方主轨道电路的所属"延续段"。主轨道电路的发送器由编码条件控制产生表示不同含义的低频调制的移频信号，该信号经电缆通道（实际电缆和模拟电缆）传给匹配变压器及调谐单元，因为钢轨是无绝缘的，该信号既向主轨道传送，也向调谐区小轨道传送，主轨道信号经钢轨送到轨道电路的受电端，然后经调谐单元、匹配变压器、电缆通道，将信号传至本区段接收器。调谐区小轨道信号由运行前方相邻轨道电路接收器处理，并将处理结果形成调谐区小轨道电路继电器执行条件送至本区段接收器，本区段接收器同时接收到主轨道移频信号及调谐区小轨道电路继电器执行条件，判决无误后驱动轨道电路继电器吸起，并由此来判断区段的空闲与占用情况。

该系统电气-电气和电气-机械两种绝缘节结构电气性能相同，现按电气-机械结构对系统原理进行介绍，系统原理构成如图4-2-1所示，Δ为补偿间距。

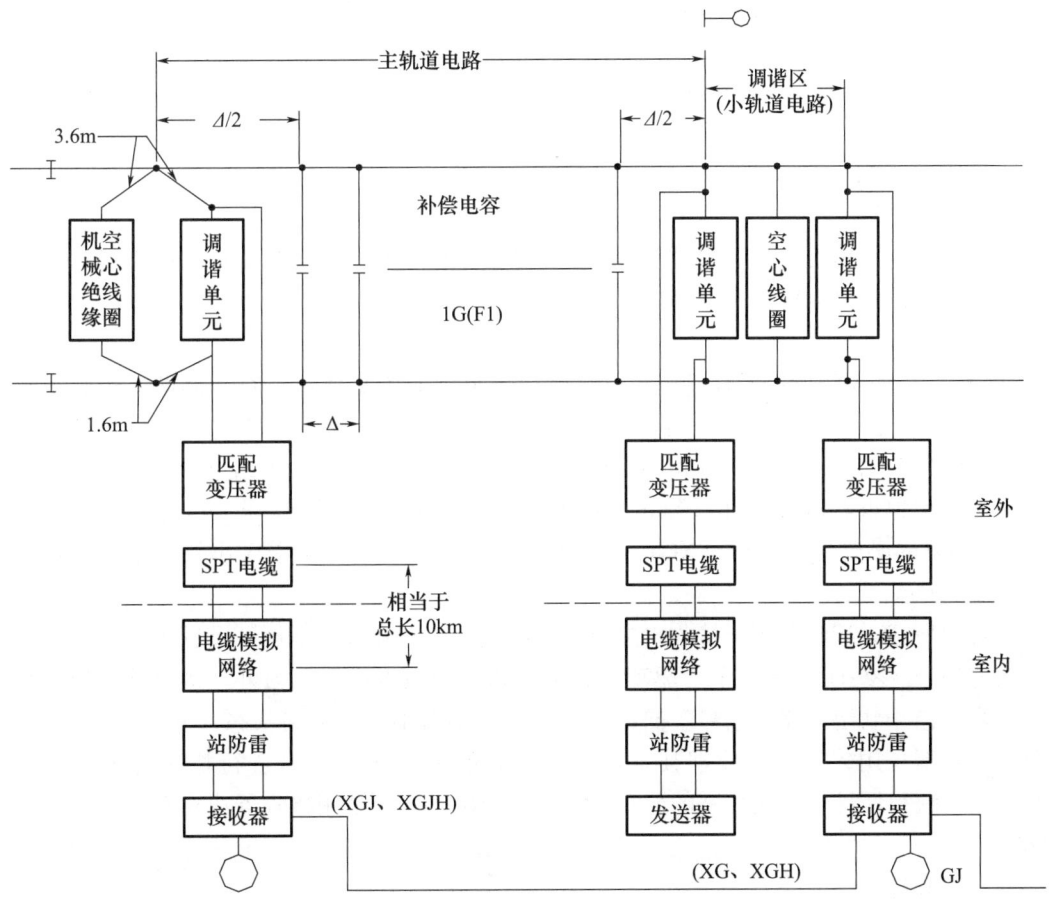

图4-2-1 电气-机械绝缘节系统原理

2. 室外部分

(1) 调谐区 (JES-JES)。

调谐区按 29m 设计，设备包括调谐单元及空心线圈，其参数与原 UM71 型无绝缘移频轨道电路参数保持一致。功能是实现两相邻轨道电路的电气隔离。

(2) 机械绝缘节。

由机械绝缘空心线圈（按载频分为 1700Hz、2000Hz、2300Hz、2600Hz 四种）与调谐单元并接而成，其节特性与电气绝缘节相同。

(3) 匹配变压器。

一般条件下，按 $0.25 \sim 1.0\Omega \cdot km$ 道碴电阻设计，实现轨道电路与 SPT 传输电缆的匹配连接。

(4) 补偿电容。

根据通道参数兼顾低道碴电阻道床传输，选择电容器容量。使传输通道趋于阻性，保证轨道电路具有良好传输性能。

(5) 传输电缆。

采用 SPT 铁路信号数字电缆，线径为 $\Phi 1.0mm$，一般条件下，电缆长度按 10km 考虑。根据工程需要，传输电缆长度可按 12.5km、15km 考虑。

(6) 调谐区设备引接线。

采用 3600mm、1600mm 钢包铜引接线，用于 BA、SVA、SVA′等设备与钢轨间的连接。

3. 室内部分

(1) 发送器。

用于产生高精度、高稳定移频信号，系统采用"N+1"冗余设计。故障时，通过 FBJ 的接点转至"+1"FS。

(2) 接收器。

ZPW-2000A 型无绝缘移频轨道电路将轨道电路分为主轨道电路和调谐区小轨道电路两个部分，并将调谐区小轨道电路视为列车运行前方主轨道电路的所属"延续段"。该"延续段"信号由运行前方相邻轨道电路接收器处理，并将处理结果形成调谐区小轨道电路轨道继电器执行条件 (XG、XGH) 送至本轨道电路接收器，作为轨道继电器 (GJ) 励磁的必要检查条件 (XGJ、XGJH) 之一。主轨道和调谐区小轨道检查原理如图 4-2-2 所示。

综上所述，接收器用于接收本主轨道电路信号，并在检查所属调谐区短小轨道电路状态 (XGJ、XGJH) 条件下，驱动本轨道电路的轨道继电器。另外，接收器还接收相邻区段调谐小轨道电路的信号，向相邻区段提供调谐小轨道电路状态 (XG、XGH) 条件。接收器采用数字信号处理技术，将接收到的两种频率信号进行快速傅里叶变换 (FFT)，获得两种信号能量谱的分布，并进行判决。系统采用接收器成对双机并联冗余方式。

(3) 衰耗。

用于实现主轨道电路、调谐区小轨道电路的调整。给出发送和接收故障、轨道占用表示及发送、接收用+24V 电源电压，发送功出电压，接收 GJ、XGJ 测试条件等。

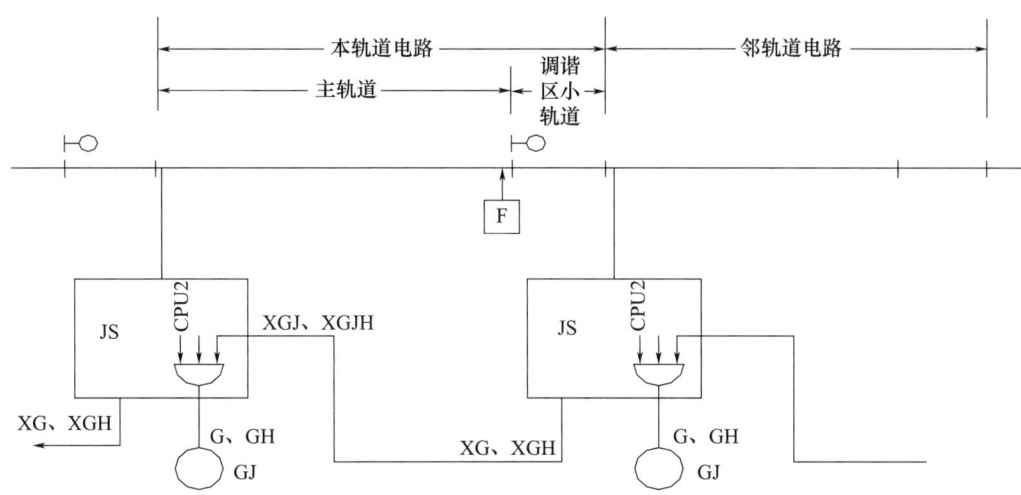

图 4-2-2 主轨道和调谐区小轨道检查原理图

(4) 电缆模拟网络。

电缆模拟网络设在室内,按 0.5×2km、0.5×2km、1×2km、2×2km、2×2km、2×2km 六段设计,用于对 SPT 电缆长度的补偿,电缆与电缆模拟网络补偿长度之和为 10km。

4. 系统防雷

系统防雷可分为室内、室外两部分。

室外:

(1) 一般防护从钢轨引入雷电信号,含横向、纵向。

横向:限制电压在 75V、10kA 以上。

纵向:

①根据设计,一般可通过空心线圈中心线直接接地进行纵向雷电防护。

②在不能直接接地时,应通过空心线圈中心线与地间加装纵向防雷元件。

③电化牵引区段考虑牵引回流不畅条件下,出现的纵向不平衡电压峰值,限制电压选在~500V、5kA 以上。

④非电化区段则只考虑 50Hz~220V 电流影响,纵向限制电压选在~280V(或~275V)、10kA 以上。

(2) 防雷地线电阻要严格控制在 10Ω 以下。

对于采取局部土壤取样不能真实代表地电阻的石质地带,必须加装长的铜质地线,具体长度需视现场情况而定。

(3) 对于多雷及其以上地区,特别是对于石质地层地区,有条件的应加装贯通地线。

在电化区段,该贯通地线为区间防雷、安全、电缆等地线以及上下行等电位连接线共同使用。该贯通地线与两端车站地网线相连接。

室内:防护由电缆引入的雷电信号。

横向:限制电压在~280V、10kA 以上。

纵向:利用低转移系数防雷变压器进行防护。

五、ZPW-2000A 型无绝缘移频自动闭塞系统电路原理

1. 电气绝缘节

(1) 作用。

电气绝缘节由调谐单元、空心线圈及 29m 钢轨组成。用于实现两相邻轨道电路间的电气隔离。

(2) 简要工作原理。

电气绝缘节长 29m，在两端各设一个调谐单元，对于较低频率轨道电路（1700Hz、2000Hz）端，设置 L_1、C_1 两元件的 F_1 型调谐单元；对于较高频率轨道电路（2300Hz、2600Hz）端，设置 L_2、C_2、C_3 三元件的 F_2 型调谐单元，如图 4-2-3 所示。

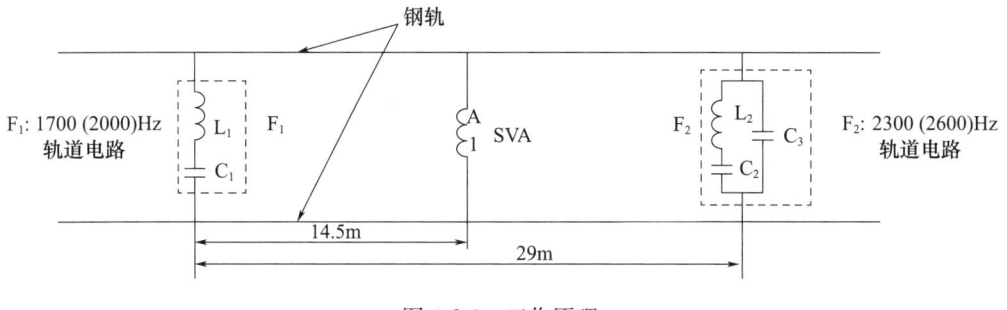

图 4-2-3 工作原理

调谐单元工作原理如图 4-2-4。

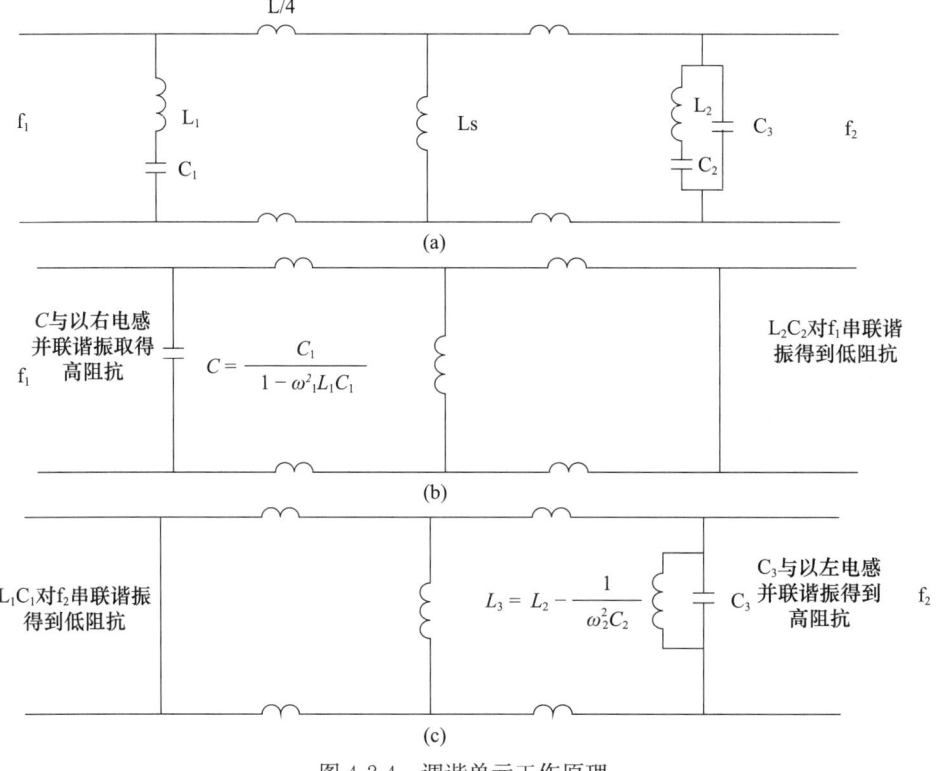

图 4-2-4 调谐单元工作原理

"f_1"(f_2)端调谐单元的 L_1C_1（L_2C_2）对"f_2"(f_1)端的频率为串联谐振，呈现较低阻抗（约数十毫欧姆），称"零阻抗"，相当于短路，阻止了相邻区段信号进入本轨道电路区段，如图 4-2-4（c）左端［图 4-2-4（b）右端］。

"f_1"(f_2)端的调谐单元对本区段的频率呈现电容性，并与调谐区钢轨、SVA 的综合电感构成并联谐振，呈现较高阻抗，称"极阻抗"（约 2Ω），相当于开路，以此减少了对本区段信号的衰耗。

2. 发送器

(1) 作用。

①产生 18 种低频信号、8 种载频（上下行各四种）的高精度、高稳定的移频信号。

②产生足够功率的输出信号。

③调整轨道电路。

④对移频信号特征的自检测，故障时给出报警及"N+1"冗余运用的转换条件。

(2) 原理示意及电原理说明。

①原理示意如图 4-2-5 所示。

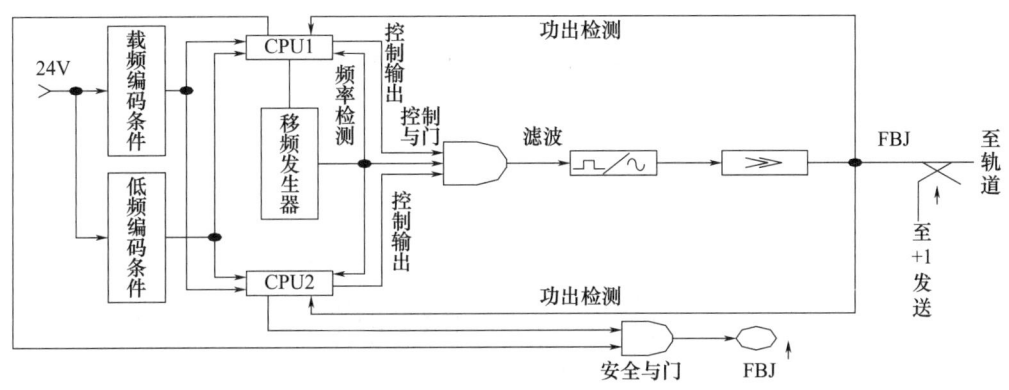

图 4-2-5　发送器原理示意

②工作原理。同一载频编码条件、低频编码条件源，以反码形式分别送入 CPU1、CPU2 中，其中 CPU1 控制移频发生器产生低频控制信号为 Fc 的移频信号。移频键控信号 FSK 分别送至 CPU1、CPU2 进行频率检测。检测结果符合规定后，即产生控制输出信号，经控制与门使 FSK 信号送至滤波环节，实现方波-正弦波变换。功放输出的 FSK 信号，送至 CPU1 和 CPU2 进行功出电压检测。CPU1 和 CPU2 对 FSK 信号的低频、载频和幅度特征进行检测，符合要求后，使发送报警继电器 FBJ 励磁，并使经过功放的 FSK 信号输出至轨道。当发送输出端短路时，经检测使控制与门有 10s 的关闭（装死或称休眠保护）。

3. 接收器

(1) 作用。

接收器接收端及输出端均按双机并联运用设计，与另一台接收器构成相互热机并联运用系统，保证接收系统的高可靠运用（图 4-2-6）。

①用于对主轨道电路移频信号的解调，并配合与送电端相

图 4-2-6　接收器外形

连接调谐区小轨道电路的检查条件，动作轨道继电器。

②实现对与受电端相连接调谐区小轨道电路移频信号的解调，给出调谐区小轨道电路执行条件，送至相邻轨道电路接收器。

③检查轨道电路完好，减少分路死区长度，还用接收门限控制实现对调谐单元断线的检查。

（2）原理示意及原理说明。

①接收器双机并联运用原理。

接收器由本接收主机及另一接收并机两部分构成（图 4-2-7），ZPW-2000A 型无绝缘移频道电路系统中 A、B 两台接收器构成成对双机并联运用，即 A 主机输入接至 A 主机，且并联接至 B 并机；B 主机输入接至 B 主机，且并联接至 A 并机。A 主机输出与 B 并机输出并联，驱动 A 主机相应执行对象（A GJ）；B 主机输出与 A 并机输出并联，驱动 B 主机相应执行对象（B GJ）。

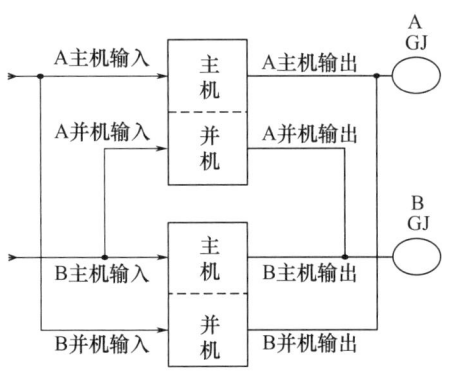

图 4-2-7 接收器双机成对并联冗余原理示意

②接收器原理示意如图 4-2-8 所示。

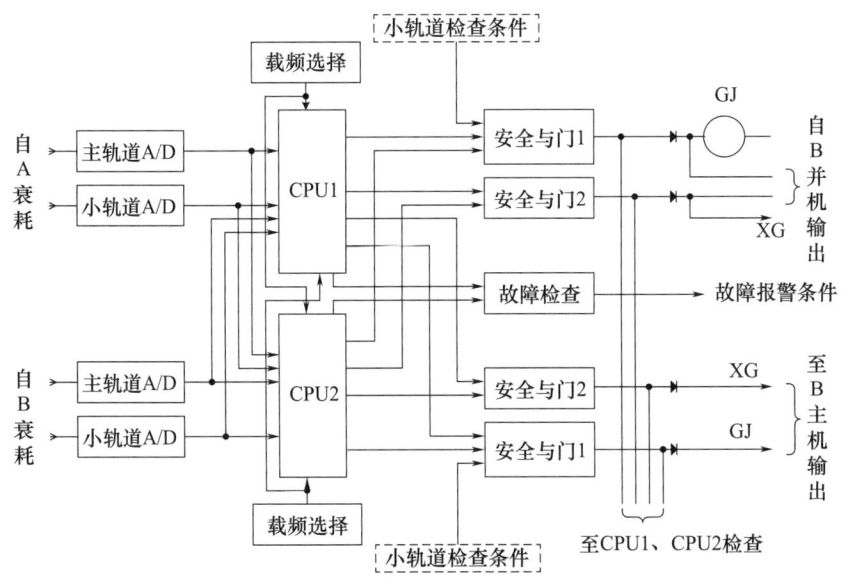

图 4-2-8 接收器原理框图

③工作原理。

A/D：模数转换器，将输入的模拟信号转换成计算机能处理的数字信号。

CPU1、CPU2：微机系统，完成主机、并机载频判决、信号采样、信息判决和输出驱动等功能。

安全与门 1～4：将两路 CPU 输出的动态信号变成驱动继电器（或执行条件）的直流输出。

载频选择电路：根据要求，利用外部的接点，设定主机、并机载频信号，由 CPU 进行判决，确定接收器的接收频率。

接收器根据外部所确定载频条件，送至两路 CPU，通过各自识别，并通信、比较确认一致，视为正常；不一致时，视为故障并报警。外部送进来的信号，分别经过主机、并机两路模数转换器转换成数字信号。两路 CPU 对外部四路信号进行单独的运算，判决处理。表明接收信号符合幅度、载频、低频要求时，就输出 3kHz 的方波，驱动安全与门。安全与门收到两路方波后，就转换成直流电压带动继电器。如果两路 CPU 的结果不一致，安全与门输出不能构成，且同时报警。电路中增加了安全与门的反馈检查，如果 CPU 有动态输出，那么安全与门就应该有直流输出，否则就认为安全与门故障，接收器也报警。如果接收器收到的信号电压过低，就认为是列车分路。

4. 衰耗盘

（1）作用。

①用于对主轨道电路的接收端输入电平的调整。

②对调谐区小轨道电路的调整含正反向。

③给出有关发送、接收用电源电压、发送功出电压、轨道输入输出 GJ、XGJ 测试条件。

④给出发送、接收故障报警和轨道占用指示灯等。

⑤在"N+1"冗余运用中实现接收器故障转换时主轨道继电器和小轨道继电器的落下延时。

⑥衰耗盘外形示意如图 4-2-9 所示。

⑦衰耗盘面板布置如图 4-2-10 所示。

图 4-2-9 衰耗盘外形

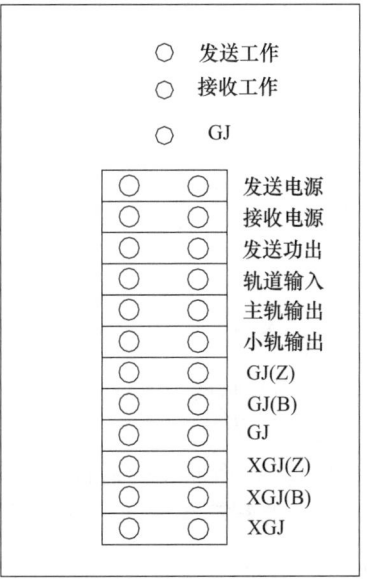

图 4-2-10 衰耗盘面板布置

测试端子的连接如下：

SK1："发送电源"接 FS+24V、024V。

SK2："接收电源"接 JS+24V、024V。

SK3:"发送功出"接发送器功出。

SK4:"轨道输入"接轨道信号输入。

SK5:"主轨输出"经 B1 变压器电平调整后输出至主轨道主机、并机。

SK6:"小轨输出"经调整电阻调整后,通过 B2 变压器送至小轨道主机、并机。

SK7:"GJ(Z)"主轨道继电器 GJ 主机电压。

5．电缆模拟网络

(1) 作用。

用于对通过传输电缆引入室内雷电冲击的防护(横向、纵向)。通过 0.5×2km、0.5×2km、1×2km、2×2km、2×2km、2×2km 六节电缆模拟网络,补偿实际 SPT 数字信号电缆,使补偿电缆和实际电缆总距离为 10km,以便于轨道电路的调整,构成改变列车运行方向电路。

(2) 电缆模拟网络盘外形如图 4-2-11 所示。

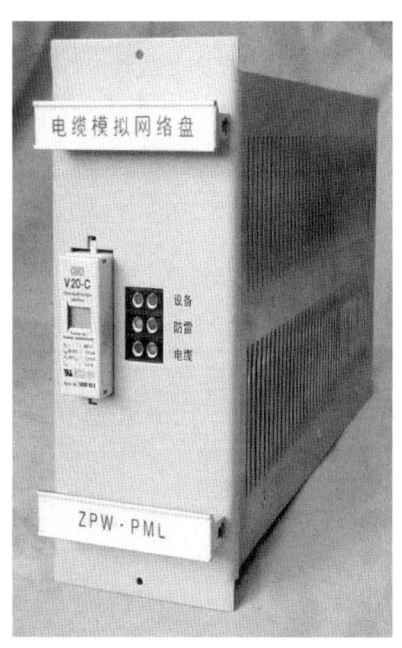

图 4-2-11　电缆模拟网络盘外形

6．补偿电容作用及原理

(1) 保证轨道电路传输距离。

由于 60kg 重 1435mm 轨距的钢轨电感为 $1.3\mu H/m$。同时每米约有几个皮法电容。对于 1700~2300Hz 的移频信号,钢轨呈现较高的感抗值。当该值大大高于道砟电阻时,对轨道电路信号的传输产生较大的影响。为此,采取分段加补偿电容的方法,以减弱电感的影响。

其补偿原理可理解为将每补偿段钢轨 L 与电容 C 视为串联谐振,如图 4-2-12 所示。

以此在补偿段入口端(A、B)取得一个趋于电阻性负载 R。并在出口端(C、D)取得一个较高的输出

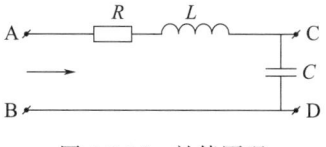

图 4-2-12　补偿原理

电平。

过去，为使补偿工作简化，曾采取每 100m 补偿一次，根据 1.5Ω·km 道碴电阻、兼顾 1700~2600Hz 载频，选取补偿电容容量为 33μF，轨道电路两端电容设置采用半截距法。以上方式对保证 UM71 型无绝缘移频轨道电路传输长度有一定的效果。

结合国情，我国轨道电路道碴电阻标准已改为 1.0Ω·km，而且南方隧道及特殊线路都存在低道碴电阻的情况，一般认为补偿电容容量与载频频率、道碴电阻低端数值、电容设置方式、设置密度、轨道电路传输作用要求等有关。

一般载频频率低，补偿电容容量大；最小道碴电阻低，补偿电容容量大；轨道电路只考虑加大机车信号入口电流，不考虑列车分路状态时，电容容量大。

为保证轨道电路电容调整，分路及机车信号同时满足一定要求时，补偿电容容量应有一个优选范围。

补偿电容设置密度加大，有利于改善列车分路，减少轨道电路中列车分路电流的波动范围，有利于延长轨道电路传输长度，但过密设置增加了成本，带来维修的不便，所以要适当考虑。

补偿电容的设置方式宜采用等间距法，即将无绝缘轨道电路两端 BA 间的距离 L 按补偿电容总量 N 等分，其步长 $\Delta = \dfrac{L}{N}$。轨道电路两端按半步长 $\left(\dfrac{\Delta}{2}\right)$，中间按全步长 (Δ) 设置电容，以获得最佳传输效果。

综上，根据载频频率、最低道碴电阻数值、轨道电路传输状态的要求，电容容量、数量、设置方法得当，将大大改善轨道电路的传输，加大轨道电路传输长度。

（2）保证接收端信号有效信干比。

由于轨道电路加补偿电容后趋于阻性，改善了轨道电路信号传输，加大了轨道入口端短路电流，减小了送受电端钢轨电流比，从而保证了轨道电路入口端信号、干扰比，改善了接收器和机车信号的工作。

（3）实现了对断轨状态的检查。

（4）保证了钢轨同侧两端接地条件下，轨道电路分路及断轨检查性能。

【任务实施】

1. 实训工具

ZPW-2000A 型无绝缘移频自动闭塞系统实训设备一套。

2. 实训内容

（1）使用万用表、移频表、钳形电流表测试 ZPW-2000A 型无绝缘移频自动闭塞系统衰耗盘各测试插孔数据。

（2）识别 ZPW-2000A 型无绝缘移频自动闭塞系统室内外设备故障现象并分析故障可能产生的原因。

（3）根据系统工作原理进行故障诊断与测试。

【任务评价】

对 ZPW-2000A 型无绝缘移频轨道电路室内外设备进行电气特性测试，并根据测试的数据与标准数据的对比，分析实际测试数据是否正常，设备是否发生故障，并对异常数据进行分析，做出故障诊断及说明。

【案例分析】

21653BG 红光带故障

1. 故障现象

某中继站 21653BG 红光带，调阅信号集中监测，发现 21653BG 发送功出电压正常，接收主轨道电路出电压只有 187mV。

2. 处理过程

按规定要点处理，调阅信号集中监测，发现受端电缆侧电压下降，判断是室外设备故障，上道处理，测试受端轨面电压比正常值低了一半左右，只有 0.88V（原始记录 1.75V），用钳形电流表测试接收端调谐匹配单元（PT）的钢包铜引入线，发现两根钢包铜引入线电流大小不一致，判断是钢包铜引入线塞钉接触不良，紧固接收端调谐区钢包铜引入线（等阻线）塞钉螺帽，夯实敲紧塞钉头后故障消失。夜间利用天窗点重新在钢轨打孔倒角，打上塞钉式钢包钢引入线。

3. 原因分析

接收轨面电压比正常值低了一半左右，由 1.75V 下降至 0.88V，怀疑塞钉孔生锈，列车经过震动造成接触不良，或者补偿电容短路及轨道有短路现象，但通过逐项检查测试补偿电容和道砟电阻，没有发现有漏泄、短路现象。ZPW-2000A 型无绝缘移频轨道电路区间轨道采用的是电气绝缘节，高速铁路调谐匹配单元（或者普速铁路调谐单元）对本区段形成并联谐振，呈现"极阻抗"，获得电压。由于钢包铜引入线（等阻线）接触不良，并联谐振失谐，对邻区段的调谐匹配单元"串联谐振"起作用，呈现"零阻抗"，受端短路，从而使轨入电压下降。

项目五　列控系统

【项目描述】

本项目通过对列控系统发展、列控系统关键技术、列控系统设备的组成与功能、列控系统分级应用以及 CTCS2、CTCS3 级列控系统等进行描述和分析，并结合简单案例教学，要求学生掌握各级列控系统技术原则、设备的组成、设备功能、工作模式、设备接口、系统应用等内容，树立创新意识、爱国敬业意识、"安全第一"的责任意识，养成遵章守纪的工作作风。

任务一　列控系统概述

【任务目标】

◎技能目标
1. 能正确识别列控系统各组成部分。
2. 能正确区分各级列控系统。

◎知识目标
1. 掌握列控系统含义、组成和功能。
2. 了解列控系统的关键技术。
3. 了解列控系统的发展过程。

【任务描述】

本任务主要结合我国列控系统的发展对机车信号、自动停车装置、列车自动防护系统、CTCS 分级，以及 CTCS 的组成、功能和关键技术进行介绍，要求学生能够明确区分各级列控系统的特点和应用线路，以及树立自主探究学习的意识和"安全第一"的责任意识。

【任务知识】

列控系统是我国铁路提速线路和客运专线保证列车行车安全、提高列车运行效率的重要技术装备，它以技术手段对列车运行速度、运行间隔进行实时控制，同时能够减轻司机劳动强度、改善工作条件，提高乘客舒适度。

一、列控系统的发展

我国铁路结合既有铁路线提速和高速铁路建设，进行总体规划，系统设计，分步实施，积极发展CTCS。

我国列控系统经历了从地面人工信号、地面自动信号、机车信号、自动停车装置（ZTL）、ATP系统到CTCS的发展历程。

1. 机车信号

我国铁路早期对列车运行的控制完全由司机根据地面信号显示人工完成。由于地面信号显示有时会受到自然环境（如雾、风沙、大雨雪等）的影响以及地形的限制，难以做到全天候连续不断地显示。这样必然会影响司机的正常驾驶，可能造成列车降速运行，甚至有产生冒进信号的危险。因此，必须在司机室内加装机车信号。

列车运行时，通过机车上的传感器接收列车运行前方轨面上的轨道电路信息，经译码保证机车信号机能复示前方地面信号的显示。司机行车时，以列车运行前方地面信号显示为主，以机车信号显示为辅。

通用式机车信号系统，是机车在多种不同信号制式的轨道上运行时都可以应用的通用化的机车信号设备。早期的通用式机车信号系统采用CPU控制，20世纪90年代初，数字化通用式机车信号系统开始开发并大量推广应用。通用式机车信号系统的组成如图5-1-1所示。

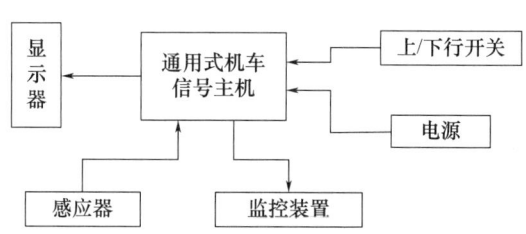

图 5-1-1 通用式机车信号系统的组成

由图5-1-1可以看出，通用式机车信号系统主要包括机车信号感应器、通用式机车信号主机以及信号显示机构等几部分。通用式机车信号主机将接收到的来自轨道电路的能反映闭塞分区和列车运行状况的连续信息，进行信息处理和译码，并将译解结果显示于信号显示机构，同时，还可以通过相应接口为监控装置实施自动停车和超速防护等提供所需信息。

机车信号有色灯显示和速度显示两种方式，常见到的是色灯显示。机车信号色灯显示与地面信号机有对应关系。例如，机车信号色灯显示机构显示一个绿色灯光，表示准许列车按规定速度运行，同时表示列车接近的地面信号机显示绿色灯光；机车信号色灯显示机构显示一个半红半黄灯光，表示要求及时采取停车措施，同时表示列车接近的地面信号机显示红色灯光；机车信号色灯显示机构显示白色灯光，表示不复示地面信号机显示，机车乘务人员按地面信号机的显示运行；等等。

我国铁路把国产移频制式、UM71无绝缘移频制式的低频频率进行了分配，定义了14个信息，机车信号设备可适用于范围内规定的各种区段。国产移频自动闭塞系统各个低频信息对应的机车信号显示如表5-1-1所示。

表 5-1-1　国产移频自动闭塞系统各个低频信息对应的机车信号显示

序号	1	2	3	4	5	6	7
信息名称	L3 码	L2 码	L 码	LU 码	LU2 码	U 码	U2S 码
机车信号显示	L 绿	L 绿	L 绿	LU 绿黄	U 黄	U 黄	U2S 黄 2 闪
频率（Hz）	9.5	8.5	11	13.5	12.5	15	17.5
地面信号显示	L	L	L	L	L	LU	LU 或 U
序号	8	9	10	11	12	13	14
信息名称	U2 码	U3 码	UUS 码	UU 码	HB 码	HU 码	H 码
机车信号显示	U2 黄 2	U 黄	UUS 双黄闪	UU 双黄	HUS 红黄闪	HU 红黄	H 红
频率（Hz）	16.5	18.5	21.5	20	24.5	26	23.5
地面信号显示	LU 或 U	U	U	U	U	U	H

通用式机车信号系统解决了我国铁路自动闭塞制式不统一导致机车信号制式不统一的问题，又由于其高可靠性，得到了广泛应用。随着列车运行速度的提高，我国列控系统又提出了机车信号主体化的需求，CTCS-1 级列控系统采用主体化机车信号。

2. 自动停车装置

机车信号只是对地面信号的复示，并不能从根本上保证列车的运行安全。随着列车运行重大事故的不断出现，在总结教训的基础上我国铁路在机车信号基础上加装了列车自动停车装置。该装置与机车信号的显示发生联系。机车上加装列车自动停车装置后，当列车运行前方地面信号显示红灯、机车信号显示禁止信号时在司机室内构成音响报警。司机应在规定时间内通过按压警惕按钮做出反应。如果司机失去警惕、精神不集中，未按压警惕按钮和采取有效制动措施，当报警时间超过规定时间后，自动停车装置将打开列车制动系统内的放风阀，强迫列车自动停车。

自动停车装置的使用有效地消除了因司机失去警惕而造成的列车冒进信号。但是由于自动停车装置存在警惕按钮，司机在不清醒状态下，若习惯性地按压警惕按钮，仍会使自动停车装置不起作用。此外，自动停车装置报警时，司机在操纵列车的同时还必须兼顾按压警惕按钮，给司机的正常操作带来一定的影响。

3. 列车运行监控记录装置（LKJ）

列车自动停车装置功能简单，使用中并未能与列车运行中的速度控制发生联系。为有效地控制列车运行速度，减少列车超速或冒进信号引起的事故，必须要开发研制 ATP 系统。

在我国铁路 ATP 系统开发和探索期间，全国有多家单位研制出了列车运行监控记录装置。1995 年 LKJ-93 型研制成功，通过铁道部技术鉴定并在全国迅速普及，之后 LKJ-93 型改进为 LKJ-2000 型。随着列车运行监控记录装置的出现，我国铁路列车自动停车装置淘汰，到 20 世纪 90 年代末，几乎所有机车都安装使用了列车运行监控记录装置，范围遍及国家铁路所有运营线路。

列车运行监控记录装置的主要功能是监控列车运行速度，在司机欠清醒或失控的情况下，对列车实施紧急制动。同时起到"黑匣子"的作用，记录列车运行、机车运用及司机操作。列车运行监控记录装置对保证列车安全，改善对司机、机车的管理发挥了积极的作用。

但是，由列车运行监控记录装置构成的列车超速防护的地面数据不是由地面实时传递的，而是预先储存在机车上，随着列车运行按列车坐标提取。运行中机车要不断对标，一旦发生对标错误将危及行车安全。同时列车运行监控记录装置的监控部分不符合列车超速防护系统所要求的故障-安全原则，只能作为一种过渡设备使用。

4. ATP 系统

ATP 系统是信号控制系统非常重要的组成部分，它为列车行驶提供安全保障，有效降低列车驾驶员的劳动强度，提高行车作业效率。

ATP 系统是指列车能根据自身的运行速度和前方列车位置及线路状态对采取制动操作的时机做出逻辑判断，对列车运行速度进行实时控制的技术。

随着列车速度的提高，当判断时间内列车走行距离不能小于制动距离时，便会构成不安全因素，必须靠 ATP 系统去控制列车运行。2006 版《铁路技术管理规程》第 95 条规定"最高运行速度不超过 160km/h 的列车，机车信号设备与列车运行监控记录装置结合使用，或采用列车超速防护系统。最高运行速度超过 160km/h 的列车，应采用列车超速防护系统"。我国铁路第六次大提速，列车运行时速超过 160km 的动车组均已装备了 ATP 系统。

为此，20 世纪 90 年代初在京广线郑州-武汉段电气化改造工程中，引进了 TVM300 带速度监督的机车信号系统，它是和 UM71 型无绝缘移频轨道电路配套使用的 ATP 系统。在广深准高速工程中，采用了具有 UM71 型无绝缘移频轨道电路与移频制式兼容功能的 ZLSK 型准高速客车速度分级控制系统。在川黔线进行过引进瑞典 ABB 公司的点式 ATP 系统试验。2003 年在秦沈客运专线上采用基于 UM2000 型数字轨道电路的 TVM430 型列控系统，由 UM2000 型数字轨道电路提供地面信息，包含闭塞分区长度、曲线坡度、监控速度等，实现速度-距离模式曲线方式控制列车运行。2006 年在青藏线采用增强型列控系统 ITCS。ITCS 是基于无线传输的虚拟自动闭塞及超速防护系统，在较大车站采用计算机联锁，中、小车站及区间不设轨道电路和信号机，室外仅有转撤机和相应的电缆。

但是，在第六次大提速前，就全国铁路而言，还没有建立起完整的列控系统。

5. CTCS

2003 年，铁道部组织全路有代表性的信号控制专家组成专家组，参照 ETCS 欧洲列检标准，研究制定了我国列控系统发展装备暂行技术标准，即《中国列车运行控制系统 CTCS 技术规范总则（暂行）》。

2007 年 4 月 18 日中国铁路第六次大提速，CTCS 在主要干线正式应用，开行时速 200km 及以上的动车组，从此拉开了中国高速铁路发展的大幕。作为铁路信号安全卫士，CTCS 肩负着保证高速列车运行安全的重要使命。截止到 2018 年底，CTCS 已经遍及全国 18 个铁路局集团公司的客运专线，总运营里程达 29000km。

二、列控系统的组成

列控系统包括地面设备和车载设备。地面设备主要检查列车在区间的位置，形成速度信号，向列车传送允许速度、线路参数等信息。车载设备根据接收到的地面信息、列车特性，计算列车制动模式曲线，控制列车运行状态。CTCS 的组成如图 5-1-2 所示。

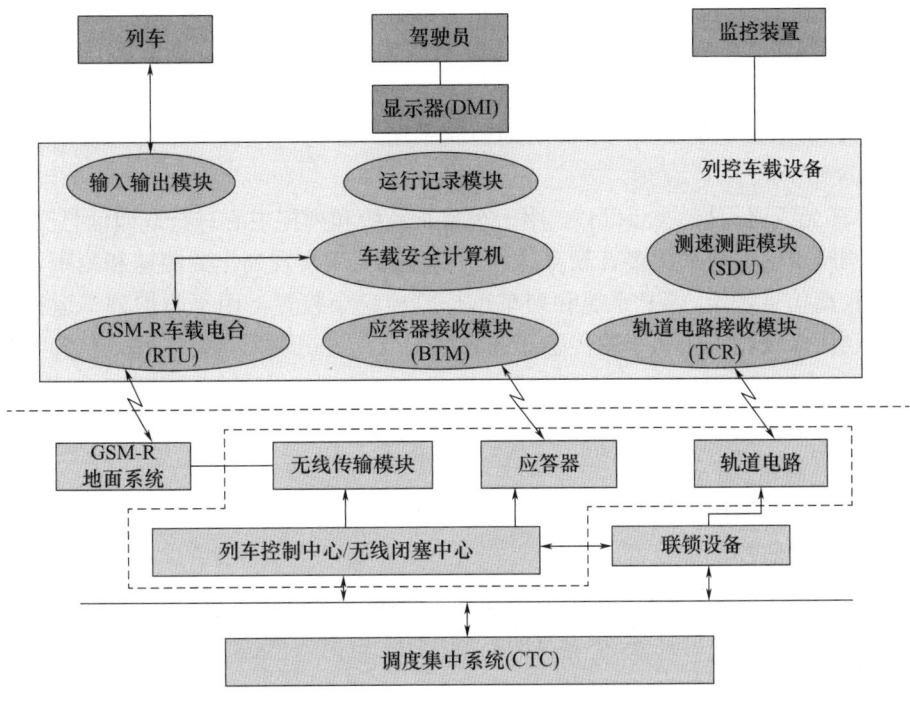

图 5-1-2　CTCS 的组成

CTCS 有两个子系统，即地面子系统和车载子系统。

1. 地面子系统

地面子系统可由以下部分组成：CTC 系统，应答器、轨道电路、无线通信网络（GSM-R）、列控中心、无线闭塞中心。其中 GSM-R 不属于 CTCS 设备，但是 CTCS 的重要组成部分。

CTC 系统设于调度指挥中心，实现了行车指挥自动化，实现了对调度指挥中心管辖区段内的车站信号、道岔等设备和进路的集中控制。

车站列控中心是基于安全计算机的控制系统，它根据地面子系统或来自外部地面系统的信息，如轨道占用信息、联锁状态等产生列车行车许可命令，并通过车地信息传输系统传输给车载子系统，保证列控中心管辖范围内列车的运行安全。

车站无线闭塞中心根据列车数据、轨道电路、联锁进路等信息生成行车许可，并通过 GSM-R 无线通信系统将行车许可、线路参数、临时限速等信息传输给 CTCS-3 级车载设备；同时通过 GSM-R 无线通信系统接收车载设备发送的位置和列车数据等信息。

车站联锁设备保证车站列车运行的安全，并提升车站通过能力。

轨道电路具有轨道占用检查、沿轨道连续传送地车信息功能。

应答器是向车载子系统发送报文信息的传输设备，既可以传送固定信息，也可连接轨旁单元传送可变信息。

无线通信网络（GSM-R）是车载子系统和车站无线闭塞中心进行双向信息传输的车地通信传输平台。

2. 车载子系统

车载子系统由几部分组成：车载 ATP 系统、GSM-R 无线通信模块（RTU）、测速测距单元（SDU）、应答器传输模块、轨道电路读取器（TCR）、列车运行监控记录装置、司法记录器。

车载 ATP 系统是基于安全计算机的控制系统，通过与地面子系统交换信息来控制列车运行。

GSM-R 无线通信模块（RTU）用于车载子系统和列控中心进行双向信息交换。

测速测距单元一般采用多普勒雷达和车轮传感器来实现列车的测速和测距，所得到的速度和距离信息送给 ATP 系统和列车运行监控记录装置，用于防护列车运行。车载列控设备利用多普勒雷达和车轮传感器的数据配合，可识别列车发生的"空转"和"滑行"现象。

应答器传输模块用于接收地面地面应答器传输的信息，并通过解码后传送给车载 ATP 系统。

轨道电路读取器用于接收地面轨道电路传输的信息，并通过解调传送给车载 ATP 系统和列车运行监控记录装置。

列车运行监控记录装置具有速度防护功能，装备于 CTCS-0/1/2 级列车上。在 CTCS-0/1 线线路上由列车运行监控记录装置防护列车运行；在 CTCS-2 级线路上由 ATP 系统防护列车运行。

司法记录器将无线闭塞中心所有状态以及列车报告的数据和状态记录下来，以备分析检查。

DMI 和 MMI 分别是 ATP 系统和 LKJ-2000 型列车运行监控记录装置的人机界面，为列车运行提供数据以及图形显示，同时为机车乘务员提供数据输入功能。

三、列控系统的主要功能

1. 基本功能

（1）检查列车的位置。

（2）形成速度信号，按列车安全制动距离自动调整列车运行追踪间隔。

（3）根据接收地面中心信息以及车载设备实时处理，车载设备应连续向司机显示以下行车内容：目标速度、目标距离、允许速度、实际速度。

（4）按速度或目标距离信号控制列车制动，防止列车运行速度超过线路允许速度、道岔侧向规定速度以及列车构造速度，保证列车行车安全，超速时由列控设备自动实行减速或制动停车。

（5）防止列车冒进关闭的禁止信号机（或点）。

（6）监督列车以低于 30km/h 的速度进行出入库作业。

还有下列其他辅助报警显示：超速、制动、缓解、故障。

2. 其他安全功能

为保证高速铁路列车的安全运行，列控系统还应具备下列安全防护检测设备的接口，将其纳入列控系统进行统一管理，构成完整的列车安全运行体系。

（1）环境状况监督。强风、雨、雪检测器及立交处防落物检测器产生的报警信号，被传输给车站和区段调度所。列控系统根据这些信息发出限速或停车指令。

(2) 列车状态检测。轴温检测器产生的报警信号传到车站和区段调度所。列控系统根据这些信息进行处理，通过点式传输，将轴温报警信息传送给列车。

(3) 人员和设备防护。在施工或发生事故时，通过局部操作或车站或区段调度所控制，使列控系统发出各种防护或限速命令，对设备或人员进行安全防护。

(4) 列控系统不仅具有列车速度控制功能，根据需要，其控制中心还应对所辖区间内渡线道岔及中间小站道岔进行控制，实现信号基础安全设备一体化。

(5) 设备维护功能。对列控地面设备状态进行监督管理，存储设备故障信息，将设备故障及报警信息传到区段调度所或车站操作员处。

四、列控系统分级

1. 系统分级

借鉴 ETCS 建设经验，结合我国铁路运输特点和既有信号设备制式，考虑未来发展，制定了我国列控系统 CTCS 技术标准，CTCS 分为 CTCS-0、CTCS-1、CTCS-2、CTCS-3、CTCS-4 级五个级别。

CTCS-0 级为既有线的现状，是由通用式机车信号和列车运行监控记录装置组成的系统。

CTCS-1 级由主体化机车信号、安全型列车运行监控记录装置组成，适用于列车时速 160km 以下区段。在既有设备基础上强化改造，达到机车信号主体化要求，增加点式设备，实现列车运行安全监控功能。

CTCS-2 级是基于轨道电路和应答器传输列车行车许可信息的系统，是采用目标距离模式曲线监控列车安全运行的列控系统。既有线 200km/h 提速改造和 200~250km/h 高速客运专线采用 CTCS-2 级列控系统。机车乘务员凭车载信号行车。

CTCS-3 级是基于无线（GSM-R）传输信息，并采用轨道电路等方式检查列车占用的列控系统，为 300~350km/h 高速铁路线路采用的列控系统，机车乘务员凭车载信号行车。

CTCS-4 级则是完全基于无线（GSM-R）传输信息的列控系统。地面可取消轨道电路，实现虚拟闭塞或移动闭塞。

2. 级间关系

系统车载设备向下兼容。系统级间转换应自动完成。系统地面、车载配置如具备条件，在系统故障条件下应允许降级使用。系统级间转换应不影响列车正常运行。系统各级状态应有清晰的表示。

五、列控系统的关键技术

1. 列车定位技术

列车定位方法包括轨道电路（计轴器）法、测速测距法、应答器法、卫星定位法和交叉环线定位法等。

(1) 轨道电路（计轴器）法。

通过轨道电路（计轴器）的区段被列车占用的情况，对列车进行定位。此方法简单易行，但定位精度与区段的长度有关。

（2）测速测距法。

常见的测速方法有轮速里程表法（脉冲速度传感器）、多普勒雷达法和测速发电机法。从一个基准点开始，根据计算列车的走行距离，对列车进行定位，其误差随着走行距离的增加而增加。

（3）应答器法。

应答器安装于线路上，可以反映线路的绝对位置，列车可以通过接收到的应答器信息进行定位，但其误差就是两个应答器的间距。

（4）卫星定位法。

卫星定位法是根据接收卫星发射的信息，测量卫星信号发射和接收的时间间隔，计算出接收点到卫星的距离，确定接收点的地理位置。

（5）交叉环线定位法。

轨道感应环线的两根电缆每隔1个轨道长度（100m）要相互交织一次，交织回线将交变电信号送到沿线路铺设的交织回线上，在回线上产生交变电磁力场，车载设备在经过每个交织时可以检测到信号相位的变化，当列车驶过1个交织点时，利用信号相位的变化引发地址码加1，由车载计算机按照地址码计算出列车的具体位置，就能够用绝对地址信息对机车里程计产生的定位记载进行偏差修正，减少由于车轮滑行及空转造成的位置偏差。

在 CTCS-2 和 CTCS-3 级列控系统中普遍采用测速测距法和应答器法相结合的方法，即通过测速测距法确定列车走行距离，以应答器绝对位置作为基准点进行位置校准，修正累积误差，提高定位精度。

2. 地车信息传输技术

常见的车地传输方式主要分为两大类，一类是点式传输方式，另一类是连续式传输方式。点式传输方式常见的有应答器和感应环线；连续式传输方式常见的有轨道电路、轨道电缆以及无线传输等方式。中国铁路使用的车地传输方式主要为轨道电路、应答器和无线传输 GSM-R。

（1）轨道电路。

在 CTCS-2 和 CTCS-3 级列控系统中应用 ZPW-2000（UM）系列轨道电路，实现列车占用检测完整性检查，以及连续向列车传送运行前方闭塞分区空闲数、道岔侧向进路等信息。新改造线路和新建线路主要使用这种制式。站内正线及侧线股道轨道电路采用与区间同制式的轨道电路。

ZPW-2000 系列移频自动闭塞在 UM 系列无绝缘轨道电路国产化基础上，进一步提高系统安全性，对系统传输性能及系统可靠性进行技术再开发，保持了 UM 系列无绝缘轨道电路整体结构的优势，并在传输安全性、传输长度、系统可靠性以及技术性价比上，都有了提高，同时降低了工程造价。

ZPW-2000 系列轨道电路以移频轨道电路为基础，选用载频率参数作为控制信息，采用频率调制的方法，把低频信息（FC）调制到较高频率（载频 f_0）上，以形成振幅不变，频率随低频信息做周期性变化的调制信号。此信号用两根钢轨作为传输通道来控制通过信号机的显示，达到自动指挥列车运行的目的。

ZPW-2000 系列移频自动闭塞载频中心频率 f_0 选为 1700Hz、2000Hz、2300Hz、2600Hz 四种。在双线区段，上行线采用 1700Hz、2300Hz，下行线采用 2000Hz、2600Hz。定义了 18 种低频信息，ZPW-2000 低频信息为 L5 码、L4 码、L3 码、L2 码、L 码、LU 码、LU2 码、U 码、U2S 码、U2 码、UUS 码、UU 码、HB 码、HU 码、H 码。

（2）应答器系统。

应答器是一种可以发送数据报文的点式高速数据传输设备。用于在规定地点实现车-地数据交换，为列车运行提供所需的信息，确保列车运行状态下的安全。应答器系统由应答器传输模块（包括车载天线、天线电缆）和地面应答器两部分组成。通常情况下，应答器传输模块安装在机车上，应答器安装在地面上。

地面应答器安装于两根钢轨中心轨枕上，不要求外加电源，平时处于休眠状态，仅靠瞬时接收车载天线的功率而工作，并能在接收车载天线功率的同时向车载天线发送编码信息。当列车经过应答器上方时，应答器接收到车载天线发射的电磁能量后，将其转换成电能，激活其中的电子电路，把存储在应答器中的数据报文循环发送出去，直至电能消失。

车载天线将接收到的数据报文传送给应答器传输模块，经过滤波、放大、解调后，对接收到的数据报文进行解码，得到用户报文，然后发给列控车载设备。车载天线是一个双工的收发天线，既要向地面连续发送 27.095 MHz 的高频电磁能量（连续波），以激活地面应答器，又要接收应答器发送的中心频率为 4.234 MHz 的 FSK 调制的报文。

应答器分为有源应答器和无源应答器两种。无源应答器用于发送固定不变的数据，用于提供线路固定参数，如线路坡度、线路允许速度、轨道区段参数、链接信息等。这些数据只能通过报文读写专用工具（BEPT）进行写入、读出、校核或修改。有源应答器与地面电子单元连接，可实时将地面电子单元的报文发送给应答器传输模块。当与地面电子单元通信故障时，有源应答器发送预先存储在应答器中的默认报文。

（3）GSM-R 系统。

GSM-R 系统工作在 900 MHz 频段，应用于铁路，主要提供话音通信和数据通信业务，无线传输具有信息量大、双向传输、通用及兼容性强等特点。

为适应高速铁路应用，采用了适合高速环境的特殊算法以及基于无线通信的列车控制等关键技术，能满足国际铁路联盟提出的高速铁路应用要求。

采用 GSM-R 电路交换数据通道和通用分组无线业务（GPRS）的数据通道，可以为铁路运输指挥提供数据通信业务。例如，列控系统中车地列控信息传送、机车同步控制信息传送、调车无线机车信号和监控信息传送等数据传输业务，基于通用分组无线业务的数据通道的列尾信息传送、调度命令传送、无线车次号传送、进站停稳信息传送、接车进路信息传送、应急通信静止图像传送、铁路公安传真照片传送等数据通信业务。

另外，在旅客服务信息、车站/编组站综合移动信息系统、机车工况信息传输、牵引工况信息传输、线路监测状态传输和 GSM-R 场强监视等数据通信业务中的应用也逐步开展。

（4）安全计算技术

列控系统的地面设备、车载设备均基于安全计算机平台。安全计算机的安全完善性等级（SIL）为4级。系统的功能由软硬件共同完成。

【任务实施】

各级列控系统对比分析

1. 实训工具

各级列控系统的相关技术资料。

2. 实训内容

对比分析 CTCS-0、CTCS-1、CTCS-2、CTCS-3 与 CTCS-4 级列控系统在车载设备、地面设备、车-地信息传输、闭塞方式、轨道数据来源及应用线路等方面的异同。认真阅读相关的技术资料，并完成表 5-1-2 内容的填写。

表 5-1-2　各级列控系统对比分析表

应用等级	CTCS-0	CTCS-1	CTCS-2	CTCS-3	CTCS-4
车载设备					
地面设备					
控制模式					
制动方式					
地对车信息传输					
闭塞方式					
轨道占用检查					
轨道数据来源					
线路数据来源					
应用线路					

【任务评价】

要求学生分组进行资料学习分析总结，然后正确写出各项目内容，如能正确写出各个等级列控系统的车载设备名称。同时考核学生的沟通表达能力及团队合作精神。

【案例分析】

温州动车事故

1. 事故概况

2011年7月23日20：30左右，北京南站开往福州站的 D301 次动车组列车运行至甬温线上海铁路局管内永嘉站至温州南站间双屿路段，与前行的杭州站开往福州南站的 D3115 次动车组列车发生追尾事故，后车四节车厢从高架桥坠下。此次事故已确认共有六节车厢脱轨，即 D301 次列车第1至第4位，D3115 次列车第15、第16位。造成40人死亡、172人受伤，中断行车 32h35min，直接经济损失 19371.65 万元。事故现场如图 5-1-3 所示。

图 5-1-3 温州动车事故现场

2. 事故分析

7月23日20：34，D3115次动车遭到雷击后失去动力停车。温州南站信号设备设计存在缺陷，遭雷击发生故障后，本应该显示红灯的区间信号机错误显示为绿灯，没有给后车提供应有的信号，相关调度人员也没有发出预警，引发追尾事故。

任务二 CTCS-2 级列控系统认知

【任务目标】

◎技能目标
1. 能够识别 CTCS-2 级列控系统设备各组成部分，说出设备的工作原理。
2. 能够说出 CTCS-2 级列控系统工作模式的应用场景。
3. 能够判断 CTCS-2 级列控设备是否正常运行，并知悉人机界面显示内容及含义。
◎知识目标
1. 掌握 CTCS-2 级列控系统的设备工作原理。
2. 了解 CTCS-2 级列控系统主要系统功能、互联互通原则、技术原则。

【任务描述】

本任务主要通过对 CTCS-2 级列控系统结构组成及功能、工作原理、互联互通基本原则、技术原则、系统控制方式和工作模式进行介绍，要求学生知晓系统特点，识别系统设备组成，掌握 CTCS-2 级列控系统各设备间的联系和工作原理，明白系统工作模式应用，同时能够树立创新意识和爱国敬业意识。

【任务知识】

列控系统设备等级根据线路允许速度选用。CTCS-2 级列控系统适合于 200～250km/h 线路，CTCS-2 级列控系统基于轨道电路和点式应答器传输行车许可信息，采用目标距离连续速度控制模式监控列车运行。它适用于各种限速区段，机车乘务员凭车载信号行车。当列控车载设备故障时，可按列车运行监控记录装置行车，速度不超过160km/h。

一、CTCS-2级列控系统结构组成及功能

CTCS-2级列控系统由列控车载设备和地面设备组成。地面设备又分轨旁设备和室内设备两部分，其总体结构如图5-2-4所示。

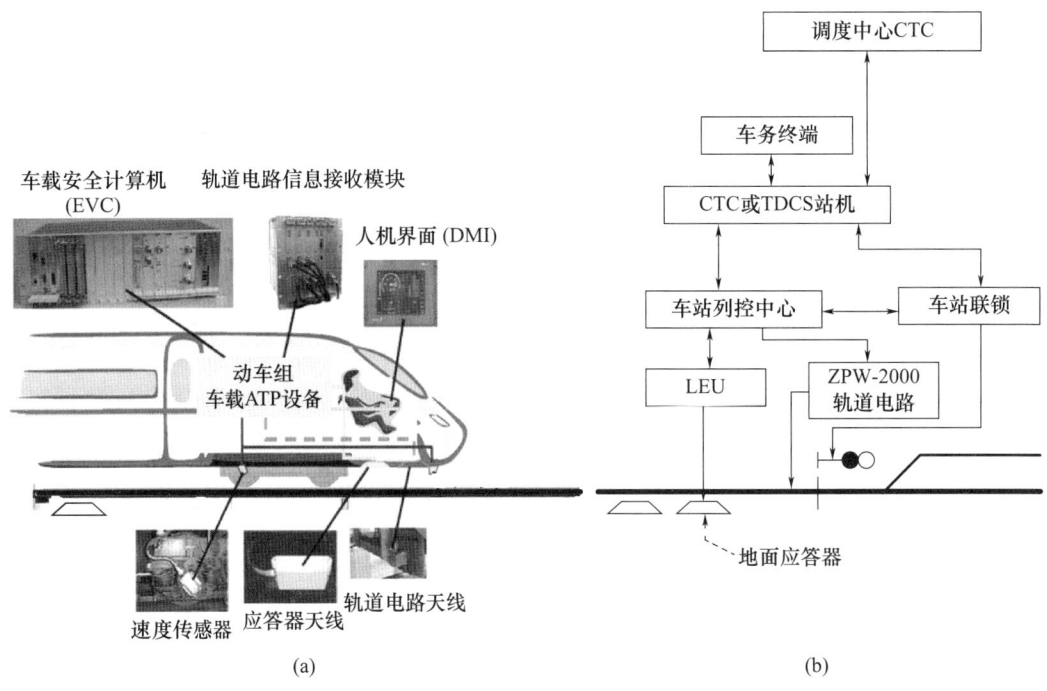

图5-2-1 CTCS-2级列控系统构成

1. 地面设备

列控地面设备由列控中心、临时限速服务器、ZPW-2000系列轨道电路、应答器等设备组成。

（1）列控中心。

设于各车站的列控核心安全设备，硬件设备结构要求与车站计算机联锁相同，采用联锁列控一体化结构。它与车站联锁、CTC系统/TDCS设备接口，根据调度命令、临时限速信息、列车占用情况及进路状态，通过对轨道电路及可变应答器信息的控制产生行车许可信息，以及进路相关的线路静态速度曲线，并传送给列车。

（2）临时限速服务器。

集中管理列控限速调度命令，具备列控限速调度命令的存储、校验、撤销、拆分、设置、取消等管理功能，具备列控限速设置时机的辅助提示功能。

临时限速是指线路固定限速以外的具有时效性的限速，包括施工、维修引起的计划性限速，自然灾害、设备故障引起的突发性限速等。临时限速命令应由调度中心统一下达，通过CTC系统/TDCS向临时限速服务器下达。临时限速服务器根据调度员的临时限速操作命令，在校验、拆分后向各车站列控中心传递临时限速信息，分配和集中管理临时限速指令，保证施工限速计划的顺利实施。车站列控中心负责将命令通过有源应答

器传递给 CTCS-2 级车载设备。

（3）ZPW2000 系列轨道电路。

完成列车占用检测及列车完整性检查，连续向列车传送行车许可，前方空闲闭塞分区数量、车站进路速度。

（4）应答器。

应答器分为无源应答器和有源应答器两种类型。无源应答器设于闭塞分区入口和车站进、口处，用于向列车传输闭塞分区长度、线路速度、线路坡度、列车定位等静态信息。有源应答器设置于车站进、出口处，向列车传输接车进路参数、临时限速等信息。

2. 车载设备

（1）车载设备组成。

列控车载设备主要由车载安全计算机（VC）、轨道电路信息接收模块（STM）、应答器传输模块、列车接口单元（TIU）、记录单元（DRU）、人机界面（DMI）、测速测距单元等部件组成。各关键设备均采用冗余配置。车载设备组成如图 5-2-5、图 5-2-6 所示。

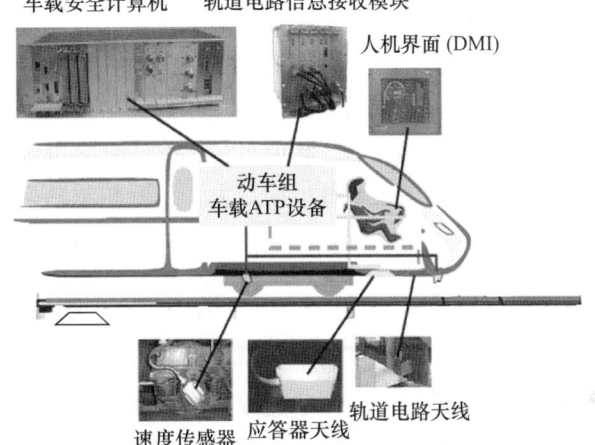

图 5-2-2　车载设备组成

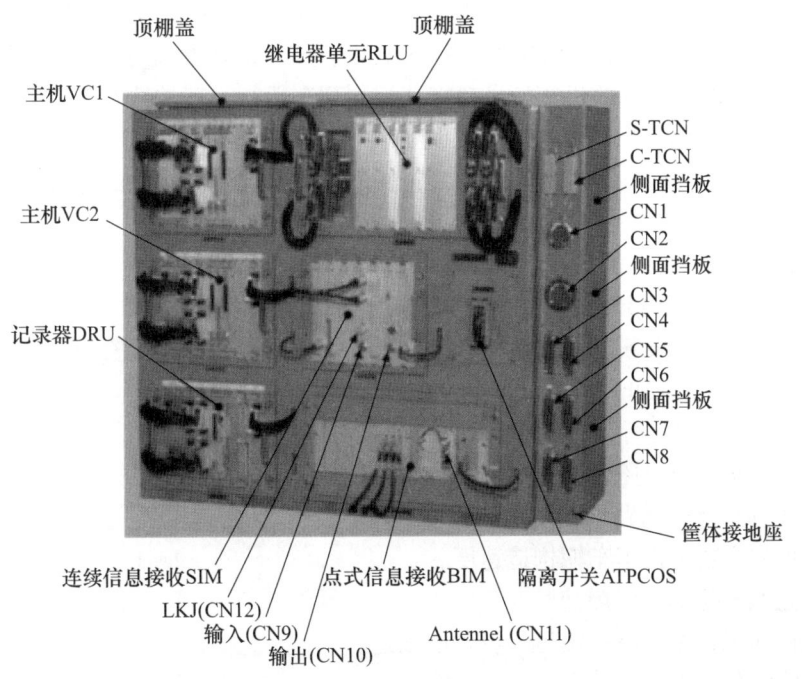

图 5-2-3　车载列控系统主体装置

车载设备根据地面设备提供的信号动态信息、线路静态参数、临时限速信息及有关动车组数据，生成控制速度和目标距离模式曲线控制列车运行。同时，记录单元对列控系统有关数据及操作状态信息进行实时动态记录。

车载安全计算机采用高可靠的安全计算机平台，根据地面连续式和点式传输的移动授权及线路数据，生成连续式速度监督曲线，监控列车的安全运行，超速时，通过继电接口对列车的制动系统发出制动控制指令。

轨道电路信息接收模块接收 ZPW-2000 系列轨道电路低频信息，并将该连续信息同时提供给车载安全计算机和列车运行监控记录装置。

应答器传输模块接收处理应答器信息，并将该信息提供给车载安全计算机。

车载人机界面通过触摸屏显示列车运行速度、允许速度、目标速度和目标距离，并可接收司机输入。

测速测距单元有两种形式的传感器，即轴端速度传感器和雷达。前者更适合低速应用，后者则更适合高速，将两种传感器结合，可保证测速测距的精度。

列车接口单元采用继电接口方式，紧急制动采用失电制动方式。

数据记录器用于记录与系统运行和状态有关的数据，记录的数据将在 ATP 系统故障时用于维护。采用列车运行监控记录装置，用于驾驶事件及 ATP 系统控制事件的记录。

车载设备的信息来源于轨道电路和点式信息设备并在嵌入的运行管理记录单元中设置车载数据库。同时，预留无线通信与列车通信网络的接口。

装备 CTCS-2 级列控车载设备的动车组应装设列车运行监控记录装置，列车运行监控记录装置为列控车载设备的后备模式。在 160km/h 以上区段，地面设备按照 CTCS-2 级列控系统要求进行改造，由列控车载设备控车。在 160km/h 及以下区段，地面设备保持现有配置（或在 CTCS-2 级区段列控车载设备特定故障情况下），列车运行监控记录装置结合列控设备提供的机车信号功能，控制列车运行。正常情况下，两种控车模式通过 CTCS 级间转换应答器由列控车载设备实现自动切换（无须停车转换）；故障情况下，停车手动转换。列车运行监控记录装置通过列控车载设备接收或记录有关列控状态数据及其对应的操作状态信息。

（2）车载设备功能。

CTCS-2 级车载 ATP 设备的主要功能如下：

①在不干扰机车乘务员正常驾驶的前提下有效地保证列车运行安全。

②在任何情况下防止列车无行车许可运行。

③防止列车超速运行，包括：

a. 防止列车超过进路允许速度。

b. 防止列车超过线路结构规定的速度。

c. 防止列车超过机车车辆构造速度。

d. 防止列车超过临时限速。

e. 防止列车超过铁路有关运行设备的限速。

f. 防止机车超过规定速度进行调车作业。

g. 防止列车超过规定速度引导进站。

④防止列车溜逸。

⑤应具有车尾限速保持功能。
⑥规定范围内的车轮打滑和空转不得影响车载设备正常工作。
⑦人机界面的基本功能是为机车乘务员提供必需的显示、数据输入及操作。
⑧检测和记录功能。

3. 相关配套设备

(1) CTC 系统/TDCS 设备：向列控中心发送临时限速调度命令，并接收列控中心临时限速设备状态信息。

(2) 联锁设备：向列控中心发送列车进路编号，并接收列控中心发送的进站信号机降级显示命令。

(3) 信号集中监测：接收列控中心的监测信息。

(4) 信号安全数据网：信号安全数据网是由工业以太网网络设备（工业级交换机）构成的冗余双环网，双网间物理隔离，网络设备间应采用专用单模光纤连接。信号安全数据网实现车站设备（车站联锁、列控中心）、中继站设备（列控中心）、中心设备（临时限速服务器）间的安全信息可靠传输，并实现其他相邻线路信号安全数据网的安全信息的可靠传输。基本组网结构如图 4.24 所示。信号安全数据网接入设备包括列控中心、计算机联锁系统、临时限速服务器。

二、CTCS-2 级列控系统互联互通基本原则

时速 200~250km 动车组，车载装备 CTCS-2 级列控设备和列车运行监控记录装置，实现两者的有机结合和系统集成。在具有 CTCS-2 级控制条件时，包括安装 CTCS-2 级、CTCS-3 级地面设备的区段，采用 ATP 控车方式，最高速度 250km/h；在停车时可通过司机操作，进行 ATP、列车运行监控记录装置控车方式的转换。在 CTCS-0 级、CTCS-1 级区段采用列车运行监控记录装置控车方式，最高速度 160km/h。

时速 300~350km 动车组，车载装备 CTCS-3 级列控设备，同时具有 CTCS-2 级列控功能。在安装 CTCS-3 级地面设备的区段，按 CTCS-3 级方式控车，最高速度 350km/h 及以上；在无线传输故障的情况下，降速至 300km/h 后自动转入 CTCS-2 级控车方式，无线传输恢复后根据应答器信息能够自动转回 CTCS-3 级控车方式。在安装 CTCS-2 级地面设备的区段，按 CTCS-2 级方式控车。

安装不同等级列控系统的线路分界处，设置 CTCS 级间转换应答器，由列控车载设备自动实现控车方式的转换。

三、CTCS-2 级列控系统主要技术原则

CTCS-2 级列控系统满足运营速度 250km/h 需要；作为 CTCS-3 级列控系统后备模式，满足运营速度 300km/h 需要。

近期兼顾货运的客运专线，CTCS-2 级列控系统应适应客车 4min、货车 5min 的追踪间隔要求。仅开行动车组的客运专线，CTCS-2 级列控系统应按照正向运行追踪间隔 3min 的要求进行检算。

客运专线 CTCS-2 级列控系统应采用统一的设备配置和运用原则，并应兼容既有线 CTCS-2 级列控系统功能，具备互联互通运行条件。

CTCS-2 级列控系统满足正向按自动闭塞追踪运行，反向按自动站间闭塞运行的要求。

CTCS-2 级列控系统满足跨线运行的运营要求。

CTCS-2 级列控系统车载设备采用目标距离连续速度控制模式、设备制动优先的方式监控列车安全运行。

CTCS-2 级列控系统作为 CTCS-3 级列控系统的后备系统。无线闭塞中心或无线通信故障时，CTCS-2 级列控系统控制列车运行。

动车段及联络线均安装 CTCS-2 级列控系统地面设备。

CTCS-2 级列控系统统一接口标准，涉及安全的信息采用满足 IEC 62280 标准要求的安全通信协议。

CTCS-2 级列控系统安全性、可靠性、可用性、可维护性满足 IEC 62280 等相关标准的要求，关键设备冗余配置。

四、CTCS-2 级列控系统主要工作模式

1. 控制方式

列控车载设备具有设备制动优先（机控优先）和司机制动优先（人控优先）两种模式。

（1）设备制动优先。

设备制动优先模式 ATP 动作原理如图 5-2-4 所示。

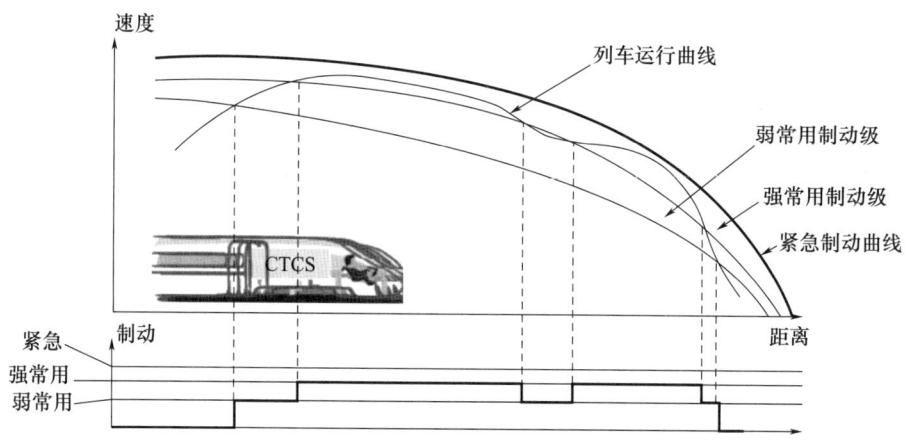

图 5-2-4　设备制动优先模式 ATP 动作原理

设备制动优先的系统有 4 挡输出，1 挡紧急制动、3 挡常用制动。当要求列车减速时，根据实际情况输出不同级别的制动，低于允许速度后自动缓解。当列车速度超过紧急制动曲线时，实施紧急制动，使列车停车。制动完全由列控系统自动完成，不必司机人工介入，其最大优点是能够降低司机的劳动强度，提高列车运行服务质量。也可适当缩短列车运行间隔时间。但为满足旅客乘坐舒适性，制动系统的自动化程度及制动性能要求非常高。

（2）司机制动优先。

司机制动优先模式 ATP 动作原理如图 5-2-5 所示。

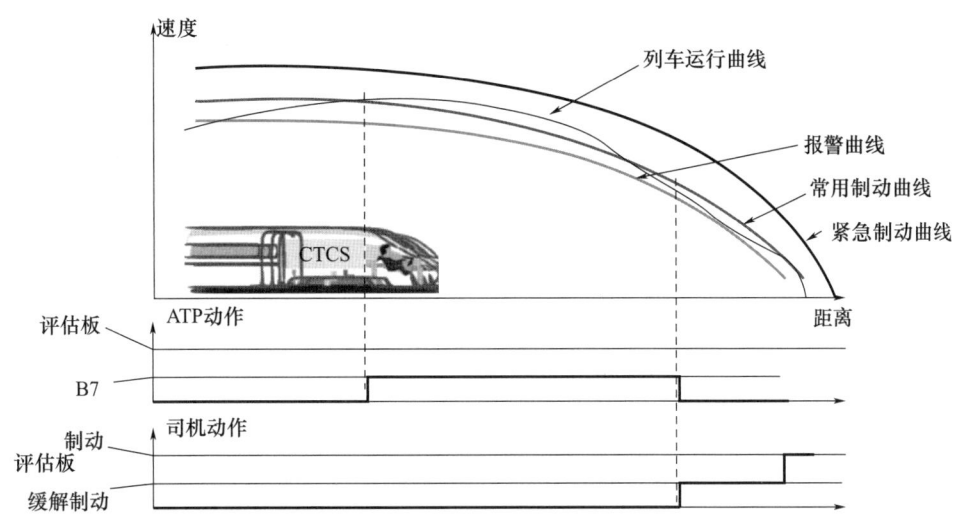

图 5-2-5 司机制动优先模式 ATP 动作原理

司机制动优先模式的系统有 2 挡输出,即最大常用制动和紧急制动。列车运行速度一般由司机控制,只有列车超过允许速度触发最大常用制动或紧急制动时,设备才自动介入实施制动。司机制动优先模式的系统优点是便于发挥司机的责任感,充分发挥人的技术能力,减少设备对司机操纵的干扰。

值得注意的是,无论是哪种制动优先模式,紧急制动后,只有停车后才可缓解。

2. 工作模式

CTCS-2 级列控车载设备有 7 种主要工作模式,其中通用的模式有完全监控模式(FS)、目视行车模式(OS)、引导模式(CO)、调车模式(SH)、隔离模式(IS)、待机模式(SB)、部分监控模式(PS)。

(1) 完全监控模式。

完全监控模式是列车在区间(含车站正线通过和侧进直出)和车站接车作业时的正常运行模式,列车按高于允许速度 2km/h 报警、5km/h 常用制动、10km/h 紧急制动设置。当具有列车控制所需的基本数据(包括列车位置、轨道电路信息、应答器的线路信息、临时限速信息、车载设备预置的列车参数等)时,列控车载设备能生成目标距离模式曲线并连续监控列车速度,在列车超速时自动输出常用制动或紧急制动命令,司机依据人机界面显示的列车运行速度、允许速度、目标速度和目标距离等信息控制列车运行。

(2) 目视行车模式。

要越过停止信号时,可在停车时按下"目视"键进入目视行车模式。该模式下,车载设备负责列车以 40km/h 为顶棚速度运行并对列车走行距离和时间进行监控,司机需要对列车其他行车安全负责。列车每运行一定距离(300m)或一定时间(60s)司机需确认一次。

(3) 引导模式。

车站办理引导进路时,轨道电路发 HB 码,列控车载设备接收到 HB 码,在列车速度降至 40km/h 且经司机确认后，进入引导模式。引导模式下，列控车载设备监控列车以最高 40km/h 的允许速度运行。

（4）调车模式。

要进行调车作业时，停车后司机按下"调车"键，则列控车载设备进入调车模式。该模式下，车载设备监控列车以 40km/h 顶棚速度运行，且在收到前进方向上的调车危险信息时输出紧急制动。

（5）隔离模式。

当列控车载设备停用时，需在停车情况下，经操作隔离列控车载设备的制动功能。隔离开关转入"隔离"位，制动输出被隔离后，列控车载设备转入隔离模式。在该模式下，车载设备不具备安全监控功能，司机控制列车运行并对运行安全负完全责任。列控车载设备应能够监测隔离开关状态。

（6）待机模式。

在列控车载设备默认等级设置为 CTCS-2 级的情况下，上电后，列控车载设备自检后自动进入待机模式。在待机模式下，列控车载设备正常接收轨道电路及应答器信息，无条件施加最大常用制动并进行溜逸防护。

（7）部分监控模式。

当车载设备接收到轨道电路允许行车信息，而由于应答器信息接收异常导致线路数据缺失，或者无线路数据时或引导接车时，列控车载设备产生一定范围内的固定限制速度，监控列车运行。

①连续两组及以上应答器的线路数据丢失时，列车在车载 ATP 设备已查询到的线路数据末端前触发常用制动，当列车运行速度低于 120km/h 时，提供允许缓解提示，司机缓解后，车载 ATP 设备根据线路最不利条件，产生监控速度曲线（最高限制速度120km/h），控制列车运行，如图 5-2-6 所示。

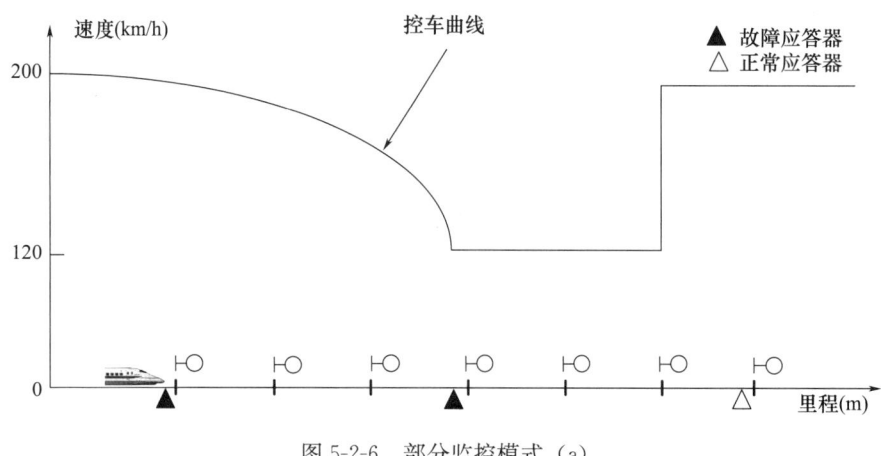

图 5-2-6　部分监控模式（a）

②侧线发车时，车载 ATP 设备根据股道轨道电路信息（根据道岔限速发送 UU 码或 UUS 码），形成并保持固定限制速度 80km/h（至出站口），控制列车运行，如图 5-2-7 所示。

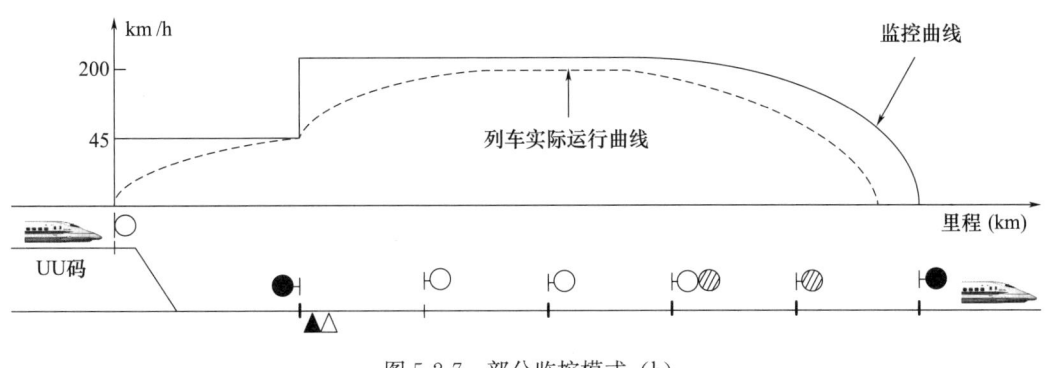

图 5-2-7 部分监控模式（b）

③引导接车时，车载 ATP 设备收到接近区段的轨道电路信息（HB 码），形成并保持固定限制速度（20km/h），控制列车运行，如图 5-2-8 所示。

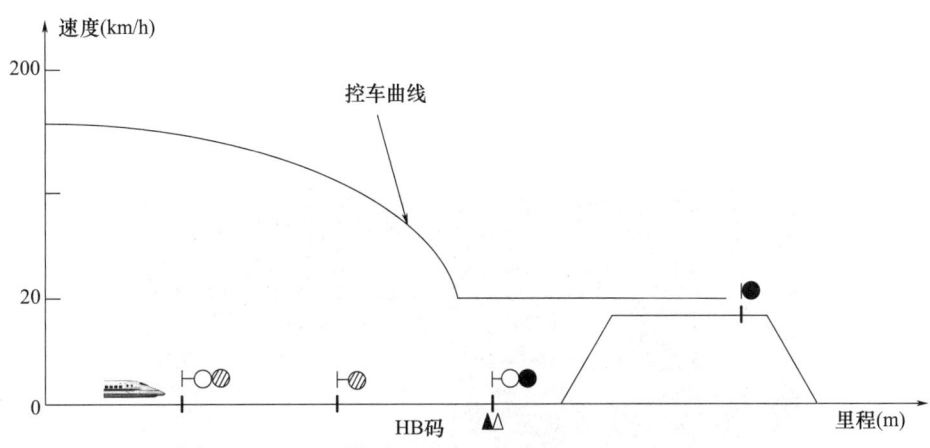

图 5-2-8 部分监控模式（c）

（8）模式转换。

CTCS-2 级列控车载设备 7 种模式之间的转换如表 5-2-3 所示。

表 5-2-3 CTCS-2 级列控车载设备 7 种模式之间的转换

当前模式	转换模式						
	待机模式	部分监控模式	完全监控模式	引导模式	目视行车模式	调车模式	隔离模式
待机模式	—	人工/停车	—	—	人工/停车	人工/停车	人工/停车
部分监控模式	人工/停车	—	自动	自动	人工/停车	人工/停车	人工/停车
完全监控模式	人工/停车	自动	—	人工	人工/停车	人工/停车	人工/停车
引导模式	人工/停车	自动	自动	—	人工/停车	人工/停车	人工/停车
目视行车模式	人工/停车	自动	自动	自动	—	人工/停车	人工/停车
调车模式	人工/停车	—	—	—	—	—	人工/停车
隔离模式	人工/停车	—	—	—	—	—	—

注：调车模式、隔离模式下，须停车后人工转换为待机模式。

【任务实施】

CTCS-2 级列控系统设备认知

1. 实训工具

CTCS-2 级列控系统一套。

2. 实训内容

(1) 认知列控系统设备组成。

识别列控系统地面设备、车载设备和相关设备。

(2) 认知列控系统人机界面。

识别列控系统人机界面显示。

【任务评价】

每个学生按岗位标准正确着装后,根据教师提问识别列控系统实物设备,能够准确说出设备名称和功能。根据人机界面显示(图 5-2-9)内容准确说出界面中各图形符号、各信息的含义。

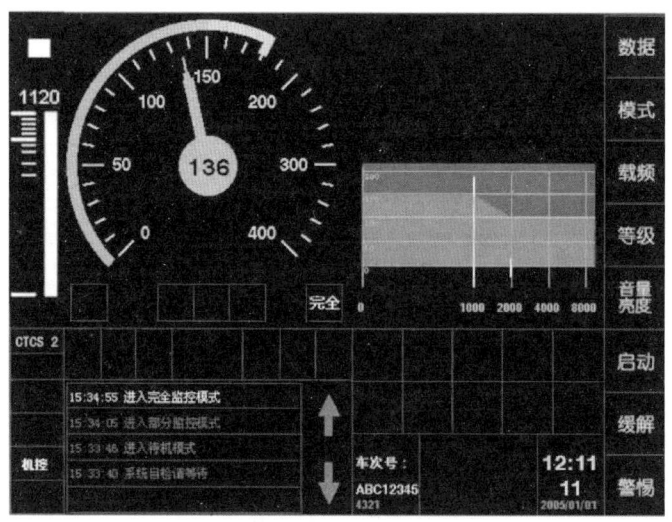

图 5-2-9　人机界面显示

【案例分析】

轨道电路分路不良,ATP 输出制动

1. 事故概况

2008 年 6 月,某动检车次运行至某站 3G 侧线通过时,ATP 报轨道电路信息接收模块故障、车载安全计算机故障,设备输出制动停车。

2. 事故分析

电务人员从下载的 PC 卡数据分析得出是由于该站侧线轨道电路分路不良,造成地面信息混乱，ATP报轨道电路信息接收模块故障、车载安全计算机故障，设备输出制动停车。立即检查发现3G设备正常，但是3G存在轨面生锈严重问题，这是造成分路不良的主要原因，通知该站及工务部门对3G进行除锈。

任务三　CTCS-3级列控系统认知

【任务目标】

◎技能目标
1. 能够识别CTCS-3级列控系统设备各组成部分。
2. 能够说出CTCS-3级列控系统工作模式的应用场景。

◎知识目标
1. 掌握CTCS-3级列控系统地面设备和车载设备构成。
2. 了解CTCS-3级列控系统功能、技术原则。
3. 了解CTCS-3级列控系统设备接口、各设备间的联系。
4. 掌握CTCS-3级列控系统与CTCS-2级列控系统的联系。

【任务描述】

本任务主要对CTCS-3列控系统结构组成及功能、技术原则、工作模式进行介绍，并通过案例教学要求学生识别系统设备组成、了解CTCS-3级列控系统设备接口、各设备间的联系和工作原理，明白系统工作模式应用，同时能够树立安全责任意识。

【任务知识】

列控系统设备等级根据线路允许速度选用。CTCS-3级列控系统适合于250km/h线路和300km/h及以上线路，CTCS-3级列控系统基于GSM-R无线通信实现车地信息双向传输，无线闭塞中心生成行车许可，轨道电路实现列车占用检查，应答器实现列车定位，并具备CTCS-2级列控系统功能。

CTCS-3级列控系统在CTCS-2级列控系统的基础上，地面增加无线闭塞中心设备，车载设备增加GSM-R无线电台和信息接收模块，实现基于GSM-R无线网络的双向信息传输，构成CTCS-3级列控系统。实现速度350km/h高速列车的向下兼容，用于300~350km/h客运专线和高速铁路。

一、CTCS-3级列控系统主要技术原则

（1）CTCS-3级列控系统满足运营速度350km/h、最小追踪间隔3min的要求。
（2）CTCS-3级列控系统满足正向按自动闭塞追踪运行，反向按自动站间闭塞运行的要求。
（3）CTCS-3级列控系统满足互联互通的运营要求。
（4）CTCS-3级列控系统车载设备采用目标距离连续速度控制模式、设备制动优先

的方式监控列车安全运行。

（5）CTCS-2 级列控系统作为 CTCS-3 级列控系统的后备系统。无线闭塞中心或无线通信故障时，CTCS-2 级列控系统控制列车运行。

（6）全线无线闭塞中心设备集中设置。

（7）GSM-R 无线通信覆盖包括大站在内的全线所有车站。

（8）动车段及联络线均安装 CTCS-2 级列控系统地面设备。

（9）300km/h 及以上动车组不装设列车运行监控记录装置。

（10）在 300km/h 及以上线路，CTCS-3 级列控系统车载设备速度容限规定为超速 2km/h 报警、超速 5km/h 触发常用制动、超速 15km/h 触发紧急制动。运行速度 250km/h 及以下时，完全监控模式下 CTCS-2/CTCS-3 级列控车载设备应按高于线路允许速度 2km/h 报警、5km/h 常用制动、10km/h 紧急制动设置模式曲线。

（11）无线闭塞中心向装备 CTCS-3 级车载设备的列车、应答器向装备 CTCS-2 级车载设备的列车分别发送分相区信息，实现自动过分相。

（12）CTCS-3 级列控系统统一接口标准，涉及安全的信息采用满足 IEC 62280 标准要求的安全通信协议。

（13）CTCS-3 级列控系统安全性、可靠性、可用性、可维护性满足 IEC 62280 等相关标准的要求，关键设备冗余配置。

二、CTCS-3 级列控系统结构

1. CTCS-3 级列控系统总体结构

CTCS-3 级列控系统总体结构包括地面设备、车载设备、GSM-R 无线通信网络、信号数据传输网络四部分。CTCS-3 级列控系统按照四层结构进行构建，在地面车站设备层和车载设备层考虑了 CTCS-3 级列控系统兼容 CTCS-2 级列控系统，其总体结构示意如图 5-3-1 所示。

2. 列控地面设备

列控地面设备由列控中心、临时限速服务器、ZPW-2000 系列轨道电路、应答器、无线闭塞中心、GSM-R 接口设备等组成。其总体结构图如图 5-3-2 所示。

3. 列控车载设备

CTCS-3 级列控车载设备负责接收地面数据命令信息，生成速度模式曲线，监控列车运行，保证列车运行安全。

列控车载设备主要由车载安全计算机、轨道电路信息接收模块、应答器传输模块、列车接口单元、记录单元、人机界面、GSM-R 无线通信单元等部件组成。其总体结构示意如图 5-3-3 所示。

三、CTCS-3 级列控系统各设备功能

1. 无线闭塞中心

无线闭塞中心根据轨道电路、联锁进路等信息生成行车许可，并通过 GSM-R 无线通信系统将行车许可、线路参数、临时限速传输给 CTCS-3 级车载设备；同时通过 GSM-R 无线通信系统接收车载设备发送的位置和列车数据等信息。

项目五 列控系统

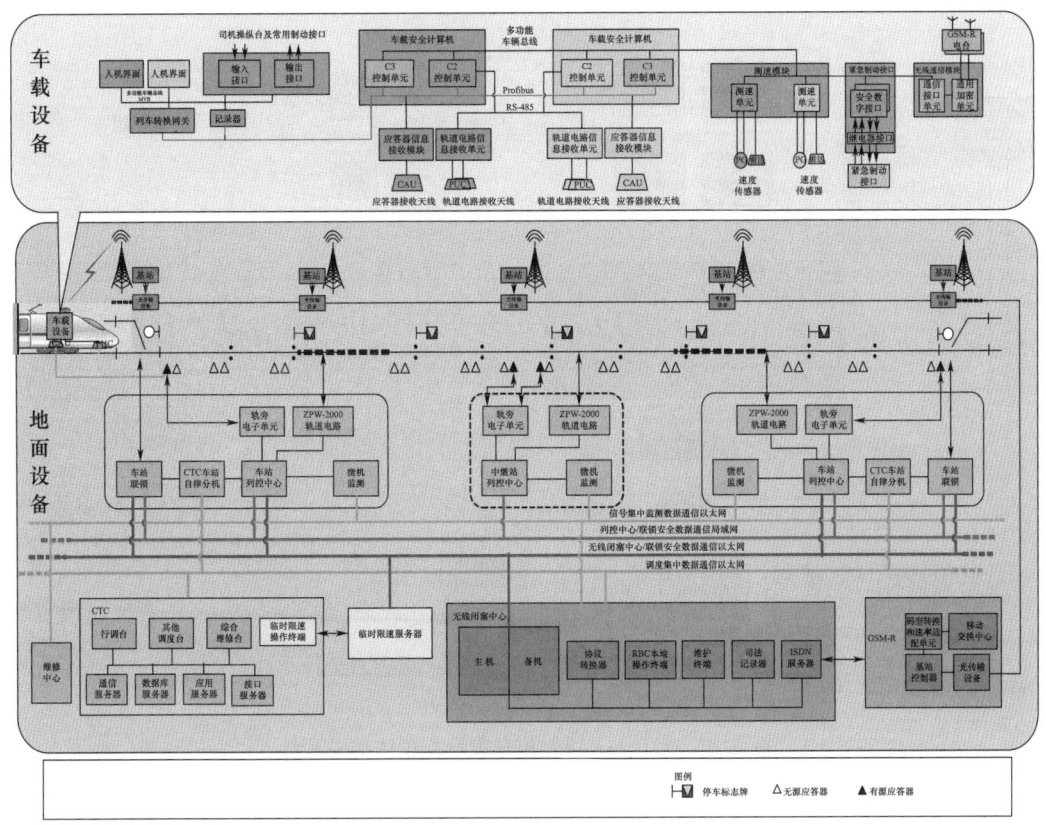

图 5-3-1 CTCS-3 级列控系统总体结构示意

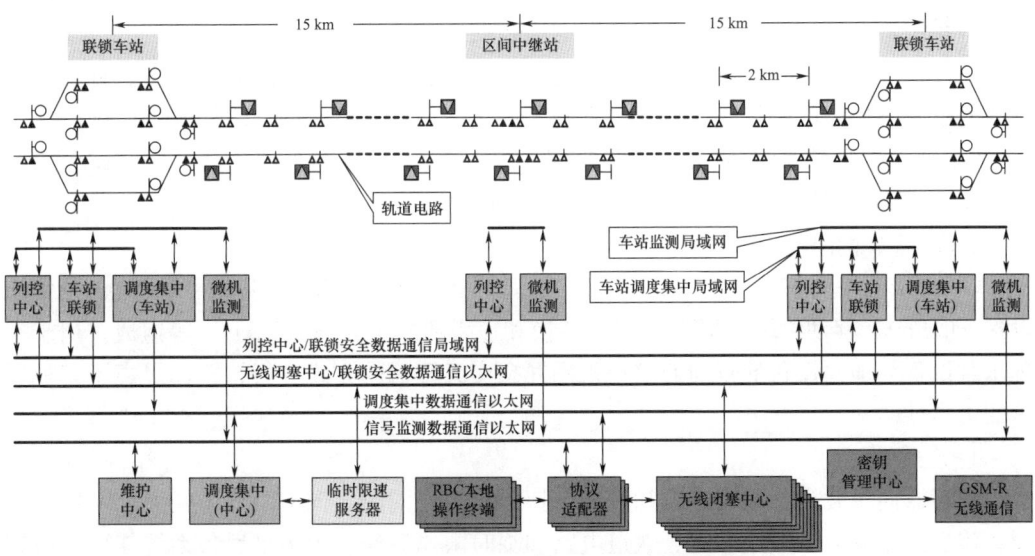

图 5-3-2 CTCS-3 级列控地面设备总体结构

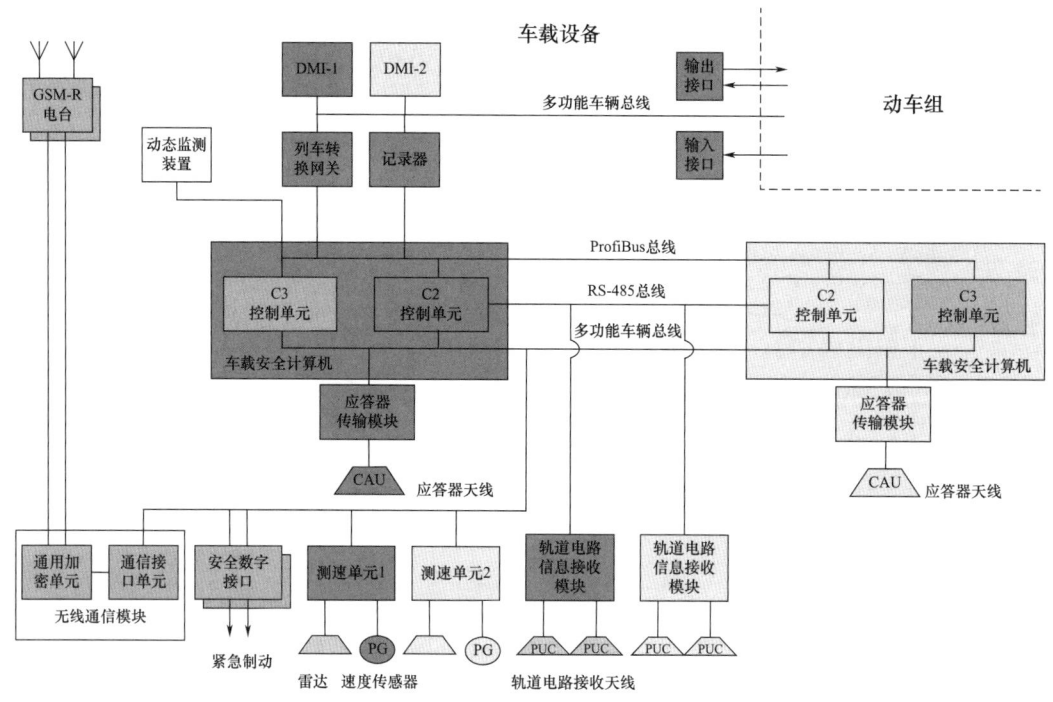

图 5-3-3 CTCS-3 级列控车载设备总体结构示意

2. 列控中心

列控中心是列控系统地面子系统的核心部分。根据轨道区段占用信息、联锁进路信息、线路限速信息等，产生列车行车许可命令，并通过轨道电路和有源应答器，传输给车载子系统，保证其管辖内的所有列车的运行安全。

列控中心采用 2 乘 2 取 2 安全计算机平台，具有技术成熟、可靠等特点。列控中心之间通过安全局域网进行连接，实现列控中心之间、与车站联锁之间的安全信息传输。

CTCS-3 级列控系统各车站、线路所及中继站均设置一套列控中心，中继站距离一般不超过 15km，特殊困难地段不能超过 20km。

3. GSM-R 网络

GSM-R 网络由移动交换中心（MSC）、基站控制器（BSC）、基站（BTS）、光传输设备（OTE）、移动终端（MT）、码型转换和速率适配单元（TRAU）等组成。用于实现车载设备与地面设备的双向通信；采用冗余交叉覆盖的方式进行布置，提高了车地通信的可靠性。

4. 应答器

应答器向车载设备传输定位和等级转换等信息；同时，向 CTCS-2 级列控系统车载设备传送线路参数、线路坡度、轨道电路和临时限速等信息，满足后备系统需要。应答器传输的信息与无线传输的信息的相关内容含义保持一致。

5. 轨道电路

轨道电路实现列车占用检查，发送行车许可信息，满足后备系统的需要。

6. 临时限速服务器

调度中心设列控系统专用临时限速服务器及临时限速操作终端，用于临时限速的下达与取消。对列控限速调度命令进行集中管理，具备列控限速调度命令进行的存储、校验、撤销、拆分、设置、取消等管理功能，具备列控限速设置时机的辅助提示功能。

7. 车载安全计算机

根据地面设备提供的行车许可、线路参数、临时限速等信息和列车参数，按照目标距离连续速度控制模式生成动态速度曲线，监控列车的安全运行。

8. 信号数据传输网络

用于实现无线闭塞中心、CTC 系统、联锁系统、列控中心、监测系统间的信息传输。

9. 测速单元

用于列车测速和定位。

四、CTCS-3 级列控系统工作模式

CTCS-3 级列控车载设备按 CTCS-3 级控车时的模式有完全监控、引导、目视行车、调车、休眠、隔离和待机等模式；CTCS-3 级列控车载设备按 CTCS-2 级控车时的模式除前面七个模式外，还有部分监控模式和机车信号模式。

1. 完全监控模式

列车的正常运行模式。列控车载设备根据控车数据自动生成目标距离模式曲线，司机依据人机界面显示的列车运行速度、允许速度、目标速度和目标距离等信息控制列车运行。

2. 引导模式

在进站或出站建立引导进路后，列控车载设备按照最高限速 40km/h 控车的模式。

3. 目视行车模式

司机控车的固定限速模式，限速值为 40km/h。当地面设备故障、列控车载设备显示停车信号或位置不确定时，在停车状态下司机按规定操作转入目视行车模式。根据行车管理办法，列车每运行一定距离（300m）或一定时间（60s）司机需确认一次。

4. 调车模式

动车组进行调车作业的固定限速模式，限速值为 40km/h。司机按压专用按钮使列控车载设备转入调车模式。只有在列车停车时，司机才可以选择进入或退出调车模式。CTCS-3 级控车时，只能在车站内经无线闭塞中心同意转入调车模式，转入后与无线闭塞中心断开连接，退出调车模式后再重新与无线闭塞中心连接。

5. 休眠模式

用于非本务端车载设备，不监控列车运行，但仍执行列车定位、测速测距、记录等级转换及无线闭塞中心切换信息等功能。列车立即折返，非本务端升为本务端后，车载设备可自动进入正常工作状态。

6. 隔离模式

列控车载设备控制功能停用的模式。列车停车后，根据规定，司机操作隔离装置使列控车载设备转入隔离模式。在该模式下，车载设备不具备安全监控功能。

7. 待机模式

列控车载设备上电后的默认模式。列控车载设备自检和外部设备测试后，自动处于待机模式。在待机模式下，列控车载设备正常接收轨道电路及应答器信息。当司机开启驾驶台后，列控车载设备中的人机界面投入正常工作。

8. 部分监控模式

仅适用于 CTCS-3 级列控车载设备按 CTCS-2 级控车时的模式，是列控车载设备接收到轨道电路允许行车信息，而缺少应答器提供的线路数据或限速数据时使用的模式。在部分监控模式下，限速值为 45km/h。

9. 机车信号模式

装备 CTCS-3 级列控车载设备的动车组在 CTCS-0/1 级区段运行时使用的模式。经司机操作后，列控车载设备转为最高限速 80km/h 控车模式。在机车信号模式下，按地面信号显示运行。

10. 模式转换

CTCS-3 级列控车载设备按 CTCS-3 级控车时七种模式之间的转换如表 5-3-1 所示。

表 5-3-1 CTCS-3 级列控车载设备按 CTCS-3 级控车时七种模式之间的转换

当前模式	转换模式						
	待机模式	完全监控模式	引导模式	目视行车模式	调车模式	休眠模式	隔离模式
待机模式	—	—	人工/停车	人工/停车	人工/停车	人工/停车	人工/停车
完全监控模式	人工/停车	—	人工	人工/停车	人工/停车	人工/停车	人工/停车
引导模式	人工/停车	自动	—	人工/停车	人工/停车	人工/停车	人工/停车
目视行车模式	人工/停车	自动	人工	—	人工/停车	人工/停车	人工/停车
调车模式	人工/停车	—	—	—	—	—	人工/停车
休眠模式	人工/停车	—	—	—	—	—	人工/停车
隔离模式	人工/停车	—	—	—	—	—	—

CTCS-3 级列控车载设备按 CTCS-2 级控车时九种模式之间的转换如表 5-3-2 所示。

表 5-3-2 CTCS-3 级列控车载设备按 CTCS-2 级控车时九种模式之间的转换

当前模式	转换模式								
	待机模式	部分监控模式	完全监控模式	引导模式	目视行车模式	调车模式	休眠模式	隔离模式	机车信号模式
待机模式	—	人工/停车	—	—	人工/停车	人工/停车	人工/停车	人工/停车	人工/停车
部分监控模式	人工/停车	—	自动	自动	人工/停车	人工/停车	人工/停车	人工/停车	人工/停车
完全监控模式	人工/停车	自动	—	人工	人工/停车	人工/停车	人工/停车	人工/停车	人工/停车
引导模式	人工/停车	自动	自动	—	人工/停车	人工/停车	人工/停车	人工/停车	人工/停车
目视行车模式	人工/停车	自动	自动	自动	—	人工/停车	人工/停车	人工/停车	人工/停车

续表

当前模式	转换模式								
	待机模式	部分监控模式	完全监控模式	引导模式	目视行车模式	调车模式	休眠模式	隔离模式	机车信号模式
调车模式	人工/停车	—	—	—	—	—	—	人工/停车	—
休眠模式	人工/停车	—	—	—	—	—	—	人工/停车	—
隔离模式	人工/停车	—	—	—	—	—	—	—	—
机车信号模式	人工/停车	—	—	—	—	—	—	人工/停车	—

【任务实施】

应答器检修

1. 实训工具材料

联络工具、照明灯、应答器专用工具、直尺、扳手、克丝钳、尖嘴钳、套筒扳手、螺丝刀、防护员防护用具、万用表、地线测试仪、报文读取工具、毛刷、尼龙扎带等。地面应答器和地面电子单元如图 5-3-4 所示。

图 5-3-4 地面应答器和地面电子单元

2. 实训内容

（1）做好检修工器具准备。

（2）通过列控维护机、信号集中监测等手段，对应答器进行调阅分析，提出检修要求。

（3）明确作业负责人，做好作业分工。

（4）按照检修作业流程对无源应答器、有源应答器各部件进行检修。

【任务评价】

分组进行检修作业，对学生按照标准化作业流程逐项完成检修任务的情况以及学生的职业素养情况进行评价。

【案例分析】

CRH3C 型动车组 ATP 主机与人机界面通信故障

1. 事故概况

2014 年×月×日，CRH3C 型动车组列车 08 端运行在×线 A 站—B 站上行区间报 ATP 主机与人机界面通信中断，换系重启三次不成功，重启第四次成功后以 C2 部分模式开车运行进入广州南站。

2. 事故分析

列控车间数据分析中心接到故障反馈后，通知应急中心应急人员赶往 B 站站台，待车到站后上车下载数据确认故障原因。应急人员上车后检查车载设备硬件正常，线缆连接正常，两次上电测试列控车载设备均正常。分析车载记录数据发现"VDX1（安全数字输入输出单元）报无效"，（安全数字输入输出单元）为两系公共单元，一旦出现故障，列控车载设备将故障导向安全，触发制动停车。更换安全数字输入输出单元，更换完成后上电测试 ATP 设备工作正常。

项目六　铁路信号联锁试验

【项目描述】

本项目对信号联锁试验的作用和意义、联锁试验的要求、联锁试验的内容等进行描述和分析，并结合简单案例教学，要求学生掌握高速铁路中信号联锁试验的有关基础技术条件，以及联锁电路检查、道岔联锁试验、信号机联锁试验、轨道电路联锁试验、车站移频化联锁试验、站内移频电码化联锁试验、移频自动闭塞联锁试验相关的基础知识。

任务一　联锁试验基础认知

【任务目标】

◎技能目标
1. 能够清楚《计算机联锁技术条件》中规定的基本联锁功能。
2. 能够对进路、信号机、道岔进行简单的基本联锁功能试验。

◎知识目标
1. 掌握联锁表中的特殊符号。
2. 掌握联锁试验的内容及方法分类。
3. 了解联锁试验依据。

【任务描述】

本任务主要结合进路联锁表及信号基本联锁功能，对信号联锁试验的作用、试验的依据以及试验的内容和方法进行介绍，同时要求学生结合信号联锁的基本功能，能够在模拟软件中进行简单、基础的联锁试验。

【任务知识】

信号联锁试验，是铁路信号设备投入使用前至关重要的环节，它的意义在于提前发现和克服由设计、研制、施工、维护等各方面工作疏漏带来的危及行车安全的联锁错误，以及影响行车效率和设备维护的功能缺失，以保证铁路运输安全高效地运行。如果信号联锁关系出现错误，且没有及时发现和更正，则必然会危及行车安全，引发重大行车安全事故。

一、联锁试验的特点和要求

联锁试验工作具有以下特点：

（1）责任重大，联锁试验人员在试验过程中必须对各项联锁关系进行逐一核对，一旦出现联锁关系错误且未及时检查和更正，就会引发重大行车安全事故，信号试验人员责任重大。

（2）试验时间受限制，在铁路施工现场，由于要保证列车正常运行，不影响行车效率，尤其是在既有线路，往往是利用天窗时间对设备进行联锁试验，试验时间紧张。

（3）技术复杂，设备联锁关系多且复杂，涉及信号设备的各个环节。

（4）参加试验人员多，有设备单项试验、局部试验、全面试验等，工作量大，不可能独立完成。

（5）具有连续性，忌中途换人，尤其是分步开通的项目，如果中途换人交接不清，记录不全，容易产生试验漏项。

（6）涉及面广，在联锁试验时需要车、机、工、电、设计、研制、施工等部门的全力配合。

鉴于联锁试验的重要性和特殊性，应当选择经培训取得联锁工程师资格证、业务素质高、熟悉各种信号设备的性能和技术条件，对联锁试验工作有热情、有责任感、有耐性、心细、身体健康，有一定协调能力的人员来担任联锁试验员。

二、联锁试验的依据

联锁试验是信号设备投入使用前至关重要的环节，试验参照标准为国家铁路局颁发的各种与铁路信号联锁设备相关的规章、规范、标准以及设计文件。例如《铁路技术管理规程》《信号维护规则：技术标准》《铁路信号设计规范》（TB 10007—2017）《铁路车站计算机联锁技术条件》（TB/T 3027—2015）《电气集中联锁试验技术条件》（TB/T 2119—1990）等。

进行联锁试验最直接、最基本的依据是设计文件中的站场信号设备平面示意图、双线条轨道电路平面示意图、特殊信号显示图、联锁进路表等材料。

三、联锁试验的内容

信号设备联锁试验的主要内容：检查核对信号机、道岔、轨道电路间、站间、场间、地面与机车间等信号设备互相联锁关系的正确性，以及设备功能的完整性两个方面。其内容包括进路联锁检查试验、专项联锁检查试验、单元电路联锁试验、功能检查试验、现场设备联通试验以及一些其他需要进行的检查试验等。

四、联锁试验的分类

按试验范围分类，可以分为全面试验、局部试验、单项试验等。

按试验方式分类，可以分为模拟试验、现场核对等。

模拟试验视情况可以在现场进行，也可在试验室进行。为了提高联锁试验的效率，对于不同的试验类别，试验方法有所区别。

1. 全面试验

(1) 新站、场、道口等设备开通前。

(2) 计算机联锁软件升级。

(3) 计算机联锁局部设备变更。

例如，基建、大修、更改、中修等项目竣工后验收时的联锁试验，全面试验的试验方法一般采取模拟试验和现场核对并用。

2. 局部试验

(1) 电气集中设备局部变更。

(2) 修改单元电路。

(3) 较大设备故障修复。

例如，室内修改闭塞、站间联系、场间联系等单元电路，室外局部区域更换电缆、箱盒、转辙机、信号机等，局部试验的试验方法一般采用现场核对。

3. 单项试验

(1) 室外更换单项设备。

(2) 室外单项设备修复。

例如，转辙机、信号机设备维护检查等，单项试验的试验方法一般采用现场核对。

五、进路联锁表特殊符号

在《铁路信号联锁图表编制原则》（TB/T 1123—92）中定义了一些特殊符号，掌握清楚特殊符号含义，才能方便在联锁试验时进行联锁关系检查，其含义如下：

1. "道岔"栏

(1) 道岔号，表示将该道岔锁在定位。

(2) (道岔号)，表示将该道岔锁在反位。

(3) [道岔号]，表示将该道岔防护至定位。

(4) [(道岔号)]，表示将该道岔防护至反位。

(5) {道岔号}，表示将该道岔带动至定位。

(6) {(道岔号)}，表示将该道岔带动至反位。

2. "敌对信号栏""轨道区段"栏

(1) 〈道岔号〉，表示当该号道岔在定位时，须检查尖括号后面的信号机或轨道区段。

(2) 〈(道岔号)〉，表示当该号道岔在反位时，须检查尖括号后面的信号机或轨道区段。

3. "其他联锁"栏

(1) JK1-2，表示所排列的进路与局部控制盘第 1、第 2 两种局部控制方式敌对。

(2) F，表示所排列的进路与非调车进路敌对。

(3) T，表示由本联锁区向其他区域排列进路需取得对方同意。

(4) Y，表示所排接车进路延续至另一咽喉线路末端。

六、基本联锁功能

按照《铁路车站计算机联锁技术条件》（TB/T 3027—2015）规定，计算机联锁必须在规定的联锁条件和规定的时序下对进路、信号和道岔实行控制。对于来自操作设备的错误操作，应具备有效的防护功能。

1. 进路

（1）下列进路规定为敌对进路。敌对进路必须相互照查，不得同时开通。

①同一到发线上对向的列车进路与列车进路。

②同一到发线上对向的列车进路与调车进路。

③同一咽喉区内对向重叠的列车进路。

④同一咽喉区内对向或顺向重叠的列车进路与调车进路。

⑤同一咽喉区内对向重叠的调车进路。

⑥防护进路的信号机设在侵限轨道绝缘节处，禁止同时开通的进路。

⑦向驼峰推送车列占用的股道的接车或调车进路。

（2）无岔区段有车占用时允许向该区段排列调车进路，但不允许经由该区段排列组合调车进路，即长调车进路。

2. 进路的锁闭

（1）进路锁闭分为预先锁闭和接近锁闭。预先锁闭应在进路选通，有关联锁条件具备时构成。接近锁闭在信号开放，进路的接近区段占用时构成。对于列车进路，接近锁闭须持续到进路第一区段自动解锁或人工解锁。但接近区段未设轨道电路时，接近锁闭区段应于信号开放后立即构成。

（2）列车及调车进路，应设接近锁闭，其接近区段应有足够的长度，规定如下：

①接车进路为信号机外方的闭塞分区或轨道电路区段。

②发车进路为发车线。

③正线上同方向相邻的两架信号机，当信号显示上有联系时，后一架信号机所防护进路的接近区段，应从前架列车信号机内放第一轨道区段开始。

④调车进路为信号机外方邻接轨道电路区段，当信号机外方未设轨道电路时，信号开放即构成进路的接近锁闭。

⑤当列车速度大于120km/h时，正线列车进路的接近区段的长度应满足最高速度制动距离的要求。

⑥引导锁闭分为引导进路锁闭和咽喉引导总锁闭。引导进路锁闭时须检查道岔位置正确，并锁闭进路中的道岔，敌对信号不得开放。咽喉引导总锁闭须锁闭咽喉区的全部道岔，包括到发线上的分歧道岔。

3. 进路的解锁

（1）任何操作不得使占用的区段解锁。

（2）任何操作不得使列车、车列运行前方的区段解锁。

（3）进路的解锁必须在信号关闭后进行，进路解锁的方式规定为：

①锁闭的进路应能随列车车列的正常运行而自动解锁。

②进路应按分段解锁方式设计。解锁时，有条件的区段均应满足三点检查，延时3s自动解锁。必要时，接车进路的接近区段也可作为三点检查的条件之一。

（4）调车中途返回解锁。

在联锁区内进行中途折返调车作业时，在下列条件下调车进路应能实现中途返回解锁。

①当车列驶入调车进路后，因中途折返而使该进路的部分区段不能解锁时，在检查车列确已根据开放的折返信号机驶入该信号机的内方，且出清全部未解锁的区段后，该部分区段应自动解锁。

②当车列驶入调车进路后，因中途折返作业而使该进路全部区段均不能解锁时，在检查车列顺序退出该进路和其接近区段后解锁。

③当车列驶入并置信号机内方后，因中途折返作业而使该进路全部区段均不能解锁时，在检查车列确已根据开放的反向并置信号机驶入该信号机的内方，且出清全部未解锁的区段后，该条进路自动解锁。

（5）已锁闭的进路不应因轨道电路瞬时分路不良或轨道电路停电恢复而错误解锁。

（6）办理取消进路和人工解锁。

①进路在预先锁闭状态时，办理取消解锁应检查信号机关闭和进路空闲，取消解锁不应延时。

②进路在接近锁闭后，应能办理人工解锁。接车进路及正线发车进路的人工解锁自信号机关闭时起延时 3min（高速铁路 4min）；其他进路的人工解锁自信号机关闭时起延时 30s（高速铁路 60s）。

（7）除下列区段外的区段均可采用区段故障解锁方式解锁。

①轨道电路占用区段。

②处于列车车列走行前方的区段。

③引导进路建立后，需在人工确认后办理进路解锁。

4. 信号

（1）正常办理进路或办理了重复开放手续，除引导信号外，防护该进路的信号机必须检查其进路空闲、超限界绝缘相邻区段空闲、有关道岔位置正确、进路已锁闭、未施行人工解锁、敌对进路未建立以及照查联锁条件正确后方可开放。

（2）一次排列由几条进路组成的组合调车进路，只当其各条进路均构成后，防护各进路的调车信号机由组合调车进路最远端开始依次开放或同时开放。

（3）已开放的信号机于下列情况之一时应及时关闭：

①列车信号，当列车第一轮对进入该信号机内方第一轨道区段时。

②调车信号，当车列全部越过信号机时或当信号机外方区段留有车辆出清内方第一区段时。

③在专用的机走线和机务段出口处以及机待线上的调车信号机，当机车第一轮对进入信号机内方时。

④发生故障时。

⑤办理取消或解锁进路时。

⑥复示信号机，当其主体信号机关闭时。

（4）必须保证值班人员能随时关闭开放的信号机。应具备多于一个的关闭信号的独立手段。

（5）进站、进路、出站信号机（办理自动通过除外）及调车信号机，在信号关闭后，不经再次办理，不得自动重复开放信号。

(6) 在自动闭塞区段，根据需要对于正向经常有连续通过列车的车站，经办理自动通过后，应能使该通过进路内的有关列车信号机随列车运行自动变换相应显示。此时进路中的道岔必须保证处于锁闭状态。

(7) 进站或接车进路信号机因故障不能正常开放信号或向非接车线路接车时，应使用引导信号。引导信号开放时必须办理引导进路、检查引导进路中的道岔位置正确、未建立敌对进路、引导进路在锁闭状态；或者对道岔进行总锁闭。开放引导信号必须检查其主体信号机为红灯显示。

(8) 引导信号在下列情况下应及时关闭：

①列车未驶入引导进路之前信号保持开放的条件不能满足时。

②信号机内方第一轨道区段无故障的情况下，列车第一轮对进入该区段时。

③信号机内方第一轨道区段故障，未能在 15 s 内进行维持开放信号的操作时。

④办理引导进路解锁时。

⑤解除道岔总锁闭时。

⑥人工关闭信号时。

(9) 信号灯丝监督。

①列车主体信号机和调车信号机应设灯丝监督。

②在信号开放后，应不间断地检查灯丝是否完好。

③进站、进路或出站信号机，当开放信号灯断丝，应自动转变为较低级信号显示。

④进站和有通过列车的正线出站或进路信号机应检查红灯灯丝完好方能开放。

⑤开放预告或复示信号机时，应不间断地检查其主体信号机在开放状态。

⑥列车信号机及进站、进路信号机的复示信号机的点灯电路应具有主、副灯丝的自动转换功能，当主灯丝断丝时，应有表示和报警。

5. 道岔

(1) 联锁道岔应能单独操纵或随进路的排列而自动选动。自动选动宜采用顺序启动的方式，道岔的单独操纵应优先于进路自动选动。

(2) 集中联锁的道岔应受进路锁闭、区段锁闭及人工锁闭。道岔控制电路应符合下列要求：

①道岔转换设备的动作，须与值班员的操纵意图一致。

②道岔在任一种锁闭状态下不得启动。

③道岔一经启动，不论其所在区段轨道电路是否故障或是否有车进入轨道区段，均应继续转换到底。

④道岔因故被阻不能转换到底时，当所在区段无车占用时，对非调度集中操纵的道岔，应保证经操纵后转换到原位，对调度集中操纵的道岔，应自动切断供电电路，停止转换。

⑤电机电路故障，道岔不应再转换。

⑥道岔转换完毕，应自动切断启动电路。

⑦采用三相交流电源控制的电动或电液转辙机，必须设置断相保护装置。

⑧当设计有列车存储进路或道岔接受遥控时，必须对道岔的启动采用能自动切断供电电路，停止转换的防护措施；必须采取防止因轨道电路瞬间失去分路而解锁，导致道

岔错误转换的措施。

(3) 集中道岔表示电路应符合下列要求：

①道岔表示应与道岔的实际位置一致，并应检查自动开闭器两排接点组或其他表示装置均在规定位置。

②联动道岔须检查确认其各组道岔均在规定位置。

③单动、联动和多点牵引道岔，必须检查确认各牵引点的道岔转换设备均在规定位置。

④当道岔处于不密贴位置时，严禁出现定位或反位表示。

⑤道岔启动时，应先切断位置表示。

⑥人工锁闭时，不影响道岔的位置表示。

⑦道岔发生挤岔时，应有挤岔表示。

【任务实施】

基本联锁功能试验

1. 实训工具

计算机联锁仿真培训系统一套。

2. 实训内容（图 6-1-1）

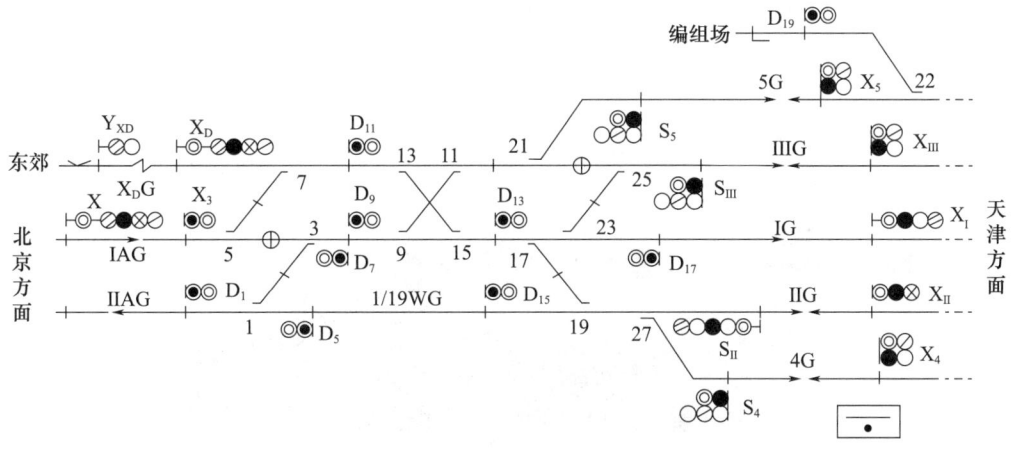

图 6-1-1 举例站场

(1) 排列下行 3 道接车进路，将进路接近区段占用，对进路进行延时解锁。

(2) 排列下行 3 道接车进路，将 9 号道岔设置为"道岔定位无表示"，观察进站信号机颜色变化。

(3) 排列下行 3 道接车进路，模拟列车由区间运行进入车站，观察进站信号机何时降级为红灯。

(4) 排列 9—15DG 至 IG 调车进路，模拟列车运行，观察 D_{13} 信号机关闭时机。

(5) 当 IG 有列车占用时，排列 9—15DG 至 IG 调车进路，模拟列车运行。

(6) 对 5/7 号道岔进行"道岔单锁"，模拟操作道岔位置，观察道岔能否动作。

【任务评价】

要求学生对上述各内容进行逐一试验，对照基本联锁功能和技术文件，对上述涉及的进路解锁、信号机关闭、道岔锁闭等联锁功能设计给出合理说明。

【案例分析】

荣家湾站特别重大事故

1. 事故概况

1997年4月29日，长沙电务段荣家湾信号工区信号工郝任重，未经联系要点，于8：30打开12号道岔变压器箱，断开12号道岔控制电路中的X1线，并用二极管封连X1和X3线端子，然后开始整理12号道岔变压器箱内配线。10：22，车站办理上行4道接车进路，12号道岔位于反位，818次列车随后进入4道。此时，负责室内联系的信号工擅自离开岗位。10：42，车站办理昆明开往郑州的324次旅客列车Ⅱ道（经12号道岔定位）通过进路，控制台显示12号道岔定位和Ⅱ道通过白色光带，进站信号机显示绿灯。10：48分，本应从Ⅱ道通过的324次列车经12号道岔反位进入4道，与停在4道的818次列车发生追尾冲撞。324次列车机后1至9位颠覆。10至11位脱轨，818次列车机后15至17位（尾部3辆）颠覆。本次事故造成人员死亡126人，重伤48人，轻伤182人；牵引324次列车东风4型机车报废，客车报废11辆、中破1辆、小破1辆，直接经济损失415万元，中断上行正线29h 12min，构成行车特别重大事故（图6-1-2）。

图6-1-2 荣家湾站事故现场

2. 事故分析

8：30，信号工人为切断X1线，在X1、X3线间接入二极管（X1线接二极管负极，X3线接二极管正极），给出12号道岔定位假表示。在排列818次列车4道接车进路过程中，12号道岔2DQJ111—113接通，反位启动和表示电路正常动作，使12号道岔正常转向反位并给出反位表示。818次列车进入股道后，排列324次Ⅱ道通过进路时，12号道岔2DQJ111—113接通，由于X1线被断开，该道岔由反位向定位转换的动作电源被切断，使其未能转向定位，但定位表示通过 X1、X3 线间接入的二极管接通，使 12 号道岔表示与实际位置不一致，造成道岔联锁失效，并导致了事故的发生。

任务二　铁路信号联锁试验

【任务目标】

◎技能目标
1. 能够对信号机的点灯、关灯、信号机的降级等进行简单的联锁试验。
2. 能够对电动道岔、分动外锁闭道岔进行简单的联锁试验。
3. 能够对轨道电路的区段、极性交叉等进行核对。

◎知识目标
1. 掌握高速铁路信号联锁试验项目及注意事项。
2. 掌握在高速铁路中信号机、道岔、轨道电路等基础设备的试验方法。

【任务描述】

本任务主要对高速铁路中基本联锁功能、色灯信号机联锁试验、道岔联锁试验、轨道电路联锁试验、车站移频化联锁试验、站内移频电码化联锁试验、移频自动闭塞联锁试验以及主要低频码序等主要试验项目进行介绍，要求学生掌握信号机、道岔、轨道电路的简单试验项目，能够形成严谨的逻辑思路，养成良好的生产作业习惯。

【任务知识】

在信号联锁试验中，主要参照信号联锁电路检查表、电动道岔联锁试验记录表、分动外锁闭道岔联锁试验记录表、信号机联锁试验记录表等联锁试验表格对进路的建立与解锁，色灯信号机开关灯及灯位降级，道岔的位置、动作、锁闭，轨道电路的区段、极性交叉、残压等基础项目进行逐一测试和核对。

一、基本联锁功能

1. 办理发车进路检查区间空闲

（1）出站信号机点亮并办理正、反向发车进路（含引导）或出站信号机关闭并办理反向发车进路（含引导）时，均应检查站间区间轨道全部空闲条件后才可点亮允许灯光。

试验时，应将整个区间的每个闭塞分区分别占用，分别试验上述各种不同情况下的发车信号（含引导）是否不能开放。

（2）室外不点灯的出站引导：如区间有通过信号机，应将 1LQ 区段占用，发车信号（含引导）均应不能开放；如区间无通过信号机，应将整个区间的每个闭塞分区分别占用，发车信号（含引导）均应不能开放。

向反向发车口办理引导检查 1LQ 状态，若 1LQ 占用，联锁不建立发车引导进路；

联锁仿真上不检查1LQ之外的区间轨道状态，实际联锁检查轨道状态（QJZT）；向正向发车口办理引导，不检查区间轨道状态。排列引导发车进路需动作方向电路，具体动作依照四线制方向电路中继电器动作时机处理；当发车引导进路建立后，检查到此发车口的KXJ（YFJ）为吸起状态，方可开放出站引导信号。

（3）室外点灯的出站引导：检查整个站间的轨道状态（QJZT），区间任一轨道占用（QJZT为落下状态），联锁不建立发车引导进路；当发车引导进路建立时，需动作方向电路，具体动作依照四线制方向电路中继电器动作时机处理；当发车引导进路建立后，检查到此发车口的KXJ（YFJ）为吸起状态，方可开放出站引导信号。

（4）办理向动车段、既有线车站的发车进路（含引导）时，若区间有通过信号机，联锁仅检查1LQ区段空闲（有些可能需检查2LQ、3LQ区段空闲）；若区间无通过信号机，联锁应检查全区间轨道空闲条件（包括1LQ区段）。

试验时，如区间有通过信号机，应将1LQ区段占用，发车信号（含引导）均应不能开放；如区间无通过信号机，应将整个区间的每个闭塞分区分别占用，发车信号（含引导）均应不能开放。

2. 引导总锁闭时禁止开放引导信号

办理引导总锁闭时，仅对本咽喉所有道岔实施锁闭，不得开放该咽喉列车信号机的引导信号。

试验时，应分别对每个咽喉的引导总锁闭进行试验，在按压某个咽喉引导总锁闭按钮后，对应该咽喉的所有道岔应不能操纵，所有列车信号机的引导信号应不能开放。出站信号设有引导灯位。当出站信号或发车进路出现故障时，为提升车站通过能力，出站信号机以引导方式锁闭发车进路，并向无线闭塞中心发送进路信息号。但在引导总锁闭方式下，由于没有进路信息号，禁止开放引导信号，只能以人工方式办理接发车。

3. 接近锁闭试验

（1）正、反向进站信号机接近锁闭区段为7个闭塞分区（接近区段长度不小于12.7km，一般为7个闭塞分区，也可能有8个、9个，依据实际长度测算），在车站计算机联锁显示界面上，对应每个接近区段均设有接近表示光带或表示灯（反向接近表示灯在正向发车时，兼做正向离去表示灯使用）。

（2）正、反向弯进弯出的出站信号机接近锁闭延长至进站信号机内方。

试验时，需先占用接车进路接近区段的任何一个区段（每个区段均需试验），再占用接车进路内方任何一个区段（每个区段均需试验）才构成接近锁闭条件，否则接车进路内的区段不作为接近区段。

（3）正、反向弯进直出的出站信号机接近锁闭延长至进站信号机内方。

试验时，需先占用接车进路接近区段的任何一个区段（每个区段均需试验），再占用接车进路内方任何一个区段（每个区段均需试验）才构成接近锁闭条件，否则接车进路内的区段不作为接近区段。

（4）正、反向直进直出的出站信号机接近锁闭区段为7个闭塞分区（接近区段的设置要求与进站接近区段相同）。

（5）正、反向直进弯出的出站信号机接近锁闭区段为7个闭塞分区（接近区段的设置要求与进站接近区段相同）。

试验时,应分别对每条正向及反向接、发车进路接近锁闭区段范围内的每个区段逐个进行占用,办理取消进路手续后,进路应不能解锁。

4. 延时解锁时间

进站信号机、正线出站信号机人工解锁延时时间4min。

侧线出站信号机人工解锁延时时间60s。

5. 列车停稳记时检查

(1) 当进站列车完全进入股道或接车进路最后区段解锁后该计时开始,连续计时40s后自动停止(此时禁止人工将原接车时点亮的出站信号机红色灯光熄灭)。

试验时,模拟列车完全进入股道或接车进路最后区段解锁后开始记时,检查连续计时应满足40s后自动停止的要求,并在记时期间,试验应不能向该股道办理列车或调车进路。

(2) 办理通过进路,在列车出清股道后,停稳计时自动停止。

试验时,模拟列车通过,在列车完全进入股道或接车进路最后区段解锁后计时的40s内,并在占用发车进路内第一个区段后,去掉股道占用条件,检查停稳计时应自动停止。

6. 安全线道岔反位使用后未恢复定位报警提示

当使用经安全线道岔反位的进路完全解锁,且道岔保持在反位时,车站计算机联锁在显示界面上给出报警提示。试验时,办理经安全线道岔的反位进路,取消该进路并在解锁后,检查车站计算机联锁显示界面上应有报警提示。

7. 非ATP列车或ATP故障列车发车连续检查区间空闲13s

试验时,在开灯状态下,将区间任一区段(每个区段均需试验)人为占用,去掉占用条件并在13s内应不能开放发车信号(由列控系统提供条件)。

二、色灯信号机

1. 信号机常态显示

进站、出站信号机常态为灭灯,计算机联锁和CTC显示器上在原信号机应显示灯位的图形上增加"×"进行显示;调车信号机常态显示禁止灯光。当开行未安装车载ATP设备或车载ATP设备故障的列车时,应首先将信号机转为开灯状态,并按站间闭塞运行,该情况下的灭灯视为红灯。当车载ATP设备故障修复需恢复正常办理进路时,应先将对应信号机红灯灭灯后再办理进路。

2. 信号机显示含义

进站、调车信号机显示含义同《铁路技术管理规程》规定。出站信号机显示含义为:一个绿色灯光表示准许列车由车站以站间闭塞方式出发;一个红色灯光表示不准许列车越过该信号机;一个红色灯光和一个白色灯光(发车引导信号)表示准许列车以不超过规定速度出站,并需准备随时停车;一个白色灯光表示准许车列越过该信号机进行调车作业。

3. 点灯控制

(1) 点灯按钮和关灯按钮:在车站联锁设备的每个咽喉设置两个自复式按钮,分别为点灯按钮(KDA)和关灯按钮(GDA)。按压点灯按钮,再按压对应咽喉某个列车信号按钮，对应该列车信号机点亮红色灯光；按压关灯按钮，再按压对应咽喉某个列车信号按钮，对应该列车信号机红色灯光熄灭。

（2）已办理进路后不能点亮列车信号机灯光：若进行点亮列车信号机操作前，对应的进路已经建立，联锁应不能点亮该列车信号机灯光。

试验时，在未点亮列车信号机红灯的前提下，先办理列车进路，再办理该列车信号机点灯操作，应不能点亮该信号机灯光，并有提示。如需开灯，必须先对原已办理的进路进行取消进路或人工解锁操作，待进路解锁后，再进行点亮信号机及办理进路的操作。

（3）信号机点灯状态下已办理列车进路时，应不能熄灭点亮的灯光：若进行熄灭信号机操作前，对应的进路已经建立，联锁应不能熄灭该列车信号机灯光。

试验时，在未熄灭列车信号机红灯的前提下，先办理列车进路，再办理该列车信号机灭灯操作，应不能熄灭点亮的灯光，并有提示。如需灭灯应先进行取消进路或人工解锁操作，待进路解锁后，再进行熄灭信号机及办理进路的操作。

（4）列车进路第一区段解锁后，信号机红灯熄灭：列车越过点亮的进（出）站信号机，进（出）站信号机点红灯，并在信号机内方第一区段解锁后，红灯灯光熄灭。

试验时，应注意红灯熄灭时机是否符合规定。

（5）出站兼调车信号机的调车进路第一区段解锁后红灯灯光熄灭：出站兼调车信号机用于调车时，调车进路建立后信号机应点亮白色灯光。调车车列全部越过信号机后点亮红色灯光，调车进路第一区段解锁后（包括股道有存车时）出站信号机红灯灯光熄灭；车列占用调车进路且未出清股道又退回股道时，出站信号机红灯应保留。

试验时，应根据全部出清股道、股道存车、返回股道等三种不同情况分别进行试验，检查出站信号机红灯熄灭或保留是否符合规定要求。

（6）进站信号机点亮并办理接车进路（含引导）或向股道进行调车作业时，对应进路股道上的顺向出站信号机应自动点亮红色灯光。

试验时，分别向股道办理接车或调车进路，顺向出站信号机应能自动点亮红色灯光；如出站信号机不能自动点亮红色灯光，进站接车信号应不能开放（进、出站红灯一致性检查），引导及调车信号应能开放。

办理了接车进路（不含引导）并开放信号后，出站信号机已点亮的红色灯光因灯丝断丝熄灭时，进站信号机应点亮红色灯光。试验时，可在开放了进站信号后，人工熄灭出站红灯，此时进站信号应立即点亮红灯。

向股道调车出站红灯熄灭时，调车白灯保留：办理了向股道的调车进路，出站信号机已点亮的红色灯光因灯丝断丝熄灭时，调车信号机保持点亮白色灯光。试验时，可在开放了向某股道的调车信号且顺向出站信号机红灯点亮后，人工熄灭出站红灯，开放的调车信号应不受影响。

（7）股道出清且进路解锁后出站红灯熄灭：对于进入股道折返作业的列车或调车，发车或调车进路解锁且股道空闲后原点亮的出站信号机灯光随之熄灭。

试验时，分别办理每条股道的接车和接车方向的调车进路，列车或车列进入股道后根据开放的折返信号折返，当发车或调车进路解锁，检查股道时原点亮的出站信号机红灯应随之熄灭，股道有存车时原点亮的出站信号机红灯应继续点亮。

4. 信号机灯丝断丝降级显示

（1）进站允许灯光灭灯转点红灯：进站信号机应点亮允许灯光（绿灯、黄灯、双黄灯、双黄闪灯、红白灯）时，点灯电路故障或灯丝断丝，进站信号机点亮红灯。

（2）办理了接车进路，出站信号机应点亮红灯时，出站信号机灯丝断丝灯光熄灭，进站信号机应点亮红灯。

（3）进站信号机应点亮红灯时，灯丝断丝，进站信号机灯光灭灯。

（4）办理了通过进路，出站信号机应点亮绿灯时，出站信号机绿灯灯丝断丝，出站信号机应点亮红灯，进站信号机应点亮黄灯。

（5）灯丝断丝报警：在地面信号机点亮允许灯光状态，当灯丝断丝灭灯时，对应信号机应闪烁并转为红灯显示，同时给出报警提示；在地面信号机点亮禁止灯光状态，当灯丝断丝灭灯时，对应信号机应闪烁，同时给出报警提示。

二、道岔

1. 电动道岔联锁试验

（1）核对位置：将室外实际位置与室内定、反位表示继电器及控制台光带开通位置、道岔表示灯显示进行核对。

（2）断表示接点：依次逐组断开室外转辙机的定、反位表示接点时，相应的定、反位表示继电器应落下，控制台道岔定、反位表示灯应灭灯。

（3）断移位接触器：道岔分别在定位或反位位置时，断开表示电路所检查的移位接触器接点，相应的定、反位表示继电器应落下，控制台道岔表示灯应灭灯。

（4）道岔被阻后转换试验：为防止道岔因受阻不能转换到需要位置时电机长时间工作，必须能将道岔操纵转换到原来位置，通过夹 4mm 不失效的方法即可试验。

（5）断遮断器：遮断器即为安全接点。断开遮断器后操纵道岔，转辙机应不能动作。

（6）断启动熔丝道岔不能扳动：道岔启动熔丝除当电流负载过大时保护道岔设备外，还能在特殊情况时起到切断动作电路作用。试验时，先拔掉启动熔丝，再操纵道岔应不能转换。

（7）2DQJ、DBJ、FBJ 及道岔表示一致：试验每组道岔，检查道岔置于定位时，2DQJ 前接点应闭合（相当于吸起），DBJ 应吸起，FBJ 应落下，控制台道岔表示灯应显示绿色；检查道岔置于反位时，FBJ 应吸起，2DQJ 后接点应闭合（相当于落下），DBJ 应落下，控制台表示灯应显示黄灯。

（8）道岔锁闭：道岔有单独锁闭、区段锁闭、进路锁闭及引导总锁闭等四种方式。

①单独锁闭：道岔在某一位置时，拉出单操按钮（切断启动电路）后，办理经该道岔另一位置的进路，道岔应不能转换。

②区段锁闭：将某道岔区段人工短路（双动道岔分别短路两个区段），单独操纵该区段的所有道岔均应不能转换。

③进路锁闭：办理一条进路并锁闭后（双动道岔应分别办理），单独操纵该进路上所有道岔均应不能转换。

④引导总锁闭：按下某一咽喉的引导总锁闭按钮，不论引导信号是否开放，单独操

纵该咽喉的所有道岔（包括中岔）应不能转换。

（9）道岔自闭电路试验：主要是为了检查 1DQJ 的 3—4 线圈缓放时间是否符合要求，1—2 线圈自闭电路能否可靠工作。试验方法为，单操道岔，当道岔表示灯灭灯时，立即进行道岔单锁（切断 1DQJ 励磁电路），检查该道岔是否能转换到需要位置。

（10）道岔互锁：在某些特殊站场中，经某组道岔办理了进路，并处于进路锁闭时，对另一组不在该进路上的道岔实施锁闭，反之也相同，如交叉渡线等。

2. 分动外锁闭道岔联锁试验

（1）核对位置、断表示试验、2DQJ、DBJ、FBJ 及道岔表示一致、断遮断器、道岔锁闭、道岔被阻后转换试验、道岔自闭电路试验、道岔互锁等与电动道岔试验方法相同。

（2）断相保护：当三相电源缺一相时，为保护三相电动机应自动切断动作电路；应对每个牵引点的每一相电源进行试验。试验时，逐相断开各个牵引点的每一相电源（可拔掉该相的动作熔丝），转辙机应不能动作；在动作过程中断开某相电源，转辙机应自动停止转动。

（3）10mm 试验：多机牵引道岔，用 10mm 插片在第一、第二牵引点间尖轨竖切部分任意位置试验，道岔均不得接通表示。

（4）多机牵引总保护：多机牵引的道岔，在某个牵引点的转辙机因故不能正常转换时，应切断其他牵引点的转辙机动作电路；在正常转换过程中，某牵引点因故停止工作时，应保证其他牵引点转辙机继续工作。试验时，对应每个牵引点，将道岔动作电路断开，操纵该组道岔，所有牵引点的转辙机均不应转换；在道岔正常转换过程中，断开某个牵引点的动作电路，其他牵引点的转辙机在规定时间内应正常转动。

（5）多机牵引总表示：多机牵引的道岔应校核每个牵引点的表示与道岔总表示一致；试验时，依次断开每个牵引点的表示（可拔表示熔丝），总表示继电器应掉下，控制台表示灯等均应灭灯。

三、轨道电路

1. 区段核对

一送一受区段可采用短路轨面的方法，而一送多受区段必须采用断开每个受电端的方法进行试验。

2. 极性交叉

必须对每个区段的所有轨道电路绝缘处（包括双动道岔的渡线绝缘节）进行试验；可采取短路一侧的绝缘，检查另一侧绝缘接上的电压变化情况，或者采用交叉电压测量法进行测试。

3. 分路残压

在每个区段最不利的轨面处用标准分路电阻线分路轨面，继电器交流端电压应符合要求。最不利处所：轨道区段的送电或受电端（两处应分别测试，取较大的为残压值）；当道岔区段有分支未设受电端时，此处也应进行测试。

4. 距警冲标实测距离

警冲标应设于道岔两分叉线路中心距离为 4m 的中间点处，距内方绝缘节的距离应等于或大于5m（普速铁路为3.5m），以免影响股道有效长度。

四、车站移频化联锁试验

(1) 移频频率：指发送盒功出的载频中心频率，核对载频频率是否正确，频率漂移不应超过规定值。

(2) 低频频率：根据各种编码条件，核对输出信号的低频频率是否正确，频率漂移不应超过规定值。

(3) 接近、离去表示：分别核对当各接近或离去被占用时，控制台是否有相应的声、光表示。

(4) 双机转换：双机热备的移频发送盒主副机之间，当对线路工作的发送盒故障时，应能自动转为热备的发送盒对线路工作，切换时不得影响信号显示。

(5) 发送盒故障检测：当任一发送盒发生故障后，所对应的检测盒应能检测到故障信息，并使控制台发出声光报警。

(6) 地面显示与低频核对：根据地面信号机的显示，由其条件构通向前一区段发码的发送盒编码电路，该发送盒的低频频率应与现场地面信号机的显示对应。

五、站内移频电码化联锁试验

(1) 发码点名称：填写站内列车信号机名称。

(2) 移频频率：指发送盒功出的载频中心频率，核对载频频率是否正确，频率漂移不应超过规定值。

(3) 低频频率：根据各种编码条件，核对输出信号的低频频率是否正确，频率漂移不应超过规定值。

(4) 逐段发码：列车占用站内哪个区段，就向哪个区段发码。

(5) 预叠加发码：当列车占用某个区段，除应向该区段发送外，还应向前一区段发送移频信号。

(6) 出发内方中继发码：正线发车进路电码化发送盒的发送低频应与一离去的低频相符。

(7) 故障复原：发送盒故障修复后，按压检测盒上的复原按钮应能使副发送盒转为主发送盒对线路工作。

(8) 双机转换、地面信号显示与低频核对、发送故障检测试验：意义及试验方法与上述相同。

(9) 发码器转换试验：指脉动式电码化区段，A、B两发码器应能进行故障自动转换。

(10) 发码顺序核对：接车或发车进路上，按列车运行方向，依次向各个区段逐段发送移频信号。

六、移频自动闭塞联锁试验

(1) 发送及接受移频频率：测试发送盒功出和接受盒限入移频信号频率是否与载频中心频率相符，频率漂移不超过规定值。

(2)发送低频：根据某一区段信号点的各种编码条件，决定前一区段发送盒发送信号的低频频率，核对移频柜内信号复示器的显示与前一区段输出的移频信号低频频率是否对应，频率漂移应不超过规定值。

(3)接收低频：检验本区段接收到的移频信号，其防护本区段的信号机的显示与接收到的低频信息应相符，同样低频漂移应不超过规定值。

(4)发送盒故障检测试验、双机转换。

(5)信号机灯位显示核对：对应每架区间信号机，应将现场实际灯光显示同时与室内控制台、移频柜的信号复示器的显示进行核对。

(6)灯光转移：通过信号机的任一灯位由亮灯状态变为灭灯时，应实施灯光转移。红灯灭灯时，其前一架信号机应转点红灯；允许灯光灭灯时相当于点红灯，其前一架信号机应点黄灯。

(7)区间四线制方向电路试验：包括正常改变方向电路试验、辅助办理改变方向电路试验（双接状态、区间故障状态两种）。

(8)残压测试：应在最不利处进行测试，一般在距离发送端100～200m范围进行分路。

七、主要低频码序

(1)办理弯进直出（经18号及以上道岔侧向）通过进路时，进站信号机外方第一区段发UUS码，股道根据区间空闲情况发相应低频码。

(2)办理弯进弯出（经18号及以上道岔侧向）通过进路时，进站信号机外方第一区段及接车股道均发UUS码。

(3)办理直进弯出（经18号及以上道岔侧向）通过进路时，股道发UUS码，进站信号机外方第一区段发U2S码。

(4)办理侧向发车进路（经18号及以上道岔侧向）时，股道发UUS码。

(5)关灯状态下，办理侧向接车（经18号及以上道岔侧向）进路时，进站信号机外方第一区段发UUS码；开灯状态下，办理侧向接车（经18号及以上道岔侧向）进路时，进站信号机显示双黄，进站信号机外方第一区段发UU码。

(6)向动车段、既有线车站的发车进路及其他特殊情况，发码频率按设计提供的码序表进行试验。

除上述项目外，其他试验项目及要求按国家铁路局文件公布的有关规定执行。

【任务实施】

断移位接触器试验

1. 实训工具

ZD6型转辙机（图6-2-1）及道岔、操作系统一套。

2. 实训内容

(1)道岔在定位时，断移位接触器试验。

当道岔在定位时，断开转辙机反位移位接触器接点，此时道岔定位显示正常；将道岔操纵至反位，观察室内操作系统道岔显示状态和室外道岔动作状态。

（2）道岔在反位时，断移位接触器试验。

当道岔在反位时，断开转辙机定位移位接触器接点，此时道岔反位显示正常；将道岔操纵至定位，观察室内操作系统道岔显示状态和室外道岔动作状态。

图 6-2-1　ZD6 型转辙机

断遮断器试验

1. 实训工具

ZD6 型转辙机及道岔、操作系统一套。

2. 实训内容

（1）道岔在定位时，断遮断器试验。

当道岔在定位时，断开转辙机遮断器，将道岔操纵至反位，观察室内道岔显示状态和室外道岔动作。

（2）道岔在反位时，断遮断器试验。

当道岔在反位时，断开转辙机遮断器，将道岔操纵至定位，观察室内道岔显示状态和室外道岔动作。

【任务评价】

当道岔在定位时，断开转辙机反位移位接触器，道岔正常显示在定位；将道岔转换至反位时，由于遮断器并未断开，道岔会顺利转换至反位；由于反位移位接触器断开，表示电源被切断，当道岔到达反位后，室内道岔显示闪红，立即将反位移位接触器闭合，室内反位显示正常。定位移位接触器试验同理。

断遮断器试验时，由于转辙机动作电源被切断，室内道岔不动作，室内道岔显示闪红。

【案例分析】

淇县站险性事故

1. 事故概况

2005年4月10日9：43，23018次货物列车运行至郑州局管内京广线淇县站上行进站信号机前方，司机确认进站信号机显示绿灯；列车以67km/h的速度准备经Ⅱ道通过时，司机发现进站第三位道岔开通侧向位置，立即使用非常制动停车。9：44，23018次货物列车头部停于淇县站4道K549+976处。构成未准备好进路接车险性事故。

2. 事故分析

9：39，电务值班人员在接到车站值班员"10号道岔无表示"的通知后，一人前往室外查找故障，另一人赶赴行车室，故障处理过程中，室内信号人员盲目将10号道岔3排4架第9层提速组合DBJ的31-32，41-42接点封连，使1排3架8层DBJ错误吸起（后经查实，造成10号道岔无表示的原因，是提速道岔专用380V主副电源停电造成10号道岔不能从反位扳到定位。从微机监测回放看出，9：32至10：31 380V提速电源断电），给出10号道岔定位假表示，造成联锁失效，电务室内值班人员严重违反"七严禁"的规定，违章作业，封连继电器接点，造成23018次货物列车错误进入4道的险性事故。

项目六 铁路信号联锁试验

信号联锁电路检查表

信联表 1

站名：

进路号码	信号机名称始端	进路变通	进路终端	正常开放信号	道岔位置不对不能开放信号	道岔无表示关闭信号	区段占用不能开放信号	带动道岔	防护道岔	信号开放后锁闭道岔	敌对信号	敌对照查	随时关闭信号	接近锁闭	取消进路解锁	人工限时解锁	区段人工解锁	防止重复开放信号	进路正常解锁	局部控制	进路表示器	调车中途返回解锁	自闭离去区段占用	半自动闭塞	引导信号	机务段同意	超限绝缘条件	6‰下坡道	到发线出岔	非进路调车	其他联系电路	防止迎面解锁	全站轨道停电恢复	驼峰编尾电路	道口通知	跳信号报警	备注
1	2	3	4	5	6	7	8	9	10	11	12	13	14	15	16	17	18	19	20	21	22	23	24	25	26	27	28	29	30	31	32	33	34	35	36	37	38

注：表格内检查项目用"√"表示正确，"×"表示错误，"△"表示无此条件。

试验检查人： 联锁试验负责人： 年 月 日

电动道岔联锁试验记录表

信联表 2

站名：

道岔号码	核对位置		断表示接点						接触器断移位		4mm试验		道岔被阻后转换试验		断遮断器		断启动熔丝道岔不能扳动		2DQI、D(F)B及道岔表示一致		断表示器的表示接点		道岔锁闭				道岔自闭电路试验	道岔同互锁	折岔断表示报警				备注	室外试验人
	定位	反位	定位			反位			定位	反位	定位	反位	定位	反位	定位	反位	定位	反位	定位	反位	定位	反位	单独	区段	进路	引导总锁							
			Ⅰ	Ⅱ	Ⅲ	Ⅰ	Ⅱ	Ⅲ																									
1	2	3	4	5	6	7	8	9	10	11	12	13	14	15	16	17	18	19	20	21	22	23	24	25	26	27	28	29	30	31	32	33	34	35

注：表格内检查项目用"√"表示正确，"×"表示错误，"△"表示无此条件。

试验检查人：　　　　　　联锁试验负责人：　　　　　　年　月　日

项目六 铁路信号联锁试验

分动外锁闭道岔联锁试验记录表

信联表 3

站名：

道岔号码	核对位置		断表示试验						断相保护			4mm试验		10mm试验		2DQJ、D（F）BJ 反道岔表示一致		道岔锁闭				断遮断器		多机牵引总保护	多机牵引总表示	道岔自闭电路试验	道岔间互锁	挤岔断表示报警	备注	室外试验人
	定位	反位	定位			反位			A	B	C	定位	反位	定位	反位	定位	反位	单独	区段	进路	引导总锁	定位	反位							
			Ⅰ	Ⅱ	Ⅲ	Ⅰ	Ⅱ	Ⅲ																						
1	2	3	4	5	6	7	8	9	10	11	12	13	14	15	16	17	18	19	20	21	22	23	24	25	26	27	28	29	30	31

注：表格内检查项目用"√"表示正确，"×"表示错误，"△"表示无此条件。

联锁试验负责人：　　　　试验检查人：　　　　年　月　日

信号机联锁试验记录表　　　　　　　　　　　　　　　　　　　　　　　　　　　　　信联表 4

站名：

信号机名称	灯位及显示核对												主付丝转换							断丝报警								灯光转移	红灯断丝不能开放信号	备注	室外试验人
	H	U	UU	U闪U	LU	L	LL	HB	A	B			1U	L	H	2U	B	A		1U	L	H	2U	2L	B	A					
1	2	3	4	5	6	7	8	9	10	11	12	13	14	15	16	17	18	19	20	21	22	23	24	25	26	27	28	29	30	31	32	33	34	35

注：表格内检查项目用 "√" 表示正确，"×" 表示错误，"△" 表示无此条件。

试验检查人：　　　　　　　　　　　　试验负责人：　　　　　　　　　　　　联锁试验负责人：　　　　　　　　　　　　年　月　日

轨道电路联锁试验记录表

信联表 5

站名：

轨道区段名称	区段核对				极性交叉				分路残压				距警冲标距离(m)					备注	室外试验人
	一送一受	一送多受			一送一受	一送多受			一送一受	一送多受									
		DG1	DG2	DG3		DG1	DG2	DG3		DG1	DG2	DG3							
1	2	3	4	5	6	7	8	9	10	11	12	13	14	15	16	17	18	19	20	21	22	23	24	25	26

注：表格内检查项目用"√"表示正确，"×"表示错误，"△"表示无此条件。

试验检查人：　　　　　　　联锁试验负责人：　　　　　　　年　月　日

各种联系电路联锁试验记录表（一）

信联表 6-1

站名：

进路名称	开通进路有关信号开放	带动道岔	进路开通锁闭道岔	道岔位置不对不能开放	轨道区段占用不能开发	敌对信号	正常调车不关闭信号	取消进路30s解锁	区段占用不能解锁	区段故障人工解锁	超限绝缘检查				中岔号码	进路号码	正常开放信号	带动道岔	锁闭中岔	中岔位置不对不能开放信号	取消或人工解锁	发车正常解锁	股道留车发车	接车未占用中岔解锁	接车压留中岔解锁	接车出清中岔解锁	停电恢复故障解锁				备注
	非进路调车														到发线出岔																
1	2	3	4	5	6	7	8	9	10	11	12	13	14	15	16	17	18	19	20	21	22	23	24	25	26	27	28	29	30	31	32

注：表格内检查项目用"√"表示正确，"×"表示错误，"△"表示无此条件。

试验检查人：　　　　　联锁试验负责人：　　　　　年　月　日

项目六 铁路信号联锁试验

站名：

各种联系电路联锁试验记录表（二）　　　　　　　　　　　　　　　　　信联表 6-2

进路名称	正常排列延续进路	延续进路未排列进站信号不能开放	信号开放后延续进路上道岔锁闭	道岔位置不对延续进路不能排列	延续进路区段占用进路不能排列	延续进路敌对信号	接车进路未闭锁延续进路选路不动作	正常接车延续进路3min解锁	正常接车延续进路人工解锁立即解锁	取消解锁	人工解锁	办理延续进路的出发信号			有重叠进路双方向同时平行同向接车				备注
												列车接近时	列车压入进路内方向第一区段	列车压入股道时					
	1	2	3	4	5	6	7	8	9	10	11	12	13	14	15	16	17	18	19	20	21

注：表格内检查项目用"√"表示正确，"×"表示错误，"△"表示无此条件。

试验检查人：　　　　　　　　　联锁试验负责人：　　　　　　　　　年　月　日

各种联系电路联锁试验记录表（三）

信联表 6-3

站名：

进路名称	正常排列进路	取消进路	进路正常解锁	场间联系							站间联系电路试验											备注
				联络线占用不能开放列车信号	联络线占用不能开放调车信号	联络线列车敌对照查	联络线调车敌对照查	联络线占用表示			进路名称	列车未完全到达邻站不能重复开放出发信号	区间小于400m出发信号机复示邻站进站信号	区间大于400m小于800m出站信号开放为邻站进站的预告信号	接近区段延长至邻站出发信号机核查	单线区间有车不能改变运行方向	单线改变运行方向发车站必须先改为接车站后方能改变方向	邻站信号开放表示	接近区段占用表示及电铃	单线运行方向表示		
1	2	3	4	5	6	7	8	9	10	11	12	13	14	15	16	17	18	19	20	21	22	23

注：表格内检查项目用"√"表示正确，"×"表示错误，"△"表示无此条件。

试验检查人：　　　　　联锁试验负责人：　　　　　年　月　日

各种联系电路联锁试验记录表（四）

信联表 6-4

站名：

推送进路	驼峰联系电路															备注
	同意预推	预推自动关闭	预推取消	同意推送	推送自动关闭	推送取消	推送进路排列有关信号机开放	切断驼峰复示信号	推送进路排列不能取消或人工解锁进路	驼峰取消推送进路30s解锁	推送进路出清一次解锁	驼峰楼到达场推送进路表示	正常排调车进路	推送线无岔不用不能排列调车进路				
1	2	3	4	5	6	7	8	9	10	11	12	13	14	15	16	17	18	19	20

注：表格内检查项目用"√"表示正确，"×"表示错误，"△"表示无此条件。

联锁试验负责人：　　　　试验检查人：　　　　　　年　月　日

车站移频化联锁试验记录表

信联表 7

站名：

载频频率名称	低频频率 (MS)			H灯断丝	接近区段	接近表示			发送故障检测	双机转换	地面信号显示与低频核对 (MS)			载频频率名称	离去区段	低频频率 (MS)			离去表示			双机转换	备注
	HU	LU	L			一接近	二接近	三接近			H或B	LU U UU	L闪			HU	LU U	L	一离去	二离去	三离去		

注：表格内检查项目用"√"表示正确，"×"表示错误，"△"表示无此条件。

试验检查人： 　　　联锁试验负责人： 　　　年 月 日

项目六 铁路信号联锁试验

站内移频电码化联锁试验记录表

信联表 8

站名：

发码点名称	移频频率 (Hz)	站内电码化 低频频率 (MS)				站内电码化 H灯断丝		站内发码 逐段发码	站内发码 预叠加发码	站内发码 出发内方中继发码	站内发码 故障复原	站内发码 双机转换		地面信号显示与低频核对 (MS)					功能试验 发送故障检测试验	功能试验 A(B)FMQ转换试验	功能试验 发码顺序核对	备注
		HU	UU	U	LU	L								H	U	LL	LU	L				
1	2	3	4	5	6	7	8	9	10	11	12	13	14	15	16	17	18	19	20	21	22	23	24	25	26	27	28

注：表格内检查项目用"√"表示正确，"×"表示错误，"△"表示无此条件。

试验检查人：　　　　　联锁试验负责人：　　　　　年　月　日

移频自动闭塞联锁试验记录表

信联表 9

站名：

区段名称	频率													发送故障检测试验	信号机								区间方向电路试验	双机转换	残压测试	备注
	移频频率(Hz)	发送						接受						移频频率(Hz)		灯位显示核对				灯位转移						
		低频(MS)				低频				低频(MS)						H	U	LU	L	H	U	LU	L				
		HU	U	U2	LU	L	HU	U	U2	LU	L															
1	2	3	4	5	6	7	8	9	10	11	12	13	14	15	16	17	18	19	20	21	22	23	24	25	26	27	28	29	30	31

注：表格内检查项目用"√"表示正确，"×"表示错误，"△"表示无此条件。

联锁试验负责人：　　　　　试验检查人：　　　　　年　月　日